政府の役割と租税

速水 昇 編著

Noboru Hayamizu

学文社

執筆者

速水　昇（はやみ　のぼる）
　東京富士大学教授，駒澤大学兼任講師（第4章，第6章）
和田尚久（わだ　なおひさ）
　作新学院大学教授，東洋大学大学院兼任講師（第1章，第2章）
小田幹雄（おだ　みきお）
　富士常葉大学助教授，駒澤大学兼任講師，税理士（第7章，第9章）
青木一郎（あおき　いちろう）
　富士大学助教授（第12章）
和田佐英子（わだ　さえこ）
　那須大学助教授，平成国際大学兼任講師（第5章）
奥村正郎（おくむら　まさろう）
　駒澤大学兼任講師，富士常葉大学兼任講師，税理士（第8章，第11章）
水野恵子（みずの　けいこ）
　駒澤大学兼任講師，富士常葉大学兼任講師（第10章）
足立紀子（あだち　のりこ）
　駒澤大学大学院　第3章　第1節，第2節（1）1
沖本美帆（おきもと　みほ）
　駒澤大学大学院　第3章　第2節（2）1
竹腰友美（たけこし　ともみ）
　駒澤大学大学院　第3章　第2節（1）2〜4，（2）2〜4，（3）

はじめに

　2000年を境に日本の財政状況は，大きな変化を遂げつつある．2000年4月から介護保険制度が実施され，2001年1月から中央省庁再編成が実施され，1府22省庁が1府12省庁になった．これにより大蔵省が財務省になり，公共事業予算や社会保障予算などの項目に変更がみられた．また，将来の少子高齢化社会を見据えて，2004年10月から改正年金法が施行され，厚生年金料の引き上げを皮切りに，国民年金保険料のアップ，年金の夫婦分割など段階的に制度が変わる．

　現在，日本の財政状況はバブル崩壊後，長期間にわたって赤字国債を発行せずにはやりくりができない状態にある．さらに少子・高齢化社会がますます進行し，財政状況改善の見通しが立てられない状況にある．テレビの討論会や新聞・雑誌では「日本経済崩壊」というような物騒な話が真剣に議論されている．2005年3月末の国債残高が約509兆円と500兆円の大台を越えた．これを国民一人当たり直すと約395万円になる．このままでは，国債の元利払い（国債費）が2007年度に20兆円を超え，社会保障費が年1兆円前後の自然増が生じるため，税収の伸びは一般歳出や国債費の伸びを賄いきれない．このため財務省は，現在のペースで国債発行を続けると，2018年度末の国債残高は約917兆円になると試算している．ヨーロッパ各国は1999年に欧州連合（EU）の通貨統合が行われたが，EUの参加条件を定めたマーストリヒ条約においては，一般政府ベースでの財政赤字をフローベースでGDP比3%以内，ストックベースの政府の債務残高をGDP比60%以内とすることが基準になっている．この基準を日本に当てはめると，フローベースでは約3倍，ストックベースでは約2倍の水準になり，仮に日本がEU加盟国であったとするならばEUに参加できないことになる．

　このような日本の財政状況のため，政府は2006年度から経済の情勢をみながら所得税の定率減税の廃止を決めた．また，小泉内閣以降に消費税の引き上げが検討されている．このような経済状況から租税に関する知識が必要になる．

しかし，財政学のテキストでは，税法に関する説明が少ない．そこで，本書では政府の役割と税法の仕組みを詳しく説明している．特に税法に関しては税理士の資格を有する小田幹夫氏に音頭をとってもらい，税法のテキストとしても使えるように配慮した．また，三位一体改革が議論されているので地方財政にもポイントを置いた．なお，予算および税率は特別な記述がない限り平成16年度を基準にしている．そこで，いくつかの統計表の最後に空欄を設けてあるが，これはテキストを一方的に読むのではなく，新しい年度の数値や税率の変更を読者が記入して過去の数値と比較しながら自ら考え，このテキストに参加してもらいたいと判断したからである．著者としては，本書が学生諸君や官公庁に就職された方がた，国家試験に臨んでいる方がたの勉強の手引書となることを望んでいる．

　本書の執筆者のうち，速水昇，和田尚久，小田幹夫，青木一郎，和田佐英子は，駒澤大学名誉教授西村紀三郎先生の教えを受けたものである．まだまだ先生の教えには遠く及ばないことは十分承知しながらも，先生への感謝の気持ちで書いたのは事実である．多くの研究者や税理士を育ててきた先生のますますのご健康をお祈りしている．

　財政と税法を合わせた新しい試みのテキストを出したいというわれわれの気持ちを汲んでくれ，財政学の新進の研究に従事している学徒に執筆の機会を与えてくれた，学文社の田中千津子社長には執筆者一同を代表して御礼を申し上げる．社長の熱意と激励がなければ，このようなテキストはおそらく出せなかったと思う．また，私のゼミの卒業生で学文社社員甲斐由美枝さんにはいつも格別の心遣いをしていただき，あわせて謝意を表したいと思う．

2005年3月

速水　昇

目　次

第1章　政府の役割 …………………………………………………… 1

第1節　税金を払う理由 ……………………………………… 2
第2節　市場の失敗 …………………………………………… 4
第3節　財政の機能 …………………………………………… 13

第2章　予算の役割 …………………………………………………… 21

第1節　予算編成 ……………………………………………… 22
第2節　予算機能 ……………………………………………… 27
第3節　予算原則 ……………………………………………… 30
第4節　予算の種類 …………………………………………… 35
第5節　公共経営 ……………………………………………… 39

第3章　歳入論 ………………………………………………………… 45

第1節　政府の収入 …………………………………………… 46
第2節　租税収入 ……………………………………………… 49

第4章　歳出論 ………………………………………………………… 73

第1節　歳出の分類 …………………………………………… 74
第2節　主要経費別予算 ……………………………………… 77

第5章　住民と地方財政 …… 99

第1節　コミュニティにおける自治と負担 …… 100
第2節　地方自治と財政 …… 102
第3節　地方財政の構造 …… 107
第4節　住民意思と地方財政 …… 115

第6章　租税論 …… 119

第1節　租税の負担 …… 120
第2節　租税原則論 …… 124
第3節　租税の体系と分類 …… 128
第4節　租税の転嫁 …… 131

第7章　わが国の租税の変遷 …… 137

第1節　明治政府が行った主な政策の概要 …… 138
第2節　戦時体制と財源 …… 144
第3節　第2次世界大戦後の租税構造 …… 146

第8章　所得税 …… 155

第1節　所得税の意義 …… 156
第2節　所得税の納税義務者 …… 156
第3節　非課税所得と免税所得 …… 157
第4節　所得の種類 …… 158
第5節　総所得金額の計算 …… 165
第6節　青色申告 …… 173

第9章　資産税（相続税・贈与税）……………………………… 177
　第1節　相続税 ……………………………………………………… 178
　第2節　贈与税 ……………………………………………………… 195

第10章　法人税 …………………………………………………… 205
　第1節　法人税の課税の根拠 ……………………………………… 206
　第2節　法人税と所得税の統合（2重課税排除の問題）………… 208
　第3節　法人税の納税義務者 ……………………………………… 210
　第4節　法人税の計算の仕組み …………………………………… 212
　第5節　同族会社の課税問題 ……………………………………… 223

第11章　消費税 …………………………………………………… 229
　第1節　消費税法の概要 …………………………………………… 230
　第2節　消費税の仕組み …………………………………………… 230
　第3節　消費税の課税対象 ………………………………………… 232
　第4節　消費税の納税義務者 ……………………………………… 236
　第5節　納税義務の成立時期 ……………………………………… 237
　第6節　課税標準 …………………………………………………… 237
　第7節　消費税額の計算 …………………………………………… 238
　第8節　消費税の申告と納付 ……………………………………… 242
　第9節　消費税の届出書 …………………………………………… 244

第12章　地方税 …………………………………………………… 247
　第1節　地方税原則 ………………………………………………… 248

第2節　地方収入の概要 …………………………………………… 248
第3節　地方税の仕組み …………………………………………… 250
第4節　三位一体改革 ……………………………………………… 267
第5節　地方税の現状 ……………………………………………… 268

第1章
政府の役割

第1節　税金を払う理由

(1) 租税負担

　われわれは何故税金を払うのだろうか．税金（租税）とは，原則的にはまったく対価なしに，政府部門に経済的価値物を引き渡すことである．この引渡しは，政府部門が収入を得ることを目的として義務付けられている．われわれは，政府が収入を得ることのみを目的として課す税金を，強制力の下に支払っているのである．物納その他例外はあるが，引き渡される経済的価値物の大部分は金銭である．つまり，われわれは政府部門（国と地方公共団体）に対して，直接の見返りなしに，かなり多額の金を引き渡している．

　われわれがどれだけの金銭を政府に引き渡しているか，国民所得に対する国民負担率でみてみよう．図1－1より租税負担率では，イギリスやフランスでは40％前後になっているが，日本の場合は21.1％で主要国の中では最も低い．租税の負担者や租税の負担方法は様々で，企業が負担している部分も大きいが，十分に重い負担である（租税論の詳細については，第6章で論じている）．これに社会保障負担を加えると，日本の負担率は35.5％とアメリカの35.2％とほぼ等しくなり，国民の稼ぎの3分の1以上を政府部門に引き渡している．社会保障が充実している欧州諸国はより負担率が高く，イギリスとドイツは半分を越え，フランスは3分の2に迫る．社会保障負担は保険料であり，年金給付や医療給付の形で見返りがある．それゆえ租税ではないが，負担率はかなり高く，個人でみてもサラリーマンの場合は，税負担よりも社会保障負担の方が重いことが多い．そのため社会保障負担は，国民負担として租税とともに検討することが多い．財政赤字は，将来返済しなければならない部分である．これを加えた負担率が，潜在的な負担率である．

　政策目的を伴う租税もある．現在論議されている環境税は，環境に負荷を与える行為を抑制する目的で課されるものである．租税を通じた政策目的の達成は，収入目的と矛盾することがある．環境に負荷を与える行為を抑制する目的で税を課す場合，その目的が完璧に果たされると，課税対象が消滅する．すると当然に

図1-1 国民負担率の内訳の国際比較（日米英独仏）

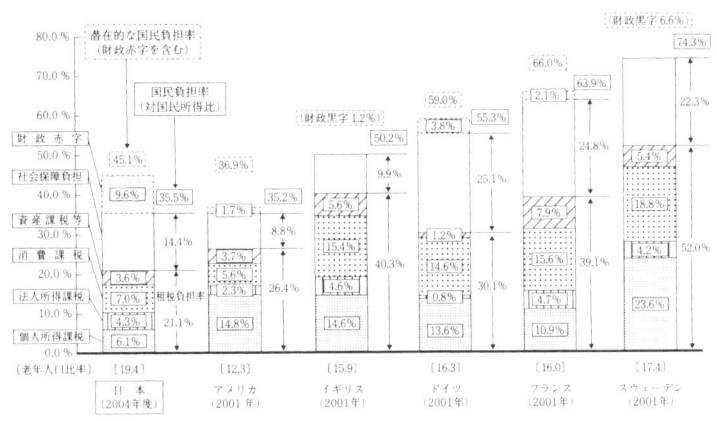

出所) 佐藤慎一編『図説　日本の税制』（平成16年度版）財経詳報社　2004年
備考) 1. 日本は16年度予算ベース，日本以外は，OECD "Revenue Statistics 1965-2002" 及び同 "National Accounts 1990-2001" 等による．
2. 租税負担率は国税及び地方税合計の数値である．また所得課税には資産性所得に対する課税を含む．
3. 財政赤字については，日本及びアメリカは一般政府から社会保障基金を除いたベース，その他の国は一般政府ベースによる．
4. 老年人口比率については，日本は2004年の推計値（国立社会保障・人口問題研究所「日本の将来推計人口」（平成14年1月推計）による），その他の国は2000年の数値（国連推計による）に基づく．

税収も消滅する．今後，環境等に係わる政策目的をもつ租税が増えていく可能性は高い．国税でも環境税としての炭素税導入が論議されている．地方でも，産業廃棄物税はすでに幾つもの地方公共団体で導入されている．導入を計画している地方公共団体も多い．しかし，産業廃棄物課税を行ったら，課税対象である産業廃棄物が激減し，税収が当初見込みよりも大幅に下回った例がある．それゆえ，収入の大部分を環境税のような政策目的の税から得ることはないであろう．

(2) 税金を払う理由

個人や企業が税金を払わなければならない理由ははっきりしている．税金を納めない者は，犯罪者として処罰されるからである．脱税を行った者は，納税を拒んだ額以上の支払いを強制されることも，処罰の一部である．法的根拠は明快で

ある．日本国憲法は国民の義務として，子女への教育（第26条第2項），勤労（第27条）そして納税（第30条）を挙げている．憲法の規定を基として，財政法以下，数多くの法律，施行令等の規則が制定されている．そこには義務を怠った場合の罰則規定も含まれる．法に定められているというだけでは，われわれが税金を支払う理由を説明したことにはならない．

財政とは，国または地方公共団体（自治体）がその活動を行うために必要な財力（資金）を調達し，管理し，使用する経済活動である．伝統的には資金調達が強調された．すなわち租税であり，財政活動は租税による財源調達と同じものであるとの主張がなされた程である．

ここでは，政府の存続と活動は当然の前提となっている．歴史的にはその通りであり，征服等に租税等公的貢納の根拠を置く考え方もある．だが，租税には，政府がむりやり取る金銭という以上の意義が存在する．税金の支払いを正当付ける理由は，民間企業や個人にはできないことを政府が行うことである．民間企業だけでは，国民経済全体の経済的な効率性を達成できない部分がある．特殊な性質をもつ財は，民間企業では適切に供給できないのである．

これを市場の失敗という．市場の失敗を正して社会経済を適正に運営するために政府が存在する．市場を通じた経済活動の結果は能力や運を反映して個人間で不均衡である．また，経済活動には変動があり，不安定である．この是正ないし補正に対しても政府の活動が待たれるところである．政府の活動に必要な資金を提供するためにわれわれは税を支払うのである．

第2節　市場の失敗

（1）市場の機能と失敗

市場の失敗を説明する前に市場の成功（市場の機能）について確認しておこう．ある財（商品）があり，その財は完全競争市場で取り引きされている．その財の需要曲線（D）と供給曲線（S）は図1－2の通りである．消費者がこの財をQ_1量買うときに支払ってもよいと考える最高額はOAE_1Q_1である．しかし，市場価格

が P_1 であれば消費者が Q_1 量買うためには $OP_1E_1Q_1$ 支払えばよい．この OAE_1Q_1 と $OP_1E_1Q_1$ との差，つまり $\triangle AE_1P_1$ が消費者余剰である．これに対して，供給曲線 S は企業の限界費用であるから，Q_1 量を生産するために必要な費用は OBE_1Q_1 である．市場価格が P_1 であれば企業の総収入は $OP_1E_1Q_1$ である．この OBE_1Q_1 と $OP_1E_1Q_1$ の差つまり，

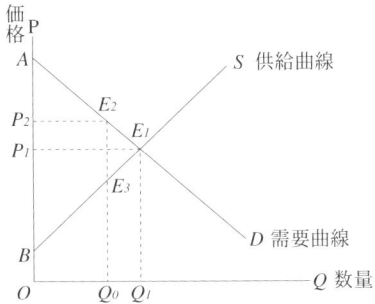

図1－2　市場の機能

$\triangle P_1E_1B$ が生産者余剰であり，生産者が得る利益である．

　消費者余剰と生産者余剰を加えた三角形 AE_1B の面積が，社会的余剰を表す．市場価格とその下で行われる取引数量において，社会的余剰が最大になる．社会的余剰が最大化されている時，その財の生産・消費において，資源が最も効率的な使用が達成されている（経済的効率性の達成）．価格による取引量の調整を通じる経済的効率性の達成が，市場の機能である．

　経済的効率性とは，消費者余剰と生産者余剰の合計である社会的余剰の最大化が達成されている状態を指す．例えば，生産量が Q_0 になった場合，価格は P_2 となり，生産者余剰は P_1E_1B から $BP_2E_2E_3$ に増加するが，消費者余剰は AE_1P_1 から AE_2P_2 へ減少する．この場合，$E_2E_1E_3$ の経済厚生の損失（死荷重）が生じ，経済的効率が達成されない．このように市場の機能に任せておいたのでは，本来の意味での経済効率性が達成できないことがある．このようなケースを，前述の通り「市場の失敗」と呼ぶ．市場の失敗が生じる理由はいくつかある．公共財，外部性ある財そして自然独占が生じる産業の存在がそれである．

(2) 公共財

　公共財も，最初は，国や地方公共団体といった公共部門が供給する財という意味で使用されていた．政府が「夜警国家」であり，政府が供給する財の種類が少ない時代は，両者を財の供給者と財の性質を分けて考える必要は乏しかった．政府が供給する財の種類は増えていった．そして，公共財の性質に関する研究が，

経済学の分野で進んできた．その結果，公共財の問題は，財の供給者ではなく，財の性質で判断すべきと考えられるようになった．

　国や地方公共団体，特に地方公共団体が，テニスコートを整備して，お金を取ってそれを一般に貸し出すということは普通に見られる．プールやパソコン教室も同様である．公営のアスレチック施設も珍しくない．こういった財と，国防・外交，治安（警察等）とは，明らかに異なることが分かるであろう．それがどう異なるかが，研究対象になったのである．

　公共部門に供給される財は公的供給財，民間部門のそれは私的供給財と呼ばれる．公共財ではない財は私的財である．供給者と財の性質の関係は表1－1のようになる．

表1－1　財の性質と供給者

		財 の 性 質	
		公　共　財	私　的　財
財の供給者	国，地方自治体，政府部門の外郭団体　等	国防・外交，治安，司法，道路，堤防，橋梁，公園　等	テニスコート，プール，パソコン教室　等
	企業，個人，公益法人，NPO　等	社会貢献・社会貢献活動　等（メセナ，ボランティア活動等）	通常の商品やサービス（上記テニスコート，プール等も含む）

　公共財とは，消費における非排除性，非競合性を有する財である．この性質を有することにより，公共財は，公共部門（国や地方自治体）が供給することが適当なのである．公共財は，道路や橋のような施設も指すし，外交のような形に残らないサービスも含む．道路のような施設も，その施設そのものというよりは施設建設による利便性の向上が公共財と考えられる．公共財は一般には，形を有さないサービスである．

　消費の非排除性とは，その供給を受けた人が代価の支払を拒否した場合でも，その供給を排除することが不可能な財・サービスである．例えば，この本は私的財である．この本の持ち主以外の人はこの本を原則として読むことはできない．この本を読むという消費行動から，持ち主以外は排除されるのである．消費における非排除性がある財は，他の人の利用（消費）を排除できないので，その財を

消費するために負担しない人の消費を排除できない．誰でもタダでその財を消費できる．これでは民間企業では，財を生産するための費用が回収できないので，その財を供給できない．ある財の供給を民間企業等が無償で行うことはある．この場合，非排除性が，その財を民間では供給できない理由にはならない．民間部門が公共財供給を行うこともあり得るのである（表1－1参照）．しかし，全国を対象に安定的かつ公平に公共財を供給することは民間部門では難しい．資金の調達力とその安定性が十分ではないからである．民間部門による公共財供給は，一部分に止まることとなる．一部分ではあっても，さまざまな観点からの有用性が認められ，NPOによるものを中心とする民間活動による公共財供給を盛んにしようという動きがかなり活発になっている．

　消費の非競合性とは，ある人がその財の消費に新たに参加しても，すでに消費している人達との間で，互いに邪魔にならない性質をいう．単に非競合性と呼ぶことが多い．私的財は（持ち主が同意して），ある財を一緒に使用しようとすると，互いに邪魔である．利用（＝消費）の時，他人と競合するわけである．この性格を消費における競合性という．例えば，この本は私的財である．この本の持ち主が許可して一緒にこの本を読むとした場合，互いに邪魔である．本を読むという消費行動については，競合性が生じているのである．消費における非競合性がある財は，経済効率性を達成できる価格をつけられない．サービスについて，ある人が消費に参加しても誰の邪魔にもならない．つまり追加費用（限界費用）がゼロである．非競合性ある財が効率性を実現する価格はゼロとなる．非競合性ある財は，市場の取引によっては経済的効率性は達成できない．非競合性ある財も，民間部門が無償で供給することがある．この場合は，公共財を民間部門で供給することができる．

　公共財とは，消費の非排除性と非競合性を有するので，民間企業による供給では経済的効率性を達成できない．部分的には，NPO等の民間組織でも供給できるし，実際に供給してもいる．民間が供給する公共財は，量が少なく，供給の安定性も乏しいため，政府部門の補完的存在に過ぎない．そこで，公共財の供給責任は，政府部門が負うのである．

(3) 準公共財

　非排除性と非競合性のある財が公共財であるが，私的財ではない財のすべてにこの2つの性質が完全に備わっている訳ではない．不完全にしか備わっていない財の方がむしろ多い．非排除性と非競合性が完全といえる財は，外交や国防といった比較的少数の財のみである．これらの財は，その意思がなくても強制的に消費させられてしまう（強制消費）ので，純粋公共財と呼ぶ．

　非排除性，非競合性を不完全に備えている財を準公共財という．非排除性が不完全な場合，消費から排除する費用をかければ特定の人を排除できる．有料道路等がその例となるが，一般道路は誰でも使える．有料道路は入口を設け，そこ以外からは乗り入れられないようにして，料金を徴収する．入口以外からは乗り入れられない構造にするための費用と，料金徴収を行うための設備や人の費用が，排除費用である．非排除性が不完全な財は，排除費用をかければ，代価の徴収が可能となる．そのような財は，行政組織から一応独立した機関によって供給されることがある．

　非競合性が不完全な場合，消費の参加者が多数になると，急に互いに邪魔になりだす．これを混雑現象という．道路混雑などが典型的な例である．道路は1台の車が走っている時にもう1台入ってきても互いに邪魔にはならない．段々車が増えてくると，あるところから急に動かなくなる．首都高速で，混雑時の自動車交通量と，年末等の閑散期の交通量の差はほんの数パーセントという．交通量が一定量を越えると，急に互いに邪魔になりだし，渋滞するのである．そこで需要側からの管理（Demand Side Management：DSM）と呼ばれる，公共財需要の抑制策が提案されている．これは，道路等対象となる公共財の利用に経済的負担を課す（課金）ものである．目的は，第1に社会資本投資の節約，そして環境保全上の効果等である．道路建設は，特に都市部では多額の資金が必要であり，DSMの対象となる．道路は混雑現象が発生する財であるため，課金により需要（自動車交通）が減ると，比較的小さい割合であっても，混雑緩和に大きな効果がある．

(4) クラブ財（共同財）

　クラブ財（共同財）は，公共財とよく似ている．クラブ財とは，皆でお金を出し合って，その成果は皆で平等に得るというものである．サークル活動の部費や，学会の会費等がこれに当たる．部費や会費を税とみれば，クラブ財は，公共財とまったく一緒である．決定的に違うのは，公共財はすべての人に提供されるのに対して，クラブ財はクラブのメンバーのみが対象になることである．それで，地方公共団体が提供する財をクラブ財とすることもある．特定地方公共団体の住民であることを「クラブ」のメンバーであると考えるのである．地方公共団体が提供する財の効果は，地方公共団体の住民でない人も享受することができる（スピルオーバー：溢出）．スピルオーバーが原則として否定されることもない．この点から，効果の範囲が限定される公共財（地域公共財）でも，クラブ財とは区別されるべきである．クラブ財供給は，政府部門が行うことは少ない．クラブ財は，クラブのメンバーに対しては公共財と同じであるため，公共財供給を節約する手段として役に立つ．各種の保険が，これに該当する．

(5) 外部性

　外部性とは，取引の意思決定に関与しない人（経済主体）が，その取引から影響を受けることをいう．図1－3の外部性のイメージ図に示したように，市場における需要者（買い手：A）と供給者（売り手：B）の間で行われた取り引きに参加していない外部の者（C，D，……）が受ける影響が外部性である．何らかの効果を及ぼすので，外部効果ともいう．

　この影響にはプラスとマイナスがある．影響がプラスの経済的効果をもつ場合を外部経済といい，マイナスの経済的効果をもつ場合には外部不経済といわれる．プラスの影響は，交通施設の整備によって生じる開発利益が代表的なものである．鉄道線路が新たに敷設されて駅ができると，駅近くの土地の価格が上昇することはよく知られている．道路建設などでも同じような現象がみられる．鉄道サービスは，鉄道事業者がサービスの生産・供給者で，乗客がそのサービスの消費者である．駅近くの土地の所有者は，生涯その鉄道や駅を利用しなくても，鉄道敷設

による地価高騰の恩恵を受ける．鉄道サービスの需要と供給の外側にいる人が利益を受けるから，外部経済性（プラスの影響）が生じたことになる．このようなプラスの外部性を得るために，公共投資（財政支出）が行われることも多い．道路建設がその典型である．ただし，道路は非排除性が強いので，あるいは排除費用が高いので，政府部門が建設することが圧倒的に多くなる．このような形で得られるプラスの外部性を開発利益と呼ぶ．開発利益をどのように財政収入に反映させるか，大きな課題である．土地値上がり（土地の収益力の増大）により固定資産税収入は増える．また，経済活動の活発化により，一般的税収も増えるが，直接的な開発利益の回収（内部化）は公的部門には困難である．

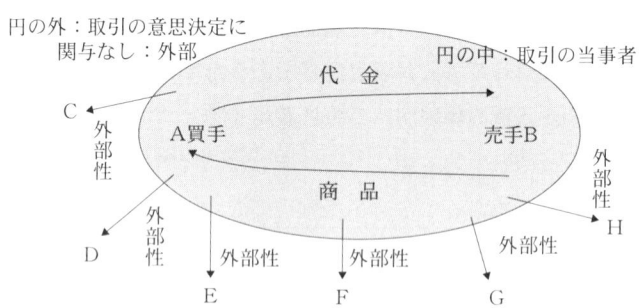

図 1 － 3　外部性のイメージ

　鉄道建設は，政府が課す一定の制限（規制）の下に，民間企業が行うことが多い．非排除性が弱く，比較的少額の排除費用により，対価の徴収が可能となるからである．切符の発行，改札，切符の回収等，排除費用が無視できる程小さいわけではない．特に大都市部の私鉄は，鉄道事業からの利益だけでなく，鉄道建設による土地値上がりの利益を享受している．プラスの外部利益（開発利益）の回収が，予め投資計画に組み込まれているのである．

　義務教育である小・中学校での教育も，外部性の例に入れられる．小・中学校教育を義務化することにより，すべての国民が字を読むことができ，計算もできる．教育を受ける人以外に，その人を雇う人びとに利益を与える．結果として，

国民経済全体に良い影響を与える．文化的影響もある．直接に教育を得た人が利益を得るのは勿論であるが，社会全体にも良い影響を与える．そこに，義務教育に多額の税金がつぎ込まれる理由がある．

図1－4のD線は，この産業が生産する財の需要曲線である．他方，S_1線はこの産業の私的限界曲線である．ここで，BCの外部効果が発生していれば，社会的限界費用曲線はS_2で示される．この場合，競争的均衡であるE_1点では，私的限界費用が外部効果の分まで社会的限界費用を上回っているので，社会的に望ましい水準以下の生産（$Q_2 - Q_1$）しか生産されていない．このため$E_1E_2E_3$の死荷重が存在しており，資源の最適配分は行われていない．そのために，T円の補助金を与えると，企業の限界費用はT円だけ減少して，供給曲線はS_1からS_2へシフトするので，価格はP_1に減少し，供給量はQ_2に増加する．この場合，補助金の額はBE_4E_2Cとなる．政府部門が直接にこの財を供給する場合は，より多額の財政資金が必要となるが，供給は確実である．財政逼迫が厳しい現在，供給の確実さよりも財政資金の節約を選ぶべきという主張が強くなっている．

マイナスの影響は，環境問題が代表的である．地球環境問題では，二酸化炭素濃度が増えることによる地球温暖化問題が，最も注目を浴びている．現在の経済・社会は，石油や石炭のような化石燃料を燃やして得たエネルギーへの依存度が大きい．石油や石炭を燃やすと二酸化炭素が発生して，地球温暖化が進む．石油や石炭の取引や使用に関わらない人も，地球温暖化による天候変動の悪い影響を受ける．取引の意思決定に参加しない人が，マイナスの影響を受けている例である．地域的な問題では，特に大都市部で，軽油を燃料として使用するディーゼルカーの排気ガスによる大気汚染が問題になっている．これも，取り引きの意思決定に参加しない人が，マイナスの影響を受けている例である．

マイナスの外部性は，図1－5に示したように，私的限界費用S_1よりも社会的限界費用S_2の方が上回っているので，望ましい水準以上の生産（$Q_2 - Q_1$）が行われている．このため，$E_1E_2E_3$の死荷重が存在しており，資源の最適配分が行われていない．そこで経済効率性を達成するには，市場均衡価格P_1による取引量Q_2よりも少ない取引量Q_1を実現しなければならない．地球温暖化現象対策

図1-4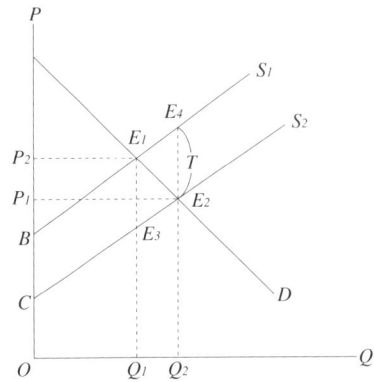

図1-5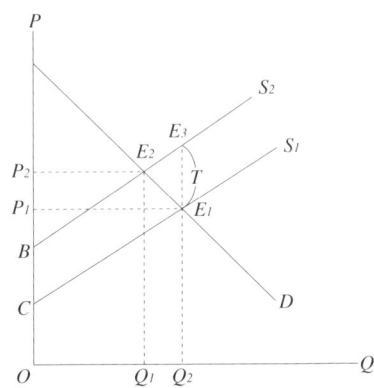

としての二酸化炭素排出量の削減を考えると分かりやすい．社会的外部性を含めた社会的限界費用曲線は S_1 であり，Q_1 に対応する価格は P_2 である．しかし，消費者は市場の需要曲線にしか反応しない．そこで，取引量 Q_1 を実現するために，租税の賦課による価格上昇が必要となる．例えば，T 円の環境税を賦課することによって，企業の限界費用は T 円分だけ増加して供給曲線は S_1 から S_2 に上方へシフトし，価格は P_2 へ上昇し，供給量は Q_1 に減少する．マイナスの外部性は，社会的費用をもたらす．それでこれを外部費用と呼ぶ．外部費用は図1-5では BE_3E_1C であり，それを発生させた原因者に負担させるべきである．これを原因者負担原則と呼ぶ．原因者に外部費用を負担させることを，外部費用の内部化という．上述の課税が適切な税率が行われれば，この目的が果たされる．但し，適切な税率の決定は非常に難しい問題である．

(6) 自然独占

　自然独占とは，競争を行うと自然に独占になってしまうことをいう．規模の経済性が強いネットワーク産業に自然独占が発生する．電線，電話線，ガス管，線路等のネットワーク施設によってサービスを提供するので，独占は施設が建設された範囲に止まる．それで，地域独占と呼ぶこともある．独占状態になると，企

業の利益（利潤）を最大にするため完全競争市場よりも高い価格をつけようとする（独占価格）．その時得られる利益を独占利潤という．そこで政府の役割は独占価格を付けさせずに，消費者の利益を最大化し，かつネットワーク産業が持続できるように，自然独占産業に対する適切な規制を行うことである．あるいは，放置すれば独占が生じるネットワーク産業において，適切な競争が生じる事業環境を用意することである．ここでは，原則として，事業そのものに財政支出は行われない．規制官庁の人件費や情報費用等は財政負担となるが，一般的行政費用の一部である．

　自然独占産業については 20 世紀の末に，競争導入の観点から大幅な規制緩和が行われた．地域独占を可能としているネットワーク施設等の他企業への貸し出しの義務付け等の規制緩和によって競争が強化され，公共料金の低下が見られた．この成果を一層拡大するため，一層の競争導入が推進されようとしている．しかし，競争が強化されるとユニバーサル・サービスが維持できなくなるという問題点も出てくる．ユニバーサル・サービスとは，すべての人にサービスを提供し，その価格は誰でも払える水準で，どこに住んでいても同じ水準のサービスが同じ料金体系で適用されるというものである．ネットワーク産業への規制が緩和されると，競争により料金は低下する．これは企業の採算性を厳しくする．それで，過疎の町や村などの採算性の悪い市場へのサービスが行われなくなったり，サービスが悪化したり，料金が高くなったりする可能性がある．

　このような状況下でユニバーサル・サービスを維持するために，採算の悪い市場に対する財政資金投入の必要が論じられている．郵政公社の民営化が実行された場合，競争市場の中では消滅する郵便局を維持するための資金を政府が出そうというものである．

第3節　財政の機能

　市場の失敗を是正するのが，財政の機能である．資源配分機能，所得の再配分機能，経済の安定化機能が主要な役割であり，これを財政の 3 機能と呼ぶ．こ

れ以外に，実際の政府（財政）の活動では，地域間格差の是正，所得水準の向上の2つの役割が観察される．この機能は，一国全体か特定地域の所得水準を上げることを目的とする，発展推進の機能と呼べる．以下，財政の3機能と発展推進の機能について述べる．

(1) 資源配分機能

1. 資源配分の適正化

資源配分機能とは，市場の機能によっては適切に供給されない財の供給を行うものである．このような財は，先に述べたように，公共財，外部性のある財が中心となる．

公共財の供給については，それが公共性の名の下で過大になる可能性が指摘される．また，公共財を供給するために投入される各種資材やサービスの価格が過大になっているとの批判がある．公共財供給に関しても，効率性（むしろ能率性）が求められるようになっている．このため，行政運営は，今までは行政管理 (public administration) と表現されてきたが，近年，公共経営ないし公共マネジメント (public management) が，行政運営の新しい考え方を示す概念として使用されるようになっている．公共マネジメントの動きは，企業的な原理と手法を行政運営に適用していこうというニュー・パブリック・マネジメント (new public management：NPM) 理論に代表される．NPMには行政の内部機構の改革も含まれる．その道具としてプライベート・ファイナンシャル・イニシャティブ (private financial initiative：PFI) やパブリック・プライベート・パートナーシップ (public private pertnership：PPP) が注目されている．非営利民間組織 (non profit organization-non government organization：NPO-NGO：NPO) や独立行政法人も同様である．

プラスの外部性がある財は，必ずしも政府部門が直接に供給する必要はない．公共財ではないから，民間企業や団体でも供給できる．しかし，市場に任せておいたのでは，社会的に望ましい量よりも少なく供給される．そこで，政府がプラスの外部性を供給している企業に補助金を出したり，減税して，社会的に望まし

い量までプラスの外部性ある財の供給が増えるように計らうこととなる．プラスの外部性がある財の中で，収益性の低いもの，施設建設資金が巨額にのぼるものは，政府ないしその外郭団体が建設することがある．収益性が低いものについて確実な供給を望む場合は，政府の業務として行うこととなる．義務教育がこの例となる．プラスの外部性の程度については議論があり得るが，瀬戸大橋などは建設資金が巨額にのぼる施設の例に当たる．建設資金が巨額にのぼるものでも，企業連合を組んでリスク分散を図ることによって民間企業（群）でも建設可能な部分が増えている．このようなものに，PFIやPPPのような方法を適用して，巨大施設の建設を行おうという機運が高まっている．採算性（収益性）が乏しかったり，収益見込みが不確定の場合，何らかの形で政府がリスクを負うことになる．それでも，社会資本（プラスの外部性の高い財）建設に必要な財政資金が節約されることになる．マイナスの外部性では，日本は水俣病（有機水銀中毒）のような，いわゆる公害に悩まされた時期があった．公害のように，環境汚染源が比較的少なく，健康被害等がはっきりしている場合，有機水銀の排出濃度や排出量の規定を設ける方法（規制的手段）が有効であった．これにより，日本は不名誉な公害先進国であるとともに公害対策先進国になった．この場合，公害の被害認定や研究費に財政支出を要するが，比較的僅かであり，通常の行政経費を大きく越えるものではない．

　地球温暖化の原因となる二酸化炭素の排出や，廃棄物対策は，公害問題とは異なる様相を示す．これらは，狭義の環境問題というべきである．汚染源は多数で，個々の汚染源の行為は，環境汚染というよりも環境に負荷を与えるものである．その負荷は，単一の汚染源ではわずかである．このような環境問題については，経済的手段の有効性が高い．環境に負荷を与える行為に経済的負担（税や手数料の賦課）を課し，環境負荷行為を適正水準まで低下させるのである．

　経済的手段は，財政収入をもたらす．特に，二酸化炭素排出量削減のために石油・石炭等の化石燃料に含まれる炭素量に応じて掛ける炭素税は，税率次第では多大な税収が期待できる．炭素税等大型の環境税は，短期的には，かなりの税収が見込める．その目的を果たして，環境に負荷を与える行為を劇的に減少させた

場合，当然に税収も減少する．中・長期的には，技術革新等によりそのような効果が出る．税収の使途について，多様な議論が出ることになる．

2. 所得の再配分機能

　市場活動の結果としての所得配分の不均衡も，政府が対応すべき問題である．これには多額の財政支出を要する．現在の日本は，親の財産は相続税を支払うものの，子が受け継ぐことが基本である．財産収入や事業収入については，人びとの出発点は同じでない．例えば，土地や家を親から相続できる人と，土地や家を相続できずに新たに購入しなければならない人では，出発点が異なる場合があるので，同様の条件の下においても，個人の能力，運不運により結果として得られる所得に大きな差が生じる．景気が悪い場合には高い率の失業や倒産が生じることがある．この場合，就業ができずに，所得を得ることができない人びとの数が増える．個々の状況はさまざまであるが，国民経済的にみると，相当数の非就業者が発生するのは必然という状況があり得る．

　日本国憲法は，「すべての国民は，健康で文化的な最低限度の生活を営む権利を有する」（第25条）と定めている．最低限の所得は，このような生活を営む基本条件である．それゆえ，生活に必要な所得が得られない者については，国がそれを保障することとなる．経済的にも，最低限の生活を保障することは有用である．生活困窮者が増えると犯罪が増え，社会秩序が乱れる．生活に困るというのみならず，社会的不公平に対する不満も増大するからである．これは，経済活動の阻害要因となる．社会的規律に従わない者が増えると，良質な労働力を得るのが難しくなる．また，生活上の困難ゆえに教育を得る機会が少ないと，能力ある労働力の獲得が高価なものになる．必要最低限の所得保障（所得の再分配）は，社会的な公正の観点からも重要であるが，経済的効率性の観点からも不可欠である．

　第4章でも説明するが，社会保障関係費は一般歳出では約4割を占めており，半分近くが所得再分配関係の経費になっている．生活保護費は，生活困窮者一般に提供される援助である．ここ数年の対象人員数は100万人を超えている．弱

者保護の観点からすると，生活保護が最も公共性の高い措置であるが，予算に占める割合は比較的小さい．生活保護費は，生活扶助以外に，住宅，教育，介護，医療等への扶助からなるが，これらはサービス提供が中心である．保護対象者の自主性を尊重して，すべての扶助を現金で給付すると制度維持の負担が減る．しかし，現金で給付されたものが，本来の目的に沿って使われる保証はないため，サービス給付で行う部分が大きくなる．

一般会計における社会保障費は，社会保険への国庫からの繰入金が大部分を占める．公共財と共同財の双方の性格を有するので，制度運営が困難であり，総体では全国民を対象とするため，所要経費額も巨大で社会保険費が約8割を占めている．社会保険とは，理念としては公共財ではなく共同財である．社会「保険」であるから保険料を支払った人が保険金を受け取る．保険金は，保険が契約している事故，保険事故が生じた時に受け取るものである．社会保険の場合は，所得保障と医療保険が中心となる．年金は，高齢という保険事故が生じた場合，年金という保険金が死ぬまで支払われる．医療保険（健康保険）の場合は，病気や怪我（疾病）という保険事故が起きた場合，治療費（医療費）の一部（7割程度）が保険金として給付される．社会保険は「社会」的なものであるから，全国民に保険事故が生じた場合の保険金給付の対象とすることが理念となる．「保険」を公共財として運用すると，フリーライダーの問題が生じる．保険料の不払いである．保険料を払わなかった者への保険金の給付を拒めば問題はないが，高齢に達した人への別の保障の問題が生じる．

所得格差の是正については，租税，特に所得税を通じて行われることがある．累進制の所得税は所得格差の是正に効果がある．累進税制とは，多額の所得がある者に高率の所得税を課し，所得額の少ない者は，非課税ないし低率課税を行うものである．これにより，課税後の所得配分は，課税前の所得配分よりも格差が少なくなる．累進性を強くすれば，有力な財源が得られ，所得格差も大幅に縮小する．その場合，多額の所得を得る能力のある者の反発が大きい．所得を得る活動をあきらめる可能性があり，経済の活力が低下する可能性が高い．所得税率の低い国へ移る者が増えると，所得税の税源が減少することとなる．税率が高けれ

ば，合法的な節税，非合法の脱税による可処分所得が大きくなるので，本来の経済活動よりも税金対策に多大な労力が投下されることになる．これは経済活力を削ぐので給付の面でも課税の面でも，公平な所得分配の水準に関する検討が必要である．現在は，能力格差による所得格差を容認する動きが強いが，容認される所得格差の程度については，慎重な吟味が求められる．

3. 経済の安定化機能

　経済には景気変動がある．個別経済主体の合理的決定が総計された結果，景気変動が生じる．1973年の石油ショックのような，外部的要因から生じる景気変動もある．景気変動への対抗手段として，財政政策と金融政策が使用される．一時的景気対策ではなく，政府部門の効率性向上と技術革新の促進によって国民経済の体質を強化して，不況を克服するという考え方が生じている．日本の1990年代は失われた10年と称され，その前に生じたバブル（泡）と呼ばれる資産インフレの後始末に追われた時期であった．同じ時期，アメリカはIT（情報技術）産業の興隆による長期的好景気を享受した．国際競争力の強化が，一国の経済成長の基礎となるわけである．各国が競争力強化を行った場合，景気変動がどうなるかはまだ実証されていない．

　財政政策では，不況を克服するために国債を発行し（赤字財政），それを財源に総需要を増大させる．不況の原因は，国民経済バランスにおいて需要が不足するためであるから，不足する需要を財政支出でつくり出すのである．不景気で税収が減少する時に支出を増やすのであるから，当然に財政は赤字となる．財政政策を実行しても，財政赤字を出している間は景気を支えられても，支出を止めると戻ってしまう．これについて，財政赤字による景気刺激は実質的効果はないと解釈されることがある．反面，国債残高の累積に怯えて，効果が出始めたところで財政刺激を止めてしまうので，それまでの努力が無駄になるとの主張もある．

　企業の規模が大きくなり，資金調達力も増大している．財政政策による景気刺激は施設の稼働率を上げ，在庫を減少させるのみで，投資の増大に到るまでにはかなりの時間を要するようになっている．世界経済の一体化が進む中，ある国が

財政赤字を出して景気刺激しても，創出した需要の一部が貿易赤字の形で他国に漏出することがある．さまざまな要因により，財政政策による景気刺激効果が弱くなっている．

景気対策の手段として，財政政策以上に重要視されているのが金融政策における通貨供給量の調整である．しかし，国際金融市場の膨張があり，一国内の金融政策の効果は限界がある．経済のグローバル化に伴い，一国の景気政策は効果が乏しくなっている．一国経済が孤立したものであれば，政府部門によるマクロ経済調整は排他的な効果が見込める．現在の景気政策は，地球をひとつの市場と考えるグローバルマーケットの中で考えなければならない．貿易や国際金融市場の比重がきわめて大きくなっているので，一国政府の政策はその中で，隔絶した力をもつという状況ではない．国際競争力の強化が景気対策としても重要になっている．

(2) 発展推進機能

国際的にもいえるが，日本国内に限っても，地域間経済力（所得水準）の格差是正は，低所得地域の見果てぬ夢である．大都市地域に雇用と所得そして先端技術が集まることに対する批判として，国土の均衡ある発展が主張された時期があった．生活環境，自然環境の維持・向上を考えると，一見もっともな主張である．政策的にもこれが推進された．

産業面では，都市部のもつ集積効果はきわめて高い価値をもつ．大規模な人口集積，企業の中枢管理機能の集中によって，最終消費・対企業部門に大きな需要が存在する．生産面においても，必要な生産機能・人材が容易に調達できる．現在の企業の死活問題である技術革新の可能性を広げる．日本においては，国から地方に回る膨大な財政資金が，地域間格差を是正する効果をもっていた．しかし，巨額の資金移転は，それが恒常化した結果，大都市部と中山間地の経済均衡を維持する効果をもつようになった．巨額の資金移転を行い続けても，状況は好転せず，資金移転の規模を大幅に引き下げようとすると地域経済の崩壊を招きかねないのが現状である．

所得水準の向上は，現在の日本では余り大きな課題ではない．その日本でも，所得水準の向上そのものが政府に期待された時期もあった．今でも，多くの発展途上国においては重要な政策課題である．

　経済発展には，技術水準の向上，初期の資本蓄積が必要である．競争が激しくなるグローバル経済の時代には，このような条件整備は政府の手を通じて行うのが早いと考えられる．地域間格差の是正も，追いつきたい自治体においては，所得水準向上，雇用の増大として捉えられる．

参考文献

財政会計法規編集室編『平成16年版　財政小六法』学陽書房　2004年

佐藤慎一編『図説　日本の税制』（平成16年度版）財経詳報社　2004年

第2章
予算の役割

第1節 予算編成

(1) 予算に係わる資金循環

　政府は，租税や公債等によって，民間部門から財政資金を調達する．一会計年度における資金調達が歳入予算，その支出計画が歳出予算であり，両者を併せて予算となる．中央政府もそうであるが，特に地方公共団体は，企業的サービスに対する対価も重要な資金源となっている．この資金によって，民間経済部門では適切に供給できない財・サービスを供給している．

　政府部門と民間部門の資金循環については，図2－1に示されている．この図の基本をなす国民は，個人が中心であるが，企業や諸団体等の法人もこれに含まれる．企業活動は市場として示されている．国民は，その労働や所有する財産から所得を得，この所得の相当部分を消費に使用している．この図は，財政資金の流れを描いているので，そのような民間部門内での資金の流れは省略されている．さらにこの図は中央政府の財政の仕組みも表している．国民は，所得を得れば所得税を，企業は法人税を払い，消費を行う場合は消費税を支払う．税以外には，図の右側に示された資金の流れのように政府関係機関や特別会計に，各種料金・代金を支払い，各種保険料を支払う．地方公共団体にも税や手数料，料金等を支払うが，この図では省かれている．

　国民は，所得から税を支払い各種の消費を行うが，通常は所得のすべてを使い切ってしまうことはなく，一部は貯蓄する．これらは銀行，信用金庫，労働金庫，郵便局等金融機関に預けられる．あるいは預金でなく，金融商品（株式，社債，金融債等）の購入に使用される．このような資金の一部は，国債や日本道路公団，農林漁業金融公庫等の政府保証債の購入に当てられる．これは図の左側の資金の流れであり，国や政府関係機関等への資金の流れである．こうして集められた資金は，広い意味の予算に組み込まれる．予算によって遂行される行政活動が，全体としての行政サービスを国民に提供する．

　経済のグローバル化が進む今日，税の負担者は自国の国民とは限らず，行政サービスを受ける者も自国の国民とは限らない．公債等は一国にとどまらず，海

図2−1 財政の仕組み

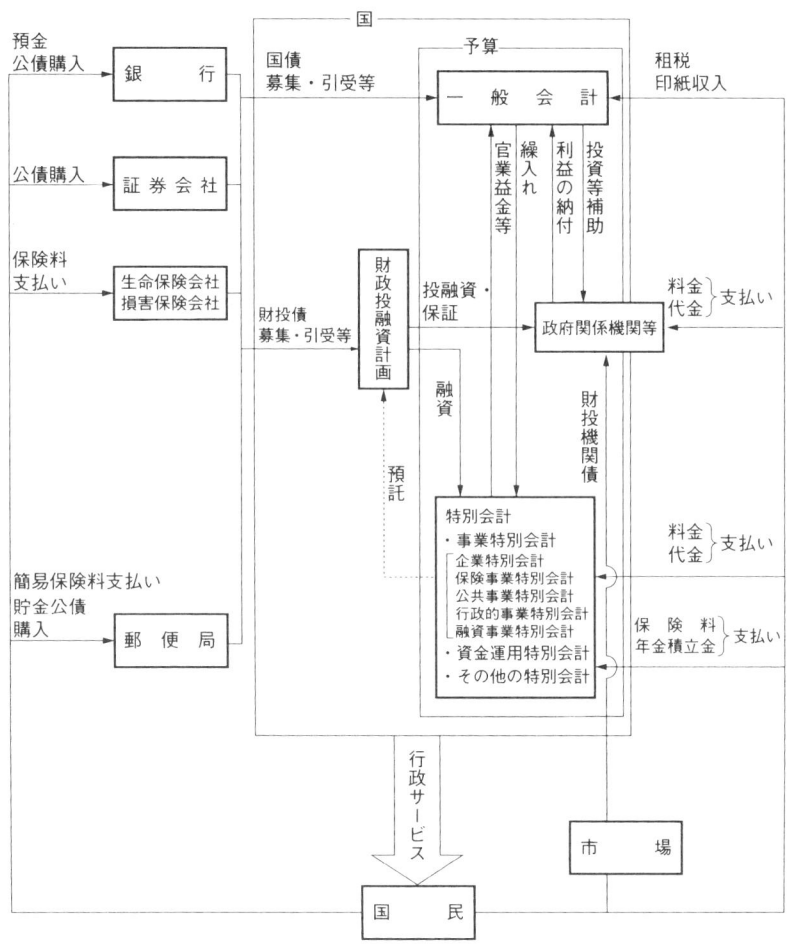

出所）川北力編『図説　日本の財政』（平成16年度版）東洋経済新報社　2004年

外でも流通している．かつて国はきわめて強固な単位であったが，現在では，世界経済の中の一区画という性格を強めている．予算の編成・執行も，特に景気調整を考える場合，自国のみを考えていたのでは効果が乏しくなる．

(2) 予算過程

1. 予算編成

　わが国において，予算編成の主体は憲法第73条第5項および第86条の規定によって「内閣の責任」である．これを内閣の予算提出権という．内閣の中で実際に予算編成の任にあたるのは財務大臣であり，その具体的作業は財務省が行う．予算の歳出面においては主計局，歳入面においては主税局が行う．毎年の予算が準備段階に入るのは，約1年前の5～6月頃である．各省庁の大臣官房会計課長が中心になって，各省庁独自の政策を盛り込んだ「概算要求」を作成する．この期間に主計局も並行して予算編成作業を進めている．あらかじめ準備しておかないと，各省庁の予算要求を査定できないからである．各省庁は少しでも多くの予算が欲しいので，最初から削られるのを覚悟で予算を大目に要求する傾向があった．そこで，毎年7月中・下旬に財務大臣が閣議で「新年度の概算書の作成方針」についての発言があり，閣議了解事項により決定される．これは，政策的経費などに充てられる一般歳出を対象に，要求できる額を一定の枠に制限するものである．これが概算要求基準で，上限という意味からシーリング（天井）と呼ばれている．各省庁はシーリングにそって，予算要求を査定し省庁内での省議を経たのち標準予算額と新規要求額とを含む概算要求額を作成して，8月31日までに財務大臣に提出しなければならない（財政法第17条，予算決算及び会計令第8条）．財務省に提出された概算要求は，主計局があらかじめ5～6月頃から準備していたものと対比される．9月中は主計官を補佐している主査，係長が中心になって各省庁の担当官から詳細な説明を聞き（ヒアリング），必要な資料の提出を求めて主計官が各省庁の査定案をつくる．これを審査という．そして，予算の枠，他とのバランス等を考慮した結果に基づいて総予算が作成され，財務省議を経て決定される．これが「財務省原案」といわれるものである．これは閣議に提出されると同時に各省庁に内示されるが，各省庁は内示を不服として復活要求を出す．一切の復活折衝が終ると財務省の計数的な整理を終えて予算案は正式に閣議に提出されて決定をみる．このようにして閣議決定された予算を政府原案（財政法第21条）といい，1月中に国会に提出する運びとなる（財政法第27条）．

図2−2 予算の編成・審議・執行・決算

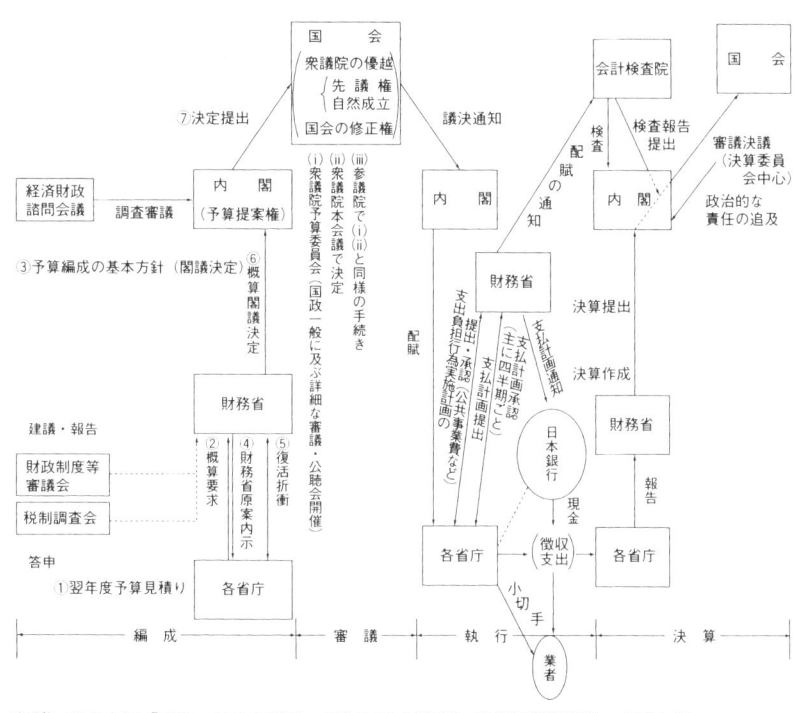

出所）川北力編『図説 日本の財政』（平成16年度版）東洋経済新報社 2004年

2. 予算審議

国会は法律で決められた一定の手続きにしたがって審議をはじめるわけであるが，予算の審議は他の法律の審議と違って衆議院からはじめなければならない（憲法第60条第1項）．これを予算先議権と呼んでいる．内閣から提出された政府原案は衆議院議長がこれを受け取り，ただちにこれを予算委員会に送付する（国会法第56条）．衆議院予算委員会（50人：衆議院規則第92条）での専門的・実質的審議にはいる．委員会では総理大臣，各省大臣，各省部局長と予算委員とのあいだで，さまざまな質疑応答が行われる．これを通じて予算の性格が明らかにされ，質問者，各政党，政府の予算に対する意見が表明されるのである．このような審議を経て採決され，これが予算委員長により本会議で報告されるのであ

る．予算委員長の報告が本会議で報告されると，これに基づいて本会議での審議が行われ，議決されて衆議院の予算審議は終了し，予算案は参議院へ送られる．

政府原案は衆議院に提出された後，5日以内に参議院に送られる（国会法第58条）ため，参議院ではあらかじめ予備審査を行っている．参議院における予算審議の手続きは衆議院の場合とまったく同じであるが，予算委員会の委員数は45人になっている（参議院規則第74条）．参議院の本会議で議決されて，予算は成立するのであるが，衆参両院における予算の審議と議決はそれぞれ独立に行われるので，両院の議決に相違が生じることがある．この場合は必ず両院協議会を開かなければならない．両院協議会でも意見の一致がみられない場合は衆議院の議決が国会の議決になる．これを予算議決における衆議院の優越と呼んでいる（憲法第60条第2項）．また，衆議院が議決してから30日（国会休会中の期間を除く）以内に参議院が議決しなかった時は，衆議院の議決が国会の議決となる（憲法第60条第2項）．これを自然成立と呼んでいる．

3. 予算の執行

予算が成立すると，予算の執行の段階に入る．内閣は予算の定めるところにしたがって各省庁に対して，その執行すべき歳出予算，国庫債務負担行為，継続費を配布する（財政法第31条第1項）．各省庁の長は，それぞれの職務を遂行するために配布された予算の範囲以内で支出行為に関する実施計画書，すなわち，支払計画書を作成してこれを財務大臣に提出しその承認を経なければならない（財政法第34条第1項）．財務大臣はこれらの支払計画書を審査し，国庫金，経済の状況，経費の支出状況を勘案した上でこれを承認する．そしてこれはさらに閣議の承認を得たあと関係各省庁，会計検査院，日本銀行に通知されて執行される．この支払いは各省庁の計画によって自由に行われるものではなく，原則として毎四半期ごとに行われる．また，各省庁の支払いは，日本銀行における政府の預金口座を通じて日本銀行振り出しの小切手で行われるのが原則である．

4．予算の決算

　予算の執行が終ると，予算の最終過程である決算（憲法第90条）の段階にはいる．各省庁の長は，それぞれの歳入歳出の決算報告書および国の債務についての計算書を作り，7月31日までに財務大臣に送付しなければならない（財政法第37条，予算決算及び会計令20条）．財務大臣はこれをもとにして歳入歳出の決算書を作成する（財政法第38条）．決算は予算と同じ区分で作成され，これに歳入決済明細書，各省庁の歳出決済報告書および継続費決済報告書ならびに国の債務に関する計算書を添付して，これを翌年度の11月30日までに会計検査院に送付しなければならない（財政法第39条）．会計検査院は，この提出された書類と実地検証によって決算の検査を行い，報告書を作成する．この結果は翌年度の通常国会に提出される（財政法第40条）．

　決算の国会提出は，予算審議の場合と異なり衆議院に先に提出する必要はない．決算は衆参両院の決算委員会の審査を経て本会議に報告される．わが国の決済制度は，国会への報告を義務づけているだけで，国会の議決や承認を必要としない．報告によって不正あるいは不当な予算だと判断されても政府の責任を問うことができるだけで，それによって支出や契約が無効になるということはない．要するに，決算の審議はたんに事実の批判にすぎず，法律上の拘束力をもたないため，予算審議に比べると重要性が低いといえる．

第2節　予算機能

（1）予算の機能

　政府の収入と支出のすべては，予算に示される．政府の活動は，予算によって金銭的に表現される．金銭だけでは政府の行動をすべて知ることはできない．反面，予算抜きで政府の活動を理解することは不可能である．予算は政府の活動と表裏一体の関係にある．予算を作る（編成する）目的は，主として，公示機能と統制機能を果たすためである．

　第1章で述べた財政の機能は，具体的には予算を通じて発揮される．公共財

供給には多額の資金が必要である．プラスの外部性を調整する補助金も同様である．マイナスの外部性を調整する課税は，新設・変更の場合は法律によらなければならない（租税法律主義，憲法第84条）．課税の決定は予算とは別に定まるが，課税される時は歳入予算に計上される．規制を実行する行政機構の維持費も，予算に計上されなければ支出できない．

内閣は，毎会計年度の予算を作成し，国会に提出してその審議を受け議決を経なければならない（憲法第86条）．政府の予算とは，毎会計年度議会の議決を経て成立する政府の収入と支出の勘定のことである．地方公共団体でも基本は同じである．予算の機能は，大きくは公示機能と統制機能からなる．それ以外に，政府の活動を効率的に行うための機能もあると考えられる．

（1）公示機能

公示機能とは，予算の執行と統制の，明確な内容と手続きの情報を国民に提供することである．情報開示の機能ということもできる．予算は，政府（中央政府および地方公共団体）が行った意思決定の結果を，金銭の量で表示する側面を有する．すなわち，いかなる政策に政府に委ねられた資源（資金）をどれだけ振り向けることとしたかが，明瞭に分かる．例えば，福祉重視を主張する政権において，福祉関係の支出が増えなければ，その主張は形だけであると判断できる．政府の意思は，その言葉よりも，資源配分量（予算額）で判定する方が確かである．

財政資金には限りがあるので，政府は，国民の欲求すべてに応えることはできない．政府が主として供給する公共財は，原則として，利用時に負担を求めることはない．利用者＝国民にとっての限界費用はゼロであるから，財への欲求は無限となる．外部性ある財についても，低い負担で消費が可能となるので，より多くの供給を求めることになる．例えば，道路建設は過大な供給欲求が生じる典型的な例である．新たな道路の建設によって増える満足がゼロということはない．利用者が極端に少なくても，一定の満足の増大は生じる．通常，道路利用や道路建設の負担を個々の国民に求めることはないので，新規道路建設の欲求は常に存在する．

歳入の中心は租税である．租税の負担は一般に歓迎されない．増税は難しく，できても一定の限界がある．有限の歳入で無限の欲求に応えることはできない．欲求と財源の差は，国会の場等で最終的には政治的に調整される．予算は，政治的妥協の結果を示しているともいえる．公示機能には，この妥協の過程を示すことも含まれる．予算の公示機能は，国の意思決定結果の数値情報を国民に開示することが主要な内容である．この機能を十分果たすためには，その情報が正確でなければならない．また，分かり易い形で示されなければならない．予算情報を正確に示そうとすると，詳細な情報を提供することになる．これを実行しようとすると，情報量がきわめて多くなる．情報量が過大であると，一般国民は勿論のこと，国会議員にも十分な理解は困難となる．分かり易い形での情報提供が重要な要素となる．数値だけでなく，その手続きも同様である．公示機能に関連して，分かり易さを含んだ形で説明責任（accountability）が強調されるようになっている．

（2）統制機能

　統制機能とは，行政府部内における監査機能である．公示機能は行政組織の外にいる国民に対する情報開示の役割を果たすが，統制機能は行政組織内部が対象となる．この機能は，所管別，項目別に分類された表示形式によってまず果たされる．そして，各種の統制および報告の手続きによって補完される．統制機能については，予算がどのように使用されたかを示す決算も重要である．しかし，現在のところ，国民一般の関心は主に予算に向き，決算への関心は相対的には薄い．予算には，政府の活動を効率的に行うための機能も求められる．計画機能と呼ばれることがある．特定の政策目標について，関連予算項目（ひとつとは限らない）の支出金額と，それによる政策効果を判断することができる．この機能は経営判断に類するものである．予算は最重要の資料を提供するが，単独で計画機能を十分に果たすことは難しい．

第3節　予算原則

(1) 予算の原則

　予算の機能を十分に果たすためには，予算の編成と執行を一定のルール（原則）に従って行うことが必要である．このルールを予算原則という．予算の編成と執行において，その事務を効率的に行うための原則であるから，論者によってまとめ方が異なる場合がある．伝統的には，完全性，単一性，明瞭性，厳密性，事前性，限定性，公開性の7原則を挙げることが多い．各原則の関連性や，各原則に含まれる内容から異なる形で提示することがある．以下では，予算原則を4分野（公開性，統一性，限定性，年度性）に分けて，8つの原則を示す．予算の機能を果たすための予算原則は，基本的には行政的なものである．予算の正確さ，公開性等の確保のためには十分である．予算（財政）に，効率性や柔軟性を求める場合には不十分なことがある．

(2) 公開性

　財政は民主的に編成・執行されなければならない．政府は予算を国会に提出し，議決を受けた予算に従って支出を実行する．国会での予算審議を通じて，国民は国政全般について政府をコントロールする（財政民主主義）．予算の公示機能は，特にこれに係わる．公示機能を具体化するには，予算の執行と統制について，内容と手続きが国民に公開されなければならない．内容は幾つかの原則によって支えられる．

1. 公開性の原則

　憲法第91条と財政法第46条において，「予算決算の公開」の規定が設けられている．これは予算の管理が，財政民主主義の根幹をなすからであり，予算の編成，審議，執行，決算と，予算過程のすべてに適用される原則である．

2. 明瞭性の原則

　明瞭性の原則は，支出と収入の分類，それぞれの項目の内容が，明瞭に理解できるよう表示されなければならない，というものである．わが国の歳入歳出は主管，部，款，項に分かれており，歳出は所管，組織，項に分かれている（財政法第23条）．予算は複雑で膨大であるので，公開された予算は，誰が見ても理解できる必要がある．その情報は極力分かり易い形で，開示されなければならないのである．

3. 厳密性の原則

　厳密性の原則とは，予算の準備に関する原則で，「収入と支出はできる限り正確に見積もらなければならない」というものである．厳密性に欠ける場合，予算そのものの意味がなくなる．公開性との関係では，公開された予算情報が不確かなものであれば開示した意味がない．またいかに分かり易くても，その内容が不正確であれば，明瞭とはいえない．

　厳密性の原則は，歳出・歳入共に適用されるべきはもちろんであるが，歳出と歳入とでは，厳密さの度合いが異なる．歳出は，各担当部局（省－局－課等）に支出権限として割り振られる．権限であるから，その執行は確実であり，最初の決定から逸脱した場合も，その理由は比較的明らかである．例えば，2004年10月に起こった新潟県中越大震災に関する対策費用は，当初の歳出予算にはなかったが，追加支出の必要については議論の余地はない．歳出に関しては，厳密性の原則が歪められる可能性は少ない．これに対して歳入予算に関しては，厳密性の原則が意図的に歪められる可能性が大きい．歳入予算は税収予測を中心とした単なる見積りである．税収予測を過大ないし過小に見積もった場合でも，高度な専門家以外には，その当否は分かりがたい．そこに，財政民主主義に反する操作の余地がある．予算当局が，租税見積りを調整したと非難された時期があった．

(3) 統一性

　すべての収入（歳入）とすべての支出（歳出）は，単一の予算に統合され，国

庫（国の場合）に統一されなければならない．これは予算が財政に関する全情報を提供するものであることを保証する．秘密の金庫（金の収支）の存在は否定される．なぜなら予算の全過程が適正に公開されても，そこに示されていない収支が存在したのでは，国民・議会の監視の目が届かなくなるためである．財政資金の効率的運用のため，特定の収入を特定の支出に結び付けることも，原則として禁止されている．これを目的拘束禁止（ノン・アフェクタシオン non-affectation）と呼ぶ．

4．完全性の原則

完全性の原則は，予算の内容に関する原則で，国家の収入および支出はすべて予算に編入されなければならない（財政法第14条），というものである．これは，政府が，隠された収入や支出を有してはならないということである．

5．単一性の原則

単一性の原則は，予算の形式に関する原則で，すべての収入と支出は，ひとつの予算に計上しなければならない，というものである．統一性に係わる規定として，「歳入歳出は，すべて，これを予算に編入しなければならない（財政法第14条）」と定められている．

歳入と歳出は，おのおのその全体が対応するのであり，特定の収入と支出を結び付けてはいけないとされている．秘密金庫の可能性以外に，収入と支出の結合は，予算の機動的運用を妨げる．収入が支出を上回れば，不要となる収入は削減すべきである．これを嫌う場合，必要度が低い政策目標に資金が割り当てられる可能性がある．反対に，支出が収入を上回る場合，特定収入を増やすか他会計からの繰入によって，不足する資金を調達しなければならない．これが難しい場合，必要な支出が行われない可能性がある．歳出と歳入の結合は，予算の効率的運営の障害になる可能性がある．

新たな負担増（増税）を求める場合，使用目的を示すことは，租税に対する反対（租税抵抗）を弱める．それで，新たな税の導入を試みる場合，使用目的を特

定する税（目的税）が提案されることがある．1989年に導入された消費税も，一部で福祉目的税としての導入が主張された．統一金庫制の観点からは，このような主張は退けられなければならない．しかし，単一性の原則は，かなり大幅に例外が認められている．国は数多くの特別会計を設定している．地方公共団体も特別会計を有している．

(4) 限定性

6. 限定性の原則

限定性の原則とは，予算執行に関する原則で，「予算は財政運営上の拘束力を持つものでなければならない」というものである．質的限定と量的限定がある．質的限定は，「予算に定められた目的以外への使用は禁止される」が内容である．量的限定とは，「予算に計上された金額を越える支出は禁止される」ということである．限定性の原則には，会計年度独立が含まれることがある．本書では，これは年度性に入れている．

質的限定性は，予算執行上当然の原則である．予算に定められた項目以外に自由に資金を流用してよいのであれば，予算を編成する意味はない．ただし，予算執行上の必要に基づき，いくつかの条件を満たせば，流用ないし移用が認められている（財政法第33条）．予算執行の厳密性と弾力性は時に対立することがある．

(5) 年度性

7. 単年度性の原則

単年度性の原則とは，予算の収支は当該年度内に完結すべき，というものである．財政法第12条は，「各会計年度における経費は，その年度の歳入をもってこれを支弁しなければならない」と規定し，会計年度独立の原則と呼ばれる．この原則は，予算の編成・執行が一会計年度を単位として行われるべきであることを意味している．日本では，4月から翌年の3月までが会計年度である．何月が会計年度の最初の月であるかは，国によって異なる．

これを時間の限定と考えれば，先の限定性の原則の一部となる．次に述べる事

前性の原則と一緒に考えると，会計年度にしたがって予算の編成・執行を行う，時間に関する原則に含まれることとなる．時間の限定を置かなければ，予算の内容は明瞭にならない．その限りでは一会計年度を単位として予算を編成・執行することは必要である．反面，予算の対象とする行為のすべてが1年度で終了するとは限らない．その場合，一会計年度で当該年度のすべての収支を完結せよとの規則は，予算の効率的運営の妨げとなる．継続費（財政法第14条の2）や繰越明許費（財政法第14条の3）等，年度をまたがる費用も許されているが，これらは例外であり，長期的予算運営はなお課題で有り続けている．

8. 事前性の原則

事前性の原則とは，予算の準備に関する原則で，「予算はそれが執行される会計年度の開始前に，議会による審議承認を受け成立しなければならない」（財政法第27条）というものである．予算は，新年度が始まったその日から執行が必要とされる．財政運営上，予算執行上，会計年度間に空白期間があってはならないので，予算を執行する前に議会の承認が必要なのである．

(6) 予算の問題点

現在の予算の問題点は幾つか指摘されている．本節で述べた予算原則は，予算の公示機能と統制機能を果たすには十分である．政府の活動を支える国民負担は，第1章で説明したように国民総所得の3分の1以上におよぶ．政府の活動がこの規模になると，公共性を理由とした効率性の軽視は，国民経済への負担を大きくする．政府の活動に効率性や柔軟性を求める場合，行政的な予算原則だけでは不十分である．

そうであれば，経済的ないし経営的な視点からの予算原則が求められる．その場合，予算の執行における伸縮性や継続性を保証することがまず求められる．これらは，前述のように，制度的にはすでに対応されている．経済的な予算原則では，これらの強化や正当化が行われることとなる．

予算編成においては，支出の政策効果ないし経済的機能に応じる分類がなされ

る必要がある．これを行うには，予算の経済的機能が正確に推定されなければならない．経済的機能を考える場合，支出を中心に考えればよいが，現在，環境税等，政策目的をもって課される税も検討課題に挙がっている．収入についても，租税原則等に基づく一般的効果以外に，政策目的に係わる効果も検討されるべきである．

　これによって，公共財供給等による資源配分の最適化が，個別分野においても追求が可能となる．これは予算の機能といえるまでは熟していないが，予算が実現すべき重要な目的である．

第4節　予算の種類

（1）予算原則の例外

　予算といえば，一般会計である．しかし，それ以外に種々の例外的な予算が認められている．予算原則の内，下に示した6原則すべてに，法定の例外規定がある．実際の予算編成・執行においては，これらの原則はなかなか守られないということの証である．これは，予算を通じる政府のコントロールという財政民主主義と，政府活動の円滑な実施の間の緊張関係を表しているといえる．

　予算は，すべての収入と支出が完全に計上されていなければならない（完全性の原則）．その収入と支出はひとつの予算に計上されなくてはならない（単一性の原則）．この2つの原則の例外として特別会計がある．

　予算に示された収支見込みは，正確なものでなければならない（厳密性の原則）．しかし，地震等突発災害の発生もあるが，見込み違いにより，補正予算が組まれることがある．予算は，会計年度が始まる前に議会の承認を受けていなくてはならない（事前性の原則）．しかし，さまざまな事情から事前の承認が得られず，暫定予算を組むことがある．

　予算の種類ではないが，予算執行上の予算原則の例外規定がある．予算の執行に関する原則に，単年度性の原則と限定性の原則がある．これらへの例外規定として，継続費，流用・移用，繰越明許費の規定がある．

(2) 特別会計

単一性の原則により，予算は一般会計ひとつだけでであるのが望ましいが，数多くの特別会計が存在する．国だけでなく，地方公共団体においても，企業会計や保険会計は一般会計とは別に経理されている．国の場合にも，かつて企業会計が数多くあり2000年には，アルコール専売事業，造幣局，印刷局，国有林野，郵政事業があった．このうち，郵政事業は郵政公社となり民営化が検討されている．造幣局と印刷局は独立行政法人となった．アルコール専売は廃止されたので，その会計も消滅した．企業会計は，事業収入がありその収入で業務を遂行し得る事業を経理するものである．一般企業でいう売上げを含む収入すべてを，一般会計に入れることは混乱を招くので，別会計で処理される．

財政法第13条は，国の会計区分を規定し，第1項で，「国の会計を分かって一般会計及び特別会計とする」と，特別会計の存在を認めている．第2項では，「国が特定の事業を行う場合，特定の資金を保有してその運用を行う場合その他特定の歳入をもって特定の歳出に充て一般の歳入歳出と区分して経理する必要がある場合に限り，法律をもって，特別会計を設置するものとする」と規定している．財政法の規定では，かなり厳重な制約の上で，特別会計の設置を認めている．

国の特別会計は32あり（2004年度），表2－1のように，事業会計，保険会計，管理会計，融資会計，整理会計に分類して掲示されている．この他に，各種政府機関が存在しており，おのおの予算を編成している．

事業会計・保険会計・管理会計は，おのおの性質は異なるが，国の行政として行う事業の収支を別に経理するものである．国が行うこれらの事業は，その性質上，収入と支出が対応関係をもつ．また，その収入を以て支出を償うべきものである（償えるものは少ない）．それで，一般会計とは区分し，特別会計で扱う．一般会計からの繰入金も少なくない．

融資会計は，名前の通り融資を行うものである．一般会計にも融資を計上することはあるが，消費支出が多い一般会計で多額の融資を計上するのは不適当である．1年単位の資金の受払があるので，総額は膨張するので，融資額が実際の活動規模の目安となる．このような事情により，特別会計にした方がむしろ内容の

理解が容易になるものがある．

整理会計は，特定の目的のために収支を他と区分して経理するものである．目的のための経理を明らかにするために一般会計とは別に経理を行う．例えば，交付税及び譲与税配付金会計は，地方公共団体に一般財源とする交付税・譲与税を経理する会計である．但し，地方公共団体に配付する資金不足分をこの会計で借り入れている．一般会計における借入れ（公債発行）の枠外であり，一般金庫制の例外を認めた弊害を示している．

表 2 − 1　国の特別会計

特別会計の種類　会計数	会　　計　　名　　　　　　　　　　　　32 会計
事業会計　6 会計	国有林野事業会計，国営土地事業会計，道路整備会計，治水会計，港湾整備会計，空港整備会計
保険会計　10 会計	地震再保険会計，厚生保険会計，船員保険会計，国民年金会計，労働保険会計，農業共済再保険会計，森林保険会計，漁船再保険及漁業共済保険会計，貿易再保険会計，自動車損害賠償保障事業会計
管理会計　7 会計	登記会計，外国為替資金会計，国立高度専門医療センター会計，食糧管理会計，農業基盤強化措置会計，特許会計，自動車検査登録会計
融資会計　3 会計	財政融資資金会計，産業投資会計，都市開発資金融通会計
整理会計　6 会計	交付税及び譲与税配付金会計，国債整理基金会計，電源開発促進対策会計，石油及びエネルギー需給構造高度化対策会計，特定国有財産整備会計，平成 16 年度特別会計国庫債務負担行為

出所）財務省　財務総合政策研究所『財政金融統計月報　平成 16 年度予算特集』第 625 号　2004 年 5 月　2004 年目次より作成

（3）政府関係機関予算

　政府関係機関予算は財政法に規定はないが，公共の利益を目的とし，わが国の経済にきわめて重要な関係をもち，全額政府出資でその公共的性格が強いため，昭和 24 年以来『公団等の予算及び決算の暫定措置に関する法律』（昭和 24 年 4 月 19 日法令第 27 号）に基づいて国の予算に準じて，国会に提出して審議・承認を受けることになっている．設立当時は 13 の公団，6 の金庫，委員会，協議会を合わせて 19 の機関が存在したが，その後，改廃，増減があって，現在は日本開発銀行，日本輸出入銀行の 2 銀行と国民生活金融公庫，住宅金融公庫，中小企業金融公庫，農林漁業金融公庫，公営企業金融公庫，沖縄振興開発金融公庫の

6公庫が該当する．これらの機関は民間金融機関による融資が困難な資金を供給することに目的があり，国から切り離すのは，予算に弾力性をもたせ，企業的経営によって効率を上げるためである．ほぼ共通した特徴をあげると，① 預金の受け入れはしないこと，② 民間金融機関からの借り入れはできないこと，③ 市中公募債券は政府が元利支払を保証していることである．なお，日本道路公団や雇用促進事業団なども全額政府出資の法人だが，予算が国会の議決の対象になっていないため，政府関係機関には含まれない．

(4) 補正予算

予算執行の過程において，何らかの事情で経費に不足が生じる場合においては予備費の制度が設けられている（憲法第87条，財政法第24条）．しかし，予備費の支出によって間に合わないような大きな増額，新設が必要なときは補正予算を組むことができる（財政法第29条）．補正予算には追加予算と修正予算がある．追加予算は，災害や経済情勢の変化などさまざまな予期しなかった事情により予算の追加が必要な場合に，国会（臨時国会）に提出されて成立する予算である．修正予算は，何らかの事情で法律が改正されたり，新たな契約によって国の義務となる経費に不足が生じる場合に国会に提出されて成立する予算である．当初予算とこの補正予算を合わせて実績予算という．

(5) 暫定予算

予算は4月1日から始まるが，国会の審議が長引くなどの理由で予算が議決しそうもないことが明らかに予想される場合，政府は暫定予算を作成して国会に提出する（財政法第30条）．これは予算が議決されないことによって政府の日常的な行政活動が停止しないようにするのが目的で，暫定予算に計上された金額は予算が議決されればこれに吸収される．このような審議によって成立した予算を当初（本）予算という．

第5節　公共経営

(1) 公共経営

　従来の行政運営（行政管理）では，行政目的を達成することが優先された．先に説明した予算原則も，適正な行政手続きの確保には有効であっても，高い効率性を予算に保証する手段ではなかった．事業目的，実行手段，投入資金額の適切性の検討は，予算制度からは出てこない．政府の仕事が単純で余り種類も多くなく，経済に占める比率も少ない時代は効率性は大きな問題ではなかったかもしれない．政府の仕事が増え，財政逼迫も厳しくなっている今，政府の効率性が問われるようになり，公共経営の視点が重視されるようになってきた．

　公共経営とは，行政運営の新しい考え方を示す言葉である．行政運営は，今までは行政管理（public administration）という言葉で表現されてきたが最近では，公共経営（public management）という言葉で表現されるようになってきた．行政管理においても，行政運営が能率的に行われることは，当然に要求される．同時に，行政運営においては，公正や公平が重視される．これは，いつの時代でも変わらないが，どのように対応するかかなり変化がある．

　公共経営の動きは，企業的な原理と手法を行政運営に適用していこうというニュー・パブリック・マネジメント（new public management：NPM）理論に代表される．NPMには，行政の内部機構の改革も含まれる．その道具として，プライベート・ファイナンシャル・イニシャティブ（private financial initiative：PFI）やパブリック・プライベート・パートナーシップ（public private pertnership：PPP）が注目されている．非営利民間組織（non profit organization-non government organization：NPO-NGO：NPO）や独立行政法人も同様である．既存の団体である公社，公団，地方公営企業，第3セクター等も類似の考え方によって設立された．おのおの欠点があり，新しい型の組織が考案されてきた．NPMには幾つかのタイプがある．日本では，市場志向・競争原理導入，顧客（市民・住民）志向を強調する英米型のNPMが，意識されることが多い．それに対して，分権的・参加的手法による内部改革を進める北欧型もあ

る.また,両者の中間的なものともいえる,適度に制限された市場機能導入と行政内部機構の改革を目指すオランダ・ドイツ型も知られている.どれが正しいということはない.他国のやり方を参考にしつつ,おのおのの国や地域の状況に適った方法を開発していくのである.

　NPMは予算制度を通じて政府を効率化する手段にはならない.民間の活力を利用して,政府の財政負担を軽くし,その効率化を促進する手段である.

　公共経営は手段である.PFI,PPP,NPO,独立行政法人あるいは公社,公団,地方公営企業,第3セクター等は,共に公共経営の手段である.現在の公共経営の目的は,コミュニティをネットワークで繋ぎ,おのおのについて市場性ある手段で公的負担を重くしないように配慮しつつ,公益性を維持することである.おのおのの手段はその目的に貢献してこそ意義がある.

(2) 日本の行政の欠点

　日本の行政には,欠点が生じさせる可能性をもつ幾つかの要因がある.これらの解決策として,公共経営の考え方の導入に期待がかかる.

　第1は,行政組織で働く行政官が,自分達を人びとの上に立つ者と考える場合である.日本は政府とそこで働く人を高く評価する傾向がある.行政組織の外にいる人だけでなく,中で働く人もそう考えている.この場合,責任意識は強くても,行政運営が独善的になる可能性がある.行政官の思い込みや都合で行政が行われる時,その結果は,住民や国民の要求から外れる可能性が高い.経営目的の選択が不適切となるわけである.これを省みる機会もない.ゆとり教育や余暇開発などはこの例であろう.

　第2は,民主主義的手続きが過度に強調される場合である.第1の場合と反対である.行政組織が民主的手続きに注意を集中しすぎると,事業が進まなくなることがある.行政側のリーダーシップが不十分になったり,適切な企画を提案していく力が弱くなるからである.住民や国民の意思を絶対的なものとする時,行政側の責任意識は弱くなる.この場合,住民すべてが賛成しなければ事業を行わない,といった選択が行われたりする.適切か否か以前に,積極的な意思決定

を行わないことになる．ダム建設や廃棄物埋立処分場建設等において，長期年月を要する場合がこれに当たる．意思決定をしないことの他の側面としては，不要となった事業を中止する決断もできないことも指摘できる．予想された水不足が生じないままに実行される水資源開発，農地が余ってきたのになかなか中止されない湖の干拓事業等がこれに当たる．

　第3に，経済性の視点が欠ける場合が挙げられる．国民や住民の意思は十分に反映しており，行政のリーダーシップもあるが，金がかかり過ぎることがある．例えば，日本で発生するダイオキシンは量が多く，その大部分は一般廃棄物の焼却炉から出るとされた．その対策として，ごみ焼却炉の立替えや改造が奨励された．その結果，きわめて迅速にダイオキシン対策は進んだ．しかし，短期間に対策を進めたため，膨大な資金が必要となり，それが過大ではなかったかとの批判がある．経営目的は適切で，リーダーシップや企画力も十分であるが，経済的視点に欠けるとの批判が生じたわけである．財政状況が健全な場合，第3の例は，強い批判は生じないかもしれない．しかし，現在の日本の国家と地方公共団体は，多大な公債残高を抱え，財政状態は非常に逼迫している．政策効果が，それに要した資金にふさわしいかという検証が常に求められるのである．

(3) 政策評価と予算編成

　政策間の適切な資源（財政資金）配分の実現は，個別政策の立案・遂行の上位概念となる．個々の政策目標について，投入された資源を適切に使用すべきである．その際，法的手続きに従うのは当然である．個々の政策の運営を最適に行ったとしても，政策間の資源配分状況の改善は，個別政策の中からは出てこない．例えば，日本では食糧というよりも米の自給率を維持するための農業政策が存在する．米価維持施策だけでなく，農業・農家対策も含めての政策である．この政策を実行するために多大な財政資金が長期に亘って投入されている．それが過大であるとの批判が絶えない．また，瀬戸内海に橋を何本も懸ける必要があったのかとの批判も強い．その他，林道や農道予算が多すぎるとか，すでに道路建設のために特別の財源を用意する必要はないとの批判がある．これらは，特定目的の

政策への資源（資金）配分が過大であるという批判であり，そこへの資金配分を削減すべきとの主張に繋がる．

　政策間の資源配分を適切に行うことについて，経済理論の解答は明快である．各政策が提供する限界収益率（限界便益÷限界費用）が等しくなるように，個別政策に投入する財政資金を定めればよいのである．残念ながら，われわれの経験は，これに従って予算配分を行うのは不可能に近いことを教えている．限界費用の計算は，費用把握から始まる．費用把握を行ったら，追加的行政サービスを行うに必要な追加的費用を計算する．費用の把握は，システム的には行われていないが，不可能ではない．日本における公共団体の予算は，官庁会計と呼ばれる現金支出を基礎とする方法（現金主義会計）で編成される．金銭支出は費用とは異なる．ある年の金銭支出の内，支出が行われた年以降に効果を発揮する部分は，その年の費用としてはならず，後の年の費用としなければならない．民間企業はこのような会計方式を採っており，発生主義会計と呼ばれる．

　現在，官庁で採用している現金主義会計を企業型の発生主義会計にするべきとの議論があり，部分的には実行されている．発生主義（企業会計）にもいろいろな考え方があり，官庁会計にどこまで発生主義を取り入れるべきかは議論の余地がある．しかし，金銭支出を意味する支出予算額を再計算して，後年度に適切な費用配分を行うまでは実行すべきである．これで費用計算はできる．

　それに対して便益を金銭的に評価することは難しい．三重県で始められ，その後多くの自治体で採用された行政評価（政策評価）は，この便益評価を目指すものであった．その際，インプット（投入）とアウトプット（産出）ではなく，インプットとアウトカム（成果）が比較されるべきとされた．財政資金が，インプットの中心となる．その他，使用する人員や施設等があるが，金銭への換算は可能である．これは，先に述べた費用の部分である．

　アウトプットは，財政支出によって得られたものをいう．道路建設であれば，どのような道路（例えば幅や舗装等）を何キロ造ったかが，アウトプットである．アウトプット評価は先ず行わなければならないが，これだけでは成果とはいえない．この道路を使ってどのような効果があがったかを測るのがアウトカム評価で

ある．その道路を使用する車両が何台であるかといった評価が先ず必要である．より重要なアウトカムは，道路建設の結果，どのような経済的効果が生じたかである．その地域の雇用，所得，人口がどう変わったかといったことである．金銭的にはアウトカムを評価できれば，理想的な予算配分が可能となる．

現在のところこれは夢で終わっている．アウトカムは，主観的評価であり，金銭評価は事実上不可能なものが多いからである．代わりに，何らかの数値評価によって，政策を評価することが行われている．作って終わり，支出して終わり，よりも遙に優れているが，理想的な予算配分の実施にはほど遠いのが現状である．

参考文献

川北力編『図説　日本の財政』(平成16年度版) 東洋経済新報社　2004年
(財)行政管理研究センター『行政機構図2004年版』(財)行政管理研究センター　2004年
河野一之『新版　予算制度』(第2版) 学陽書房　2001年
財政会計法規編集室編『平成16年版　財政小六法』学陽書房　2003年
財務省財務総合政策研究所『財政金融統計月報　平成16年度予算特集』第625号　2004年

第3章
歳入論

第1節 政府の収入

(1) 歳入予算の意味と歳入の推移

　第1章で説明したように，政府は資源の最適配分，所得の再分配，経済の安定化などの機能を果たすために多岐にわたる活動を行っている．その際，政府はそれらの機能を果たすために財源を調達する必要があるので，ここでは一般会計の歳入予算について検討する．歳入予算は「一会計年度における収入の見積り」であり，歳入は法律の定めによってその収入を得るのであるから，実際の収入が予算を超過する場合や不足することがある．特にバブル経済の時は見積り以上の税収入が入ったし，バブル崩壊後は税収入が見積もった以上には伸びず，収入が不足している状態が続いている．表3－1でみられるように，昭和30・40年代は歳入に占める租税の割合は70～80％台だが，昭和40年度から公債金収入が登場し，50年度から租税及び印紙収入が減少する．そして55年度から財政再建が行われ，好況による税収増加に助けられて回復に向かうが，平成5年度頃から景気の低迷が続き，バブル経済崩壊後の不況による税収の落ち込みが続き，平成11年度は57.6％と60％を切り，16年度には50.8％とようやく50％台を確保した．こうしてみてくると，わが国の租税構成は近年税収依存型から公債依存型に変化してきている．特に11年度から国債依存度が30％を超え，その内，特例国債の依存度は20％を超えているという不健全な状況が続いている．今後，公債の累積残高や社会保障費の増加が続くことを考えれば，消費税の引上げだけでは慢性的な赤字財政を克服するのは難しく，根本的な財政改革が必要である．現在のわが国における中央政府の一般会計の歳入は，表3－1のように6項目から構成されているので，これらについて説明する．

(2) 国税収入

1. 租税及印紙収入

　租税は対価なしに徴収される収入であり，政府収入の中心となっている．国税収入は表3－2にみられるように，一般会計税収と特別会計税収に分けられ，

第3章 歳入論

表3-1 一般会計歳入予算の推移

区分 年度	租税及印紙収入		専売納付金		官業益金及び官業収入		政府資産整理収入		雑収入		公債金		前年度剰余金受入		歳入合計
	億円		億円		億円		億円		億円		億円		億円		億円
昭和 30	7,960	70.7	1,143	10.1	138	1.2	83	0.7	498	4.4	―	―	1,443	12.8	11,264
35	16,183	82.5	1,470	7.5	183	0.9	226	1.2	527	2.7	―	―	1,022	5.2	19,610
40	30,496	80.8	1,804	4.8	157	0.4	246	0.7	1,699	4.5	1,972	5.2	1,358	3.6	37,731
45	72,958	86.2	2,744	3.2	36	0.0	277	0.3	3,199	3.8	3,472	4.1	1,906	2.3	84,592
50	137,527	64.0	3,405	1.6	42	0.0	304	0.1	7,857	3.7	52,805 (内 20,905)	24.6 (9.7)	12,793	6.0	214,734
55	268,687	61.0	8,124	1.8	99	0.0	641	0.1	11,260	2.6	141,702 (内 72,152)	32.2 (16.4)	9,894	2.2	440,407
60	381,988	70.7	108	0.0	225	0.0	1,631	0.3	25,865	4.8	123,080 (内 60,050)	22.8 (11.1)	7,028	1.3	539,926
平成 元	549,218	81.7	95	0.0	225	0.0	3,068	0.5	22,124	3.3	66,385 (内 2,085)	9.9 (0.3)	31,363	4.7	672,478
2	601,059	83.8	111	0.0	224	0.0	1,620	0.2	27,011	3.8	73,120 (内 9,689)	10.2 (1.4)	13,889	1.9	717,035
7	519,308	64.5	163	0.0	224	0.0	2,744	0.3	43,409	5.4	212,470 (内 48,069)	26.4 (6.0)	27,254	3.4	805,572
12	486,590	57.3	154	0.0	235	0.0	3,294	0.4	33,480	3.9	326,100 (内 234,600)	38.4 (27.6)	17	0.0	849,871
15	417,860	51.1	―	―	166	0.0	3,225	0.4	32,190	3.9	364,450 (内 300,250)	44.6 (36.7)	0	0.0	817,891
17	440,070	53.5	―	―	167	0.0	2,557	0.3	34,612	4.2	343,900 (内 282,100)	41.8 (34.3)	523	0.1	821,829

出所）財務省『財務統計月報』各年度予算特集号より作成
備考）1．平成12年度までは決算額、15年度は補正後、17年度は当初予算。公債金の（ ）は特例国債
　　　2．専売納付金は平成13年度に廃止

間接税は，一般会計税収と特別会計税収の合計になる．近年，直接税の比率が減少しており直接税と間接税の比率は平成17年度で55：45になっている．印紙収入は経済取引きに関して文書を作成したときにかかる税である．これらの項目については，次節で詳しく説明する．

2. 官業益金及び官業収入

官業益金は平成15年度に印刷局特別会計受入金の廃止により現在は計上されていない．官業収入は国の事業活動から得た利益と収入のうち一般会計に納めるものである．現在，実際に計上されているのは，官業収入として病院収入，診療所収入である．

3. 政府資産整理収入

国有財産処分収入と回収金等収入から構成されている．国有財産処分収入は，国有財産売払い収入のことであり，近年，相続税納付の際に急増している物納財産の売却が多く，政府資金整理収入の約96％を占めている．回収金等収入は特別会計整理収入，貸付金等回収金収入，事故補償費返還金，政府出資回収金収入から構成されている．回収金等収入の中では国からの貸付金の償還金である貸付金等回収金収入が約93％を占めている．

4. 雑収入

これまであげた収入以外の収入である．これらは国有財産利用収入，納付金，諸収入の3つから構成されている．国有財産利用収入は，国有財産貸付収入，国有財産使用収入，配当金収入，利子収入から構成されているが，この中で国有地の貸付などの国有財産貸付収入が約85％を占めている．納付金は，日本銀行納付金，日本中央競馬納付金，独立行政法人日本スポーツ振興センター納付金，独立行政法人新エネルギー・産業技術総合開発機構納付金，独立行政法人造幣局納付金，雑納付金から構成されている．日本中央競馬納付金は，中央競馬の勝馬投票券収入の10％相当額を見込んだものである．独立行政法人日本スポーツ振

興センター納付金は，スポーツ振興くじの収益の3分の1相当額を見込んだものである．独立行政法人新エネルギー・産業技術総合開発機構納付金は「アルコール事業法」（平成12年度）に基づく納付金を見込んだものである．諸収入は国会議員互助年金法納金，文官恩給費特別会計等負担金，特別会計受入金（農業経営基盤強化措置特別会計受入金，国営土地改良事業特別会計受入金，産業投資特別会計受入金，自動車検査登録特別会計入金，外国為替資金特別会計受入金，国債整理基金特別会計受入金），改革推進公共投資事業償還金等特別会計受入金，公共事業負担金，授業料及入学検定料，許可及手数料，受託調査試験及役務収入，懲罰及没収金，弁償及返納金，矯正官署作業収入，物品売払収入，貨幣回収準備金受入，電波利用料収入，雑入，改革推進公共投資事業償還金特別会計受入金の16項目から構成されている．この中で特別会計受入金が約65％を占めている．

5. 公債金収入

政府の収入不足を補う政府の債務で債券発行の形態をとるものである．公債金は，「財政法」第4条但し書の規定により発行する公債（建設国債）と「公債発行の特例に関する法律」により発効する公債（特例国債）の収入である．バブル崩壊後，わが国の財政は悪化しており，平成10年度以降国債依存度は30％を超え，きわめて深刻な状態にある．

6. 前年度剰余金

歳入予算はあくまでも見積りにすぎないので，決算を行ってみると歳入が歳出を上回っていることがある．この差額が剰余金として翌々年度の歳入に計上される（ただし，2分の1を下らない金額は公債償還に充てられるため国債整理基金特別会計へ繰入）．

第2節　租税収入

近代国家にとって資金調達手段の中心は何といっても租税収入である．日本の

表 3 − 2　国税収入の構成の累年比較

(単位：億円)

税目 \ 年度	平成元年 金額	構成比	平成7年 金額	構成比	平成12年 金額	構成比	平成15年 金額	構成比	平成17年 金額	構成比
直　接　税	423,926	74.2	363,519	66.1	315,350	60.8	242,760	55.0	259,220	54.9
所　得　税	213,815	37.4	195,151	35.5	190,470	36.7	138,100	31.5	131,640	27.9
源泉分	153,087	26.8	157,259	28.6	161,820	31.2	112,410	25.6	108,350	22.9
申告分	60,728	10.6	37,891	6.9	28,650	5.5	25,690	5.9	23,290	4.9
法人税	189,933	33.2	137,354	25.0	108,160	20.8	91,140	20.8	115,130	24.4
法人特別税	−	−	44	0.0	−	−	−	−	−	−
相続税	20,178	3.5	26,903	4.9	16,710	3.2	13,510	3.1	12,450	2.6
地価税	−	−	4,063	0.7	10	0.0	10	0.0	−	−
法人臨時特別税(特)	−	−	4	0.0	−	−	−	−	−	−
間　接　税	125,292	21.9	155,789	28.3	183,600	35.4	195,806	44.6	180,850	38.3
消費税	32,699	5.7	57,901	10.5	98,560	19.0	94,890	21.6	101,640	21.5
酒税	17,861	3.1	20,610	3.7	18,600	3.6	17,330	4.0	16,250	3.4
たばこ税	9,612	1.7	10,420	1.9	9,000	1.7	9,170	2.1	8,620	1.8
揮発油税	14,653	2.6	18,651	3.4	20,780	4.0	21,330	4.9	21,730	4.6
石油ガス税	158	0.0	153	0.0	150	0.0	140	0.0	150	0.0
航空燃料税	612	0.1	855	0.2	870	0.2	880	0.2	890	0.2
石油石炭税(H15.9までは石油税)	4,733	0.8	5,131	0.9	4,820	0.9	4,500	1.0	5,000	1.1
取引所税	456	0.1	438	0.1	−	−	−	−	−	−
有価証券取引税	12,331	2.2	4,791	0.9	−	−	−	−	−	−
自動車重量税	5,789	1.0	7,837	1.4	8,320	1.6	7,410	1.7	7,550	1.6
関税	8,049	1.4	9,500	1.7	7,300	1.4	8,080	1.8	7,790	1.6
とん税	88	0.0	87	0.0	90	0.0	80	0.0	90	0.0
印紙収入	19,601	3.4	19,413	3.5	15,110	2.9	11,290	2.6	11,140	2.4
一般会計税収計 (A)	549,218	96.1	519,308	94.5	798,950	96.1	417,860	95.3	440,070	93.2
(交付税及び譲与税配布金)										
所得税 (譲与分)	8,175	1.4	14,475	2.6	−	−	−	−	11,159	2.4
地方道路税	3,453	0.6	2,635	0.5	2,965	0.6	3,035	0.7	3,118	0.7
石油ガス税 (譲与分)	158	0.0	153	0.0	150	0.0	140	0.0	150	0.0
航空燃料税 (譲与分)	111	0.0	155	0.0	158	0.0	160	0.0	162	0.0
自動車重量税 (譲与分)	1,930	0.3	2,612	0.5	2,773	0.5	3,710	0.8	3,775	0.8
特別とん税	110	0.0	109	0.0	113	0.0	100	0.0	113	0.0
(石油並びに石炭及びエネルギー需給構造高度化対策)										
原油等関税	911	0.2	821	0.1	522	0.1	380	0.1	380	0.1
(電源開発促進対策)										
電源開発促進税	2,745	0.5	3,386	0.6	3,699	0.7	3,685	0.8	3,551	0.8
(道路整備)										
揮発油税	4,550	0.8	5,976	1.1	6,934	1.3	7,033	1.6	7,408	1.6
(国債整理基金)										
たばこ特別税	−	−	−	−	2,716	0.5	2,463	0.6	2,262	0.5
特別会計税収計 (B)	22,143	3.9	30,322	5.5	20,030	3.9	20,706	4.6	32,078	6.8
税収総計 (A) + (B)	571,361	100.0	549,630	100.0	518,980	100.0	438,566	100.0	472,148	100.0

出所）財務省　財務総合政策研究所編『財政金融統計月報』各年度予算特集より作成
備考）1．平成12年度までは決算，15年度は補正後，17年度は当初予算
　　　2．税目の（ ）は特別会計名を示す
　　　3．所得税（譲与分）は，平成9年まで消費税（譲与分）であり，所得税（譲与分）は平成18年までに所得税から個人住民税への税源移譲までの暫定措置として平成16年度に創設

構成の累年比率の税制は経済・社会情勢の変化と密接に結びついて変化してきており，今後もその時代時代の要請に応じながら変化していくと考えられるが，ここでは表3－2の分類により，現在の税項目の内容について説明する．

(1) 直接税

　直接税とは，一般的には法律上の納税義務者と担税者が一致することを立法者が予定している租税をいう．わが国の場合，租税収入の7割を越えていた時期もあったが最近はその比率が下落している．そこで，表3－2の分類より直接税の項目の内容を説明する．

1．所得税
① 所得税の仕組み

　所得税は，個人が1年間（1月1日〜12月31日）を通じて得た収入にかかる税金である．特に個人所得に対する課税は，課税ベースが広く各人の個人事情に応じた負担を求めることができることから，税体系において基幹的な地位を占めるべきものと考えられている．現在，約5,300万人のサラリーマンが給与所得者の対象となっており，表3－2で示されているように租税収入の中で最も多くの収入を上げている．所得税は源泉徴収方式と申告納税方式の2つに分かれている．源泉徴収方式は，所得の支払者が所得者に変わって所得金額と税額を計算し，所得を支払うときにその税額を国に納付する制度である．申告納税方式は，納税すべき税額が納税者の申告により国に納付される制度である．これは，不動産所得，事業所得または山林所得が生ずる業務を営んでいる人で，青色申告者と呼んでおり，これ以外の人を白色申告と呼んでいる．

　所得税法では，所得の発生形態によって10種類に分類している．ⅰ 預貯金，国債などの利子所得，ⅱ 株式，出資の配当などの配当所得，ⅲ 商工業，農業など事業をしている場合の事業所得，ⅳ 土地，建物を貸している場合の不動産所得，ⅴ 給料，賃金，ボーナスなどの給与所得，ⅵ 退職手当，一時恩給などの退職所得，ⅶ 土地，建物，ゴルフ会員権などを売った場合の譲渡所得，ⅷ 山林の立木

などを売った場合の山林所得，ⅸ クイズの賞金，生命保険契約の満期返戻金などの一時的な所得である一時所得，ⅹ 恩給，年金などの所得や営業でない貸付の利子など，上記所得に当てはまらない雑所得である．このように所得を10種類に分類しているのは，所得はその性質によって担税力が異なるので，公平の観点から担税力の相違に応じた計算を定めるためである．そして，各種所得ごとに収入金額から必要経費等の控除を行って各種の所得金額を算出する．これらの10種類の所得については第6章で具体的に説明する．

　所得税は，応能負担の原則の実現を図るため，納税者の個人的事情を考慮した所得控除の規定が設けられているほか，税額の計算に当たっては，課税所得が増加するにつれてその増加部分に順次高い税率を適用するという超過累進税率が採用されており，適正な所得分配状態の実現のための有力な再分配政策手段となる．また，超過累進税率は直接納税者の可処分所得を上下させるため，所得税の減税・増税を通じて総需要のコントロールが可能となる．すなわち，所得税は景気調整機能の有力な手段となるのである．

　税率構造は，表3－3にみられるように，昭和28年には最低15％から最高65％の11段階であったが，その後，納税者の負担をできるだけ滑らかに増加するように税率の刻みが改正され，昭和44年には最低10％から最高75％の16段階に増加していった．しかし，所得分布の不平等度，公平と効率性との政策的判断によって最高税率の引下げが行われ，その後，数次にわたる税制改正によって税率構造の累進性の緩和が図られた．平成11年には最低10％から最高37％の4段階に簡素化された．

　② **所得税制度の問題点**

　表3－4のように所得税制度の仕組みを諸外国と比較してみると，所得税が賦課されていない給与収入の限度額である課税最低限は，消費課税中心の税体系をもつドイツよりも低いものの，他の主要国に比べるとかなり高いものになっている．また，最低税率も他の主要国に比べて低くなっているということがいえる．そして国民所得に占める所得課税の負担割合は，現在は国税のみで3.9％，地方税を含めて6.1％となっており，他の主要国が10％台であるのと比較すると低

表 3-3 所得税の主な税率改正の推移

昭和25年 税率(%)	昭和25年 課税所得階級(万円)	昭和28年 税率(%)	昭和28年 課税所得階級(万円)	昭和44年 税率(%)	昭和44年 課税所得階級(万円)	昭和59年 税率(%)	昭和59年 課税所得階級(万円)	昭和62年 税率(%)	昭和62年 課税所得階級(万円)	平成元年 税率(%)	平成元年 課税所得階級(万円)	平成7年 税率(%)	平成7年 課税所得階級(万円)	平成11年 税率(%)	平成11年 課税所得階級(万円)
		15	2	10	30	11	50	11	150	10	300	10	330	10	330
20	5	20	7	14	60	12	120	12	200						
25	8	25	12	18	100	14	200	16	300	20	600	20	900	20	900
30	10	30	20	22	150	17	300								
35	12	35	30	26	200	21	400	20	500						
				30	250	25	600	25	600	30	1,000	30	1,800	30	1,800
40	15	40	50	34	300	30	800	30	800						
45	20	45	100	38	400	35	1,000	35	1,000	40	2,000	40	3,000	37	1,800~
50	50	50	200	42	500	40	1,200	40	1,200						
55	50~	55	300	46	700	45	1,500	45	1,500	50	2,000~	50	3,000~		
		60	500	50	1,000	50	2,000	50	3,000						
		65	500~	55	2,000	55	3,000	55	5,000						
				60	3,000	60	5,000	60	5,000~						
				65	4,500	65	8,000								
				70	6,500	70	8,000~								
				75	6,500~										
8		11		16		15		12		5		5		4	
(シャウプ勧告)		(富裕税廃止)		(長期税制答申)		(最高税率の引下げ)		(最高税率の引下げ)		(抜本改革)		(税制改革)		(最高税率引下げ)	

出所: 田中一穂編『図説 日本の税制』(平成11年度版) 税政詳報社, 1999年

表3-4 所得税の国際比較

区分＼国名	日本 (平成16年度)	アメリカ (平成13年度)	イギリス (平成13年度)	ドイツ (平成13年度)	フランス (平成13年度)
国税収入に占める 所得課税収入の割合	(16年) 32.1%	(13年) 78.9%	(13年) 36.4%	(13年) 39.7%	(13年) 32.6%
国民所得に占める 所得課税負担の割合 （地方税を含めた場合）	(16年) 3.9% (6.1%)	(13年) 12.1% (14.8%)	(13年) 14.6%	(13年) 11.2% (13.6%)	(13年) 10.9%
課税最低限 （地方税の課税最低限）	16年改正後 325.0万円 (270.0万円)	369.1万円	326.8万円	491.8万円	386.9万円
税率　最低税率 〔住民税の最低税率〕	10% 〔5%〕	10% 〔4%〕	10%	16.0%	6.83%
税率　最高税率 〔住民税の最高税率〕	37% 〔13%〕	35% 〔47%〕	40%	45%	48.09%
税率の刻み数 〔地方税の税率の刻み数〕	4 〔3〕	6 〔7，6〕	3	—	6

出所）佐藤慎一編『図説 日本の税制』（平成16年度版）財経詳報社 2004年

い水準にある．このため日本の個人所得課税は基幹税として本来果たすべき所得の再分配などの機能を失いかねない状況にあるといえる．

　個人所得税には所得補足の困難性という問題がある．例えば，給与所得に対する所得税は，源泉徴収制度により徴収されるのに対し，確定申告により申告納税する自営業者等の場合，その把握は非常に困難である．そこで，国民階層の間で所得税が必ずしも公平に負担されていない現状を9・6・4（クロヨン）とか10・5・3（トーゴーサン）と呼ぶことがある．9・6・4とは，サラリーマンが源泉徴収制度によって9割程度所得を捕捉されているのに対して，申告納税制度に加えてさまざまな租税特別措置を利用できる自営業者は6割，農業者は4割しか所得を捕捉されていないという意見である．10・5・3とは，同様の捕捉率がサラリーマンは10割，自営業者は5割，医者は3割であるという意味である．このため，給与所得間で所得税に対する不公平感や重税感が蓄積されることになり，包括的課税ベースからの水平的公平を阻害することになる．そこで，適正，公平な課税を実現するためには納税者番号制度の導入が検討されている．表3-5にみられるように納税者番号制度は欧米諸国では採用されているが，わが国ではプライバシー保護の観点からの反対が多い．しかし，納税者番号制度は最

第3章 歳入論

表3－5 諸外国の納税者番号制度

国　名	番号の種類	適用業務	付番者（数）	人口	付番維持管理機関	付番の根拠法	実施年
アメリカ	社会保障番号（9桁）	税務, 社会保険, 年金, 兵役等	約4億200万人（累積数）（2000年現在）	2億8,480万人	社会保障庁	社会保障法	1962年
カナダ	社会保障番号（9桁）	税務, 失業保険, 年金等	約3,153万人（累積数）（1997年現在）	3,111万人	人的資源開発庁	失業保険法	1967年
デンマーク	統一コード（10桁）	税務, 年金, 住民管理, 諸統計, 教育等	全住民	533万人	内務省中央個人登録局	個人登録に関する法律	1968年
スウェーデン	統一コード（10桁）	税務, 社会保険, 住民管理, 諸統計, 教育等	全住民	883万人	国税庁	人口登録制度に関する勅令・政令	1967年
ノルウェー	統一コード（11桁）	税務, 社会保険, 諸統計, 教育, 選挙等	全住民	451万人	登録庁	人口登録制度に関する法律	1970年
イタリア	統一コード（文字及び数字の組合せ）	諸許認可等	約5,000万人（1997年現在）	5,795万人	経済財務省	納税者登録及び納税義務者の納税番号に関する大統領令	1977年
オーストラリア	統一コード（9桁）	税務, 所得保障等	約1,250万人（1996年現在）	1,949万人	国税庁	1988年度税制改正法	1989年
韓　国	住民登録番号（13桁）	税務, 社会保険, 旅券の発給等	全住民	4,734万人	行政自治部	住民登録法	1993年
シンガポール	統一コード（1文字8数字）	税務, 年金, 車両登録等	全住民	413万人	内務省国家登録局	国家登録法	1995年

出所）佐藤慎一編『図説 日本の税制』（平成16年度版）財経詳報社　2004年

も適正・公平な制度と考えられることから，今後，経済取引きへの影響も含めて十分に検討し，国民的合意によって確立すべきである．

2. 法人税

　法人税は，法人の企業活動により得られる所得（収益）に対して課される税金をいう．表3－2にみられるように，わが国の法人税は税収入に占める割合が24.4％（平成17年度当初予算）である．これを主要先進国（2003年）と比較してみるとアメリカ7.8％，イギリス7.2％，フランス14.9％となっており，わが国の租税構造は法人税に依存していることがわかる．わが国の法人税は，所得の範囲を広くとらえており，①各事業年度の所得に対する法人税，②連結所得に対する法人税，③特定信託の所得に対する法人税，④退職年金など積立金に対する法人税，⑤清算所得に対する法人税を含む．この中で一般的に最も重要なのは，法人が日々行っている事業活動から生まれる所得に対して課税される法人税，すなわち，「各事業年度の所得に対する法人税」であり，法人所得税ともいわれている．ここでいう各事業年度とは，法人の定款に定められた営業年度をもとに，1年としている場合が多い．

　法人税法では，法人の形態を内国法人と外国法人とに分けて納税義務を定めている．内国法人とは，国内に本店又は主たる事務所を有する法人（法人税法第2条3号）のことで，外国法人とは，内国法人以外の法人（法人税法第2条4号）をいう．内国法人は，所得の源泉が国内にあっても国外にあっても，原則としてすべての所得に納税義務を負うが，外国法人は国内の事業等から発生した所得についてのみ納税義務を負う．

　しかし，これに該当するすべての法人が法人税を等しく納付しているわけではない．内国法人は，その性格により，普通法人，公共法人，公益法人等，協同組合等，人格のない社団等の5つに分類され，それぞれ課税所得の範囲は異なる．普通法人は，株式会社，有限会社，合資会社，合名会社，相互会社等で，すべての所得に対して課税される．公共法人は，地方公共団体，公社，公団，公庫等で，法人税は課税されない（法人税法第7条）．公益法人等とは，学校法人，民法第

34条法人（社団・財団等），社会福祉法人，宗教法人，公共法人に含まれない各種の事業団等で，収益事業から生じた所得に限り課税される．収益事業の範囲は限定されており，現在は物品販売業，金銭貸付業，不動産貸付業者，駐車場業など33業種となっている．協同組合等とは，農業協同組合，漁業協同組合，信用金庫，労働金庫等で，すべての所得に対して課税される．人格のない社団等は同窓会，学会，町内会など代表者が定められており，法人でない社団あるいは財団とされている（法人税法第2条8号）．法人税法上は収益事業から生じた所得に限り課税される．なお，特定非営利活動法人（いわゆるNPO法人）は，人格のない社団等に分類される．

法人の各事業年度の課税所得金額は，その事業年度の益金の額から損金の額を控除した金額とされる．ここでいう益金の額とは，商品や製品などの棚卸資産等の販売による売上収入，土地や建物等の固定資産の譲渡による収入，請負でいう決算利益を計算する上での収益にあたるものである．損金の額とは，その事業年度の収益にかかわる売上原価，完成工事原価，販売費，一般管理費，災害等による損失などの決算利益を計算する上での費用や損失にあたるものである．法人税の税率は表3－6のように，普通法人または人格のない社団等については30％（資本金1億円以下の普通法人または人格のない社団等の所得の金額のうち年

表3－6　法人税の税率

区　　　分		昭和63年度 (抜本改正前)	平成2年度 (抜本改正後)	平成10年度 (法人税制改革後)	平成11年度 (改正後)
普　通　法　人	留保分 配当分	42 32	37.5	34.5	30
中小法人の軽減税率 (年所得800万円以下部分)	留保分 配当分	30 24	28	25	22
協同組合等	留保分 配当分	27 22	27	25	22
公益法人等 特定医療法人		27	27	25	22

出所）佐藤慎一編『図説　日本の税制』（平成16年度版）財経詳報社　2004年

図 3-1 法人所得課税の実行税率の国際比較

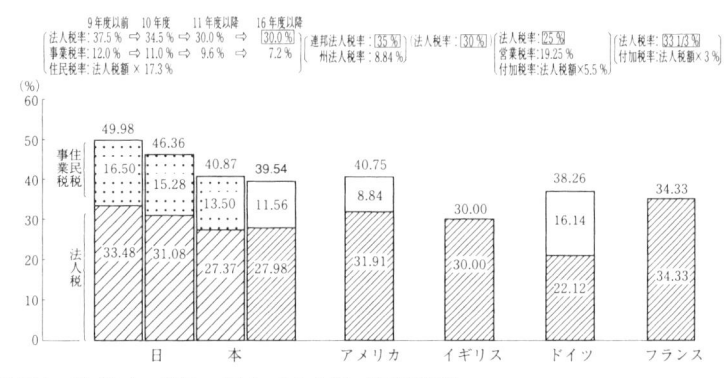

	9年度以前	10年度	11年度以降	16年度以降				
法人税率:	37.5% ⇒	34.5% ⇒	30.0% ⇒	30.0%	連邦法人税率: 35%	法人税率: 30%	法人税率: 25%	法人税率: 33 1/3%
事業税率:	12.0% ⇒	11.0% ⇒	9.6% ⇒	7.2%	州法人税率: 8.84%		営業税率: 19.25%	付加税率: 法人税額×3%
住民税率:	法人税額×17.3%						付加税率: 法人税額×5.5%	

日本（4本のバー）:
- 49.98（事業住民税 16.50 / 法人税 33.48）
- 46.36（15.28 / 31.08）
- 40.87（13.50 / 27.37）
- 39.54（11.56 / 27.98）

アメリカ: 40.75（8.84 / 31.91）
イギリス: 30.00（30.00）
ドイツ: 38.26（16.14 / 22.12）
フランス: 34.33（34.33）

出所）佐藤慎一編『日本の税制』（平成16年度版）財経詳報社

備考）1. 日本の実効税率は，法人事業税が損金算入されることを調整した上で，「法人税」「法人住民税」「法人事業税」の税率を合計したものである．また，16年度以降の税率は，法人事業税において外形標準課税の対象となる資本金1億円超の法人に適用される税率である．
2. アメリカの州法人税は，カリフォルニア州の例である．なお，一部の市法人税が課税される場合があり，例えばニューヨーク市では連邦税・州税（7.5%，付加税［税額の17%］）・市税（8.85%）をあわせた実効税率は45.95%となる．このほか，一部の州・市では，法人所得課税のほか，支払給与額等に対して課税される場合もある．
3. ドイツの実効税率は，付加税（法人税額の5.5%）を含めたものである．なお，ドイツの法人税は，連邦と州の共有税（50:50），営業税は地方税，付加税は連邦税である．
4. フランスの実効税率は，付加税（法人税額の3%）を含めたものである．また，法人利益社会税（法人税額の3.3%）を含めると実効税率は35.43%となる．（ただし，法人利益社会税の算定においては，法人税額より76.3万ユーロの控除が行われるが，実効税率の計算に当たり当該控除は勘案されていない．）なお，フランスでは，法人所得課税のほか，職業税（地方税）が課税される．
5. 諸外国については，2004年1月現在の税制に基づく．

800万円以下の金額については22%），公益法人等または協同組合等については22%とされている．

図3-1は，主要諸国間での法人税率（実効税率）を比較したものである．わが国の税率は，事業税の損金算入を調整して，国税と地方税の表面税率を合計したものであり40%程度となっている．法人税の国際比較をする場合には，国税と地方税を合わせた実効税率で比較する必要がある．実効税率とは，法人税と事業税に法人住民税（都道府県民税および市町村民税）を合わせ，企業が実際に負担する税率を算出したもので，事業税の損金算入制度等を考慮した実質的な企業の負担率を表すものである．これまで，この実効税率が欧米諸国と比較してき

わめて高い水準にあることが，税制改革論議の焦点となってきた．高い税率は，企業の活力を奪い，日本経済の空洞化を助長する要因となると考えられるためである．そこでわが国においても昭和63年12月の抜本改革および平成10年度改正において課税ベースを拡大しつつ，法人税率を引き下げるという方向での改革が行われてきた．これは企業間，産業間，国際間の税の中立性の確保と経済全体の活性化を意図した税制改革である．さらに平成11年度改正においても税率を引き下げたことにより（留保分42％，配当分32％→一律37.5％→34.5％→30％)，現在の実効税率は39.54％に下がっており図3－1のようにアメリカ，ドイツの税率40％に近づいた．

3. 相続税・贈与税

相続税や贈与税は，偶発的な原因による財産の不労所得に担税力を見出して負担を求めるということと，累進化税率を適用することにより富の過度の集中を抑制し所得の再分配機能に留意し，適正・公平な課税を目指すという社会的な機能の意義もある．

相続税は，相続，遺贈（遺言による贈与）または死因贈与（贈与者の死亡により効力を生じる贈与）により財産を取得したものに対して，その財産の取得の時における時価を課税価格として課される税である．

相続税は相続税法に特別な定めのあるもの（地上権，永小作権，生命保険契約に関する権利等）を除くほかは，課税時期における「時価」で評価されることになっている．平成6年度の改正により，相続税の課税最低限（基礎控除額）は，5,000万円＋1,000万円×相続人数で計算することができる．基礎控除後の課税遺産額は，法定相続人が法定相続分どおり取得したものとして遺産配分額を求めるが，この金額に対して所定税率をかけることになる．相続税の税率は，平成13年度税制改正において遺産額に応じた9段階の超過累進税率（最高税率が70％）から，平成15年1月1日から表税率は10％から50％の6段階になった．

贈与税は，原則として，個人間における贈与により取得したすべての財産を課税の対象として賦課される税であるが，それ以外にも，実質的に本来の贈与と同

表3-7 主要諸外国における相続税の概要

(2004年1月現在)

区分	日本	アメリカ	イギリス	ドイツ	フランス
課税方式	遺産取得課税方式(法定相続分課税)	遺産課税方式	遺産課税方式	遺産取得課税方式	遺産取得課税方式
課税客体	相続又は遺贈により取得した財産	被相続人の死亡時にその所有に属していたすべての財産		相続又は遺贈により取得した財産	
納税義務者	相続人又は受遺者	遺言執行者又は遺産管理人		相続人又は受遺者	
贈与税との調整	相続前3年以内の贈与を累積し、相続財産と合わせて課税(過去の贈与税額は控除) / 相続時精算課税制度選択後相続までの贈与を合計し、相続財産と合わせて課税(過去の贈与税額は控除)	生涯にわたる贈与を累積して、遺産と合わせて課税(過去の贈与税額は控除)	相続前7年以内の贈与を累積して、遺産と合わせて課税(過去の贈与税額は控除)	相続前10年以内の贈与を累積して、相続財産と合わせて課税(過去の贈与税額は控除)	相続前10年以内の贈与を累積して、相続財産と合わせて課税(過去の贈与税額は控除)
課税最低限(配偶者+子3人)(子3人)	9,000万円 / 8,000万円	3億4,500万円 / 1億7,250万円	9,639万円 / 4,819万円	1億6,236万円 / 8,118万円	3,643万円 / 1,821万円
最低税率	10%	43% (18%)	40%	① 7% ② 12% ③ 17%	5% (注)続柄の親疎により6種類の税率表がある。(最高税率60%)
最高税率	50%	48%		30% / 40% / 50%	40%
税率の刻み数	6	2 (15)	1	7	7

出所)小池正明『わかりやすい相続税贈与税』(平成16年度版)税務研究会出版局 2004年
備考)1. 課税最低限は、相続人が配偶者と子3人の場合は、配偶者が遺産の1/2、子が残りの資産を均等に取得した場合の額であり、相続人が子3人の場合は、子が遺産を均等に取得した場合の額である。
2. アメリカの遺産税額は、基礎控除後に税率を乗じるのではなく、遺産総額に税率を乗じた後に税額控除を行って算出する。このため、この税額控除と一致する課税遺産額(150万ドル)以下に適用される税率(〜43%:13段階)は、最終的な税額計算に反映されない。したがって、表中アメリカの最低税率、税率の刻み数は最終的な税額計算に反映される実質的な税率、刻み数を表している。
3. ドイツの税率はそれぞれ、①は配偶者及び子女等、②は兄弟姉妹、③はその他の税率により、フランスの税率は、配偶者及び直系血族の税率によった。なお、ドイツは単純累進税率である。
4. 邦貨換算レート、1ドル=115円、1ポンド=189円、1ユーロ=132円(基準外国為替相場及び裁定外国為替相場:平均15年6月から11月までの間における実勢相場の平均値)

様の経済的利益を伴うものについては、贈与があったものとみなして課税される場合がある。具体的には、生命保険契約の期間が満了して保険金を受け取った者がその保険料を負担していなかった場合や、いちじるしく低い価額で財産を譲り受けた場合のほか、不動産や株式などの名義変更の際、当事者間に金銭教授のなかった場合などがある。贈与税は、相続課税の存在を前提に、生前贈与による相続課税の回避を防止するという意味で、相続課税を補完するという役割を果たしている。

贈与税額は、その年1月1日から12月31日までの間に受けた贈与財産の価

額から基礎控除額110万（贈与税の配偶者控除の適用を受ける場合はこのほかに2,000万円）を差し引いた後の残額に税率を乗じて計算する（第9章参照）．相続税の税率は，平成13年度税制改正の遺産額に応じた13段階の超過累進税率（最高税率が70％）から，平成15年1月1日より10％から50％の6段階になった．

表3−7より主要諸外国における相続税を比較すると，税率については，遺産取得課税方式の場合は，配偶者，子，兄弟，姉妹，親等で税率に差を設けている国（ドイツ，フランス等）もあるが，イギリスのように単一税率（40％）の国もある．配偶者の取り扱いについては，民法の夫婦財産制度との関係から各国でかなりの差がみられ，夫婦別産制をとる国では，例えば妻が夫の財産を相続することになるが，アメリカ，イギリスでは配偶者間の遺産移転は非課税とされ，ドイツでは配偶者に特別な控除が認められている．またわが国では，配偶者が相続する遺産については，法定相続分に対応する税額を控除する税額控除が認められている．他方，共有制をとるフランスでは，妻は夫婦の全財産の2分の1について持分権を有し，これについては課税されない．

4．地価税

バブル経済の時期に地価が急騰したことから，土地の保有コストに対する意識を高めることと土地の有効利用を促進して地価の高騰を抑えるという土地対策上の要請から，平成3年の土地税制改革において地価税が創設され，平成4年1月1日から実施された．地価税は，国内にある土地（借地権を含む）の1月1日現在の所有者（法人・個人関係なく）に対して，その保有する土地等のうち非課税となる土地等を除き，課税対象となる土地等を相続税評価額で評価し，その合計額から，軽減特例の対象となる土地がある場合にはその軽減価格を差し引いて，課税価格を求める．そして，この課税価格から基礎控除を差し引き，課税対象額を導き，これに税率をかけて税額を計算する．地価税の税収は，平成4年度の決算で5,201億円，平成5年度の6,053億円となったものの，その後，長期にわたる地価の下落・土地取引の不調などの状況から，平成10年度の課税時

期から臨時的措置として当分の間，地価税の課税が停止されている．当初，地価税の廃止も検討されたが，地価の再騰貴の予防手段としての意義と再び新税を作るのに時間がかかるということから停止されたものである．なお，平成14年度・15年初予算で5億円，10億円と収入が計上されているが，これは地価税の延滞納付によるものである．

(2) 間接税

間接税とは，法律上の納税義務者が税を財やサービスに上乗せすることによりその税金を負担せず，最終的な購入者が担税者となることを立法者が予定している租税をいう．従来わが国の間接税は，個人消費が基本となっており個人の財・サービスの特性に応じて課税方法が定められていた．しかし，平成元年度に物品税が廃止されるとともに，財・サービス全般に広く薄く課税される消費税が創設され，間接税体系が大きく変化したので，表3－2の分類により間接税の項目の内容について説明する．

1．消費税
① 消費税の仕組み

消費税は，昭和63年12月，竹下内閣の税制改革における「高齢化社会を展望し，時代の流れを踏まえた公平，中立，簡素を基本理念とし，社会共通の便益を賄うための負担はできるだけ国民が広く分かち合うことが望ましい」（政府税調）という観点から国会で成立し，平成元年4月1日から消費税率3%という形で実施された．以後，消費税は，さまざまな問題を抱えつつも国民生活の中に定着してきたが，平成6年11月に税制改革関連法案が成立し，平成9年4月1日から消費税率が5%に引き上げられ今日に至っている．

ⅰ基本的仕組み　消費税は事業者に負担を求めるのではなく，税金分は事業者の販売する商品やサービスの価格に含めて次々と転売され，最終的には商品を購入しサービスの提供を受ける消費者に負担を求める税である．この際，生産，流通の各段階で二重，三重に税が賦課されることがないように，売上に係る消費

税額から仕入れに係る消費税額を控除し，税が累積しないような仕組みになっている（第8章参照）．

　ⅱ 課税対象　　原則として国内におけるすべての商品，サービスを課税対象にしている．ただし課税の対象とされる取引の中で，消費に負担を求める税の性格から課税対象とすることになじまないものや政策的に課税することが適当でないものは非課税とし，これらは課税の対象から除外されている．

　ⅲ 納税義務者　　納税義務者は，製造，卸，小売，サービス等の各段階の事業者や保税地域から外国貨物を受け取る輸入業者である．ただし，小規模零細事業者の納税事務負担や税務執行面に配慮する必要から，課税売上高が一定額以下の事業者は消費税の納税義務が免除される．これを事業者免税点制度という．この免税点は，平成15年度の税制改正により，課税売上高1,000万円以下に改定され，平成16年4月1日より施行されている．

　なお，設立当初2年間は基準期間がないため，原則として納税義務はないが，資本金1,000万円以上の新設法人については納税義務を免除しないという特例がある．

　ⅳ 簡易課税制度　　中小企業においては，仕入れに係る消費税を漏らさず算出することは困難な面もあるので，その事務負担を軽減する目的で設けられた制度である．この簡易課税制度が適用できるのは，その課税期間の基準期間の課税売上高が5,000万円以下の事業者であり，適用を希望する事業者は所定の届出書を提出することで，この制度を受けることができる．

　この簡易課税制度は，実際の仕入れ等に係る消費税額を計算することなく，売上に係る消費税額に対して，業種ごとに規定された一定割合（みなし仕入率）を乗ずることによって仕入税額を計算するという独特な方法で計算される．

　ⅴ 仕入税額控除　　消費税は，帳簿方式による「仕入税額控除方式」を採用している．仕入税額控除のできるものとして，当期商品仕入れ，消耗品費，広告宣伝費，光熱費，交通費，通信費等がある．その際，仕入税額控除の要件として仕入れの事実を記載した帳簿および請求書等の保存を必要とするため，帳簿方式は，「請求書等保存方式」とも呼ばれるようになった．

② 消費税の問題点

 消費税については導入当初から種々の問題点が指摘されてきたが,その問題点を整理すると次のような3点が挙げられる.

 第1は,わが国の消費税が,帳簿方式により仕入税額控除で行われていることにある.帳簿方式は,一定期間(課税期間)の売上高と仕入高が確定すれば,個々の取引に伴うインボイス(取引先から受領した税額を別記した書類)は必要とせず,納税における事務処理が軽減されるとともに,税務行政上のコストも比較的小さくすることができる.他方,仕入税額控除を行う場合に,その税額計算にあたっては課税期間の売上高と仕入高を総体的に明らかにすることを求められているだけだから,商品価格に占める税額と税抜き価格との区別が不明瞭となり,形式的にも税額の移転が不確実となってしまう.これにより,前後の転嫁の度合いを納税者や消費者が推測することは難しく,課税期間終了まで最終税額も定まらない.また,帳簿方式は,軽減税率などの複数税率を採用することは,技術的に困難であり,単一税率が適用される場合にのみ機能しうる.わが国の消費税の税率は,5%の単一税率である.単一税率においては,その税率は高くなるほど,消費課税の性質である逆進性が強くあらわれる.日本以外の諸外国では,税率は高いが,社会政策上の見地を考慮して,非課税範囲を広くし,軽減税率,ゼロ税率を制度化し,複数税率を採用している.ただし,複数税率を用いるには,個々の取引を表象するインボイスが必要である.EU型付加価値税は,取引ごとのインボイスが存在するので,個々の取引に対応する課税が行なわれている.これにより,個々の価格に占める税額と税抜き価格との区別がより明瞭であるから,必ずしも取引段階すべての税額が移転される保障はないものの,少なくとも形式的には移転は行われ,転嫁の度合いをある程度まで正確に知ることができる仕組みになっている.

 表3-8にみられるように,EUでは現在加盟国の税制調和を進めているが,付加価値税については,EC第6次指令でその概要を定めており,加盟各国の制度も概ねその枠内のものとなっている.

 第2は,事業者免税点の問題である.免税点は,その水準が高くなるほど多

表3－8　付加価値税における非課税，税率構造の国際比較

(2004年1月現在)

		日　本	EC第6次指令	フランス	ドイツ	イギリス
施　行		1989年	1977年	1968年	1968年	1973年
納税義務者		資産の譲渡等を行う事業者及び輸入者	経済活動をいかなる場所であれ独立して行う者及び輸入者	有償により財貨の引渡又はサービスの提供を独立して行う者及び輸入者	営業又は職業活動を独立して行う者及び輸入者	事業活動として財貨又はサービスの供給を行う者で登録を義務づけられている者及び輸入者
非課税		土地の譲渡・賃貸，住宅の賃貸，金融・保険，医療，教育，福祉等	土地の譲渡（建築用地を除く.）・賃貸，中古建物の譲渡，建物の賃貸，金融・保険，医療，教育，郵便，福祉等	土地の譲渡（建築用地を除く．ただし，個人が取得する住宅建築用地は非課税）・賃貸，中古建物の譲渡（不動産業者の譲渡を除く.），住宅の賃貸，金融・保険，医療，教育，郵便等	土地の譲渡・賃貸，建物の譲渡・賃貸，金融・保険，医療，郵便等	土地の譲渡・賃貸，建物の譲渡・賃貸，金融・保険，医療，教育，郵便，福祉等
税率	標準税率	5% (地方消費税を含む)	15%以上	19.60%	16%	17.50%
	ゼロ税率	なし	ゼロ税率及び5%未満の超軽減税率は，否定する考え方を採っている．	なし	なし	食料品，水道水，新聞，雑誌書籍，国内旅客輸送，医薬品，居住用建物の建築等
	輸出免税	輸出及び輸出類似取引	輸出及び輸出類似取引	輸出及び輸出類似取引	輸出及び輸出類似取引	輸出及び輸出類似取引
	軽減税率	なし	食料品，水道水，新聞，雑誌，書籍，医薬品，旅客輸送等…5%以上（2本以下）	食料品，水道水，雑誌，書籍，旅客輸送，肥料等…5.5%　新聞，医薬品等…2.1%	食料品，水道水，新聞，雑誌，書籍，国内近距離旅客輸送等…7%	家庭用燃料及び電力等…5%
	割増税率	なし	割増税率は否定する考え方を採っている	なし	なし	なし
課税期間		1年 (個人事業者：暦年法人：事業年度) ただし，選択により3か月(注)とする注) 平成16年4月1日以後開始する課税期間からは「3か月又は1か月」	1か月，2か月四半期又は加盟国が任意により定める1年を超えない期間	1か月	1年ただし，原則として1か月ごとに予定申告納付を行う	6か月ただし，原則として3か月ごとに予定申告納付を行う

出所）財務省資料
備考）その他の諸外国の付加価値税の標準税率は次の通りである．フィンランド22%，スウェーデン25%，イタリア20%，ノルウェー24%，韓国10%，フィリピン10%

くの免税事業者が存在することになり，免税の抱える問題は大きくなる．免税事業者は，消費税の納税義務もないが，課税事業者からの仕入れの際に支払った消費税額があった場合においても，その税額を控除することができない．したがって，このまま消費税の転嫁が行なわれない状態においては，免税事業者が仕入れの際に支払った消費税分は事業者自身の負担となり，いわゆる損税が生じる．また，免税事業者が課税事業者と同様に売上げに対して消費税相当額を上乗せした商品代金を受領した場合には，本来，課税事業者が納付すべき付加価値に対する消費税額は，そのまま免税事業者の手元に残る．このような場合には益税が発生する．

　わが国の免税点の高さは，わが国にとって馴染みのない消費税の導入に際して，中小事業者（特に零細事業者）の保護を目的として設定されたものであるが，これは理念的な意味での一般消費税の主旨とは異なるものである．

　平成15年度税制改正により，平成16年4月1日以後に開始する事業年度より免税点は1,000万円に引き下げられたが，改正前は3,000万円であった．この改正により，これまでの問題点はある程度緩和されると思われる．

　第3は，簡易課税制度の問題である．簡易課税制度は，中小事業者の納付事務負担の簡便化を目的とした制度であるため，本来の税制としての性質にズレが生じており，この制度に対する問題点の指摘も少なくなかった．簡易課税制度では，実際の仕入れに係る税額を計算に反映させないので，「みなし仕入率」の割合で，控除できる仕入税額を決定する．「みなし仕入率」は，第1種業種（卸売業）90％，第2種業種（小売業）80％，第3種業種（製造業等）70％，第4種業種（その他）60％，第5種業種（50％）となっており，仕入控除税額は課税標準税額×「みなし仕入率」となっている．このため「みなし仕入率」と比較して，実際の仕入れの割合がそれを下回れば，その差額は益税となり事業者の手元に残るが，実際の仕入れの方がそれを上回る高い割合であった場合には，事業者はその差額の税額を納付しなければならず，損税が発生する．平成15年度の税制改正前は，課税売上高2億円以下の事業者までが適用されていたため，この制度を適用できる事業者は多かったが，平成16年4月1日以後に開始する事業

年度より，適用上限が5,000万円以下に改定されたので，この問題はある程度解消されたものの，まだ完全に解決されたとはいいがたい．

2. 酒　税

　酒はたばこと並んで最も代表的な嗜好品であるため，各国では古くから税負担が求められてきた．わが国では，明治元年には酒税が「酒造法」として制定され酒造石数により税金が徴収されていた．酒税は，明治・大正・昭和初期には間接税収入の第1位を占めていた（明治32年度には租税収入構成比の中で1位になった）が，現在では国税収入の約4％となっている．課税対象は，アルコール分を1度以上含んでいる飲料であり，清酒，合成清酒，焼酎，みりん，ビール，果実酒類，ウィスキー類（ウィスキー・ブランデー），スピリッツ類（原料用アルコール，ジン・ウオッカなどのアルコール度の強い洋酒），リキュール類，雑酒（発泡酒）の10種類に分類される．税率は酒類，品目，アルコール分に応じて1kl当たりいくらという重量税になっており，納税義務者は酒類の製造者および輸入の際の酒類取引者である．例えば，ビールは基準アルコール分5度の場合1kl当たり税率222,000円で，アルコール分1度当たり税率は44,400円になっている．参考までにイギリスのビールは，1klにつきアルコール1度毎に20,379円なので，日本の酒税は高いといえる．

3. たばこ税

　たばこ税は，日本専売公社が日本たばこ産業株式会社（JT）に民営化されたのに伴い，従来の専売納付金に代えて，昭和60年度に「たばこ消費税」として創設された．その後，平成元年度の消費税の導入に伴い「たばこ税」に改められた．納税義務者は，国産たばこについてはたばこの製造者，輸入たばこについては保税地域から引き取るものである．課税標準は従量税であり，課税物件は製造たばこである．平成15年7月1日から税率は，1,000本につき国税3,126円，地方税3,946円（道府県税969円，市町村税2,977円）の合計7,072円である．参考までにイギリスのたばこは，1箱（20本）が878円で，税率は74.8％（559

円）となっており，アメリカ（ニューヨーク市）は，1箱当たり765円で，税率は54.3%（390円）となっている．たばこの害が叫ばれている今日，日本も欧米並みの金額にすれば税収は変わらず，喫煙者は減ると思われる．

4. 関　税

　関税は，一般に「輸入品に課せられる税金」として定義されている．関税には，国の財政収入を主たる目的とする「財政関税」と国内産業の保護を主な目的とする「保護関税」がある．過去においては，関税は国の財源として重要な地位を占めていた時期もあったが，現在，ほとんどの国の関税は保護関税になっている．納税義務者は，原則として輸入業者である．課税の仕組みは，輸入貨物の価格を標準とする従価税方式，輸入貨物の数量を標準とする従量税方式，さらにその双方を併用する従価従量併用税方式，いずれか高い方または低い方を選択する従価従量選択税方式がある．課税価格はその貨物の輸入取引における実際の取引価格を基礎として運賃，保険料を加算した金額で，かならずしも送り状に記載された価格が基準になるとは限らない．現在，具体的な課税価格の決定は，WTO（世界貿易機関）の評価協定に基づく国際的なルールに従って行われており，開発途上国に対する支援として優遇関税率（特恵税率）が適用されている．日本の保護関税の代表として農業があげられるが，米は1kg当たりの従量税は2004年に約300円であるが，2014年に約200円，2024年に約100円になることが決められている．

5. 印紙税

　印紙税は，不動産の譲渡契約書等の各種契約書，領収書，預金通帳，約束手形，為替手形，株券，社債券等の経済取引に伴い作成される文書にかかる税である．納税者は課税文書の作成者であり，印紙税の納付は印紙を貼りつけることによって行われるが，納税方法の簡素化のため現金納付することもできる．税率は課税文書の種類に応じて定められており，文書に記載された金額の多寡による階級別定額税率によるものや文書1通ごとの定額税率などによるものがある．例えば，

預金通帳は1通につき200円の定額税率であり，不動産の譲渡契約書では記載金額が1万円以下のものは非課税，10万円以下のものは200円，50万円以下は400円，50億円を超えるものは60万円というように，12の階級定額税率になっている．

(3) 特定財源税

第2章の予算原則のところで説明したように，予算は特定の歳入を特定の歳出項目に結び付けることを禁止しているが，わが国の場合，税収の一部または全部が特定の財政支出に向けられるものがあり，これらの税目を特定財源と呼んでいるので，これらについて説明していくことにする．

1. 揮発油税および地方道路税

揮発油税および地方道路税は，揮発油すなわち自動車用ガソリンに課税されるものである．揮発油税は道路整備緊急措置法に基づき全額が国の道路特定財源とされている．また，同法等に基づき4分の1は地方への交付金の財源に充てるため直接道路整備特別会計に組み入れることになっている．地方道路税は都道府県および市町村の道路特定財源として全額譲渡される．納税義務者は，揮発油の製造者および揮発油を保税地域から引き取る者であり，税率は1klにつき揮発油税48,600円，地方道路税5,200円，合わせて53,800円の従量税になっている．

2. 石油ガス税

自動車用に使用される石油ガス（LPG）に対して課税される．2分の1は形式的には国の一般財源であるが，道路整備緊急措置法に基づき国の道路特定財源とされ，2分の1は都道府県および指定都市の道路特定財源として譲与される．納税義務者は，石油ガスを自動車の石油容器に充填する者（石油ガススタンドの経営者等）および自動車の容器に充填された石油ガスを保税地域から引き取る者であり，税率は石油ガス1kgにつき17円50銭の従量税である．

3. 航空燃料税

航空機の燃料に対して課税される．税収の13分の11が形式的には国の一般財源であるが，空港整備特別会計法に基づき国の空港整備費に充てられ，13分の2は空港関係市町村および空港関係都道府県の空港対策費として譲与される．納税義務者は航空会社の経営者または航空機の使用者であり，税率は1klにつき26,000円の従量税になっている．

4. 石油石炭税

平成15年度税制改正において，平成15年1月1日から石油税は「石油石炭税」に改称された．原油，輸入石油およびガス炭化水素および石炭に課税される．税収は形式的には国の一般財源であるが，石炭並びに石油およびエネルギー需給構造高度化対策に充てられる．税率は，経過措置があり17年4月1日より石油は1kl当たり2,040円（石油の税率は変わらない），LPG（液化石油ガス）は1t当たり940円，LNGは（液化天然ガス）1t当たり960円，石炭は1t当たり460円，平成19年4月1日よりLPGは1t当たり1,080円，LNGは1t当たり1,080円，石炭は1t当たり700円になることが決められている．

5. 自動車重量税

道路運送車両法による車検を受ける自動車と，同法による使用の届出をする軽自動車に課税されるもので，税収の4分の3は国の一般財源であるが，4分の1は自動車重量譲与税法により市町村の道路特定財源として譲与される．税率は車検の有効期間や自動車の重量等によって定められている．例えば，車検有効期間1年の自家用自動車は車両重量0.5tごとに6,300円，営業用は2,800円となっている．

6. とん税および特別とん税

とん税および特別とん税は，日本の港に入港する外国の船に対して課税され，港への入港ごとに総トン数1トンごとにとん税16円，特別とん税20円が徴収

される．とん税は国の一般財源になるのに対して，特別とん税は港湾所在地の地方自治体の財源として譲渡される．納税義務者は船長または運航者であり，海難その他やむを得ない理由による入港の場合は非課税になる．

7. 電源開発促進税

　一般電気事業者（いわゆる電気会社）が需要に応じて供給した電気および一般電気事業者が自ら使用した電気（これらを販売電気という）に課税される．税収は電源開発促進法および電源開発特別会計法に基づき全額電源立地対策および電源多様化対策に充てられる．納税義務者は一般電気事業者であり，税率は販売電気 1,000kW 時につき 445 円となっているが，平成 15 年度税制改正により，平成 19 年 4 月 1 日以降は，販売電気 1,000kW 時につき 375 円になることが決められている．

8. たばこ特別税

　従来，旧国鉄の長期債務，国有林野の累積債務問題が大きな懸案となっていた．昭和 62 年 4 月の国鉄清算事業団発足の時点において総額約 25 兆 5,000 億円であった債務が平成 10 年度首において約 27 兆 8,000 億円に増加することが見込まれ，国有林野事業の債務が約 3 兆 8,000 億円に達し，さらに今後の収入の増加が見込まれないというきわめて深刻な財務状態になっていた．そこで政府は旧国鉄の長期債務，国有林野の累積債務の抜本的解決に取り組むことになった．平成 9 年 12 月に「国鉄長期債務のための具体的方策及び国有林野の抜本的改革について」が閣議決定された．旧国鉄の有利子債務の利払費については，① 資金運用部資金・簡易生命特別会計からの借入金，引受債の繰上償還により金利負担を軽減した上で，② 郵便貯金特別会計からの特別繰入れ，③ たばこ特別税の財源を充てることとした．国有林野累積債務については，返済不能債務の利払費については，繰上償還により金利負担を軽減した上で，一般会計国債費（農林水産省予算の負担により確保）とたばこ特別税により手当てすることとした．これによって平成 10 年 12 月 1 日より，1,000 本当たり 820 円のたばこ特別税が創設

された.

参考文献

速水昇『要説　財政学』(第3版) 学文社　2003年
佐藤慎一編『図説　日本の税制』(平成16年度版) 財経詳報社　2004年
福住豊『やさしい法人税』財団法人大蔵財務協会　2004年
藤吉敏生『図解　企業税制の論点』日本総合研究所　2000年
山本守之『租税法の基礎理論』税務経理協会　2004年
小池正明『わかりやすい相続税贈与税』(平成16年度版) 税務研究会出版局 2004年

第4章
歳出論

第1節 歳出の分類

(1) 歳出の意味

　歳出とは,「一会計年度における国の各般の需要を充たすための現金の支払い」をいう. 歳入は, 決算額が予算額を上回っても下回ってもかまわないが, 歳出は, 予算額を上回る支出は認められていない. したがって, どうしても予算が足りなければ, 補正予算を組んで国会の承認を受けなければならない.

　歳出は, その時代の国民の共同欲望の重要度によって, またその時代の国家の機能によって定まるものである. したがって, 歳出についてはただその規模をみるだけでなく, その内容について検討することが大切になってくる. しかし, 複雑多岐にわたる歳出を検討するためには, 性格が共通しているいくつかのグループに分類する必要がある. 現在のわが国の歳出区分は, 主要経費別, 目的別, 所管別, 使途別に分類されているので, これらについて説明する.

(2) 主要経費別分類

　一般会計の歳出を重要施設別に分類したものであって, その年度における施策がどのように配分されるかを最も端的に示すものであり, 新聞やテレビで報道される一般会計予算は通常これである. 主要経費別分類が行われたのは, 昭和22年度の予算からで, 当時は重要経費別分類と称していたが, 38年度予算から改称された. 主要経費別分類はその時代を反映しており, 新たに分類事項として登場したり, 姿を消す場合がある. 例えば, 昭和22年度から26年までは終戦処理費や賠償施設処理費の項目が設けられていたし, 平成8年度の1年限りで, 緊急金融安定化資金が設けられた. 主要経費別の累年比較は表4－1の通りであるが, おのおのの項目の内容については次節で説明する.

(3) 目的別分類

　政府が国民経済より取得した財政資金をいかなる形態で国民経済に還流するかを示すものである. この分類は, 財政学において古くから種々の型で分類されて

第4章 歳出論

表4−1 主要経費別歳出予算（当初予算）

(単位：億円)

主要経費別分類	平成2年度	構成比%	平成7年度	構成比%	平成12年度	構成比%	平成15年度	構成比%	平成17年度	構成比%
社会保障関係費	116,148	17.5	139,244	19.6	167,666	19.7	182,795	22.5	203,808	24.8
文教及び科学振興費	51,129	7.7	60,765	8.6	65,222	7.7	66,998	8.2	57,235	7.0
国債費	142,886	21.6	132,213	18.6	219,653	25.8	166,712	20.5	184,422	22.4
恩給関係費	18,375	2.8	17,266	2.4	14,256	1.7	12,727	1.6	10,693	1.3
地方交付税交付金	152,751	23.0	132,154	18.6	140,163	16.5	161,080	19.8	145,709	17.7
地方特例交付金	—	—	—	—	9,140	1.1	9,036	1.1	15,180	1.8
防衛関係費	41,593	6.3	47,236	6.7	49,358	5.8	49,560	6.1	48,564	5.9
公共事業関係費	62,147	9.4	92,398	13.0	94,307	11.1	84,239	10.4	75,310	9.2
経済協力費	7,845	1.2	10,351	1.5	9,842	1.2	8,566	1.1	7,404	0.9
中小企業対策費	1,943	0.3	1,857	0.3	1,943	0.2	1,861	0.2	1,730	0.2
エネルギー対策費	5,476	0.8	6,819	1.0	6,351	0.7	5,694	0.7	4,954	0.6
食料安定供給関係費	3,952	0.6	2,723	0.4	2,239	0.3	7,297	0.9	6,755	0.8
産業特別会計繰入等	13,000	2.0	12,817	1.8	1,595	0.2	1,455	0.2	710	0.1
改革推進公共投資等事業償還時補助金等	—	—	—	—	—	—	—	—	3,689	0.4
その他事項経費	4,162	6.3	50,534	7.1	59,634	7.0	50,781	6.3	52,167	6.3
予備費	3,500	0.5	3,500	0.5	3,500	0.4	3,500	0.4	3,500	0.4
合計	662,368	100.0	709,871	100.0	849,871	100.0	812,300	100.0	821,829	100.0

出所：財務省 財政政策研究会編『財政金融統計月報』各年度予算特集号より作成
備考：平成12年度の合計は公共事業等予備費5,000億円を含む

いる．まず，重商主義を代表するものとしてペティの分類をあげれば，① 軍事費，② 行政費，③ 宗教費，④ 社会事業費，⑤ 公共土木事業費となっている．これに対して，アダム・スミスは「安価な政府」論によって，政府の最小限の任務とその歳出を，① 国防，② 司法，③ 公共事業および公共施設，④ 元首の威厳の維持の4つに限定している．アドルフ・ワグナーの分類は，その時代における国家機密の展開を反映して，① 憲法費（元首・国会等の経費），② 内外治安の経費（司法・警察・外交），③ 国防費，④ 厚生文化費（内務・経済・教育），⑤ 財務行政費（固有の財務費・公債費）となっている．

わが国の場合は，昭和22年度予算から分類されている．27年度までは部，款別の目的別分類が記されていたが，27年度より部，款の区分が廃止された．目的別分類は，現代財政の展開に伴い政府の任務の範囲が広くなるにしたがって，その内容も豊富になっていかざるを得ない．現在，わが国の目的別分類は，国家機関費，地方財政費，防衛関係費，国土保全及び開発費，産業経済費，教育文化費，社会保障関係費，恩給費，国債費，予備費，その他の11項目から構成されており，主要経費別の分類との類似性が高く，国家機関費が計上されていることが特徴である．国家機関費は，皇室費，国会費，選挙費，司法・警察及消防費，外交費，一般行政費，徴税費の7項目から構成されている．国土保全及び開発費は，主要経費別分類の住宅対策を除く公共事業関係費を主な内容としている．産業経済費は，農林水産業，商工鉱業，運輸通信業等に対する振興助成的諸経費から構成されている．その他は，国家機関費に属さないその他行政費，その他雑経費等現在の分類区分では分類できない経費である．

(4) 所管別分類

歳出を行政管理の観点から区分したもので戦前から分類されている．平成13年1月から中央省庁再編成が実施され，1府22省が1府12省になった．このことから，平成13年度の当初予算から所管別分類は，皇室費，国会，裁判所，会計検査院，内閣，内閣府，総務省，法務省，外務省，財務省，文部科学省，厚生労働省，農林水産省，経済産業省，国土交通省，環境省から構成されている．

これによって，国土交通省は公共事業予算の8割近くを握ることになり，無駄な事業を減らして，優先度の高い事業に重点的に予算を回すことができるのか，省内で部局ごとに既得権益を守る動きに終始するのか，再編の効果が問われることになる．また，厚生労働省は社会保険関係予算の増大を反映して最大の予算となっている．

(5) 使途別分類

予算が最終的に「何に使われるのか」によって分類されるもので，予算書上の「目」を集計することによって作成されるもので，戦前から分類されている．予算書では，① 人件費，② 旅費，③ 物件費，④ 施設費，⑤ 補助費・委託費，⑥ 他会計への繰入れ，⑦ その他の7項目に分類されている．① の内訳は，議員歳費，職員給与，退職手当，諸手当，超過勤務手当等である．③ の内訳は，庁費，原材料費，立法事務費等である．⑤ の内訳は，補助金，負担金，補給金，奨励金，委託金等であり，平成16年度当初予算では24.9%となっている．⑥ は特別会計，政府関係機関等への繰入れであり，平成16年度当初予算では60.7%と一番多い経費となっている．これは近年，「交付税及び譲与税配布金特別会計」や「国際整理基金特別会計」への繰入金額が増加していることに基づいている．⑦ の内訳は，年金及び恩給，出資金，貸付金，出資金，補償金等である．

第2節 主要経費別予算

(1) 経常的歳出

主要経費別の一般会計歳出の中で，国債費は国債の償還・利払等に充てられる経費であり，地方交付税交付金と地方特例交付金は地方公共団体に配布される経費であり，産業投資特別会計への繰入は出資金や貸し付けの財源として使われる経費であるため，国が自由裁量的に使えるものではなく，中央政府の活動そのものに直接関わりをもたない．これらの4つの経費を経常的歳出といい，一般会計歳出からこれらの経費を除いたものを「一般歳出」と呼んでいる．現在，この

4つの経費に占める割合は4割を超えており，国債費が今後も増加することが予想されているため，政府が自由裁量的に使える金額は少なくなってきている．このように歳出中，使途が決まっている経費の比率は高くなる状態を財政の硬直化と呼んでいるが，今後の高齢化社会の進展により財政の硬直化が大きな問題となっている．

1. 国債費

一般会計歳出予算の中で一番大きい割合を占めているのが国債費である．国債費は一言でいえば，国の借金を返すための費用であり，① 債務償還，② 利子及割引料，③ 国債事務取扱費から構成され，全額が「国債整理基金特別会計」へ繰入れられる．① の債務償還は，ⅰ 国債償還と，ⅱ 借入金償還からなる．ⅰ の国債償還は，前年度首国債総額（割引国債を除く）の60分の1すなわち1.6%に相当する定率繰入，割引国債については，発行差額の1年分に相当する発行差額繰入，「日本電信会社の株式売払収入の活用による社会資本の整備の促進に関する特別措置法」（昭和62年）に基づく産業投資特別会計受入金相当額繰入，「所得税法及び消費税法の一部を改正する法律の施行等による租税収入を補うための平成6年度から平成8年度までの公債の発行の特例に関する法律」（平成6年）に基づく減税特例国債の償還分，予算繰入分から構成されている．ⅱ の借入金償還は，定率繰入分と予算繰入分から構成されている．② 利子及割引料は，国債の利子・割引料，借入金の利子，財務省証券割引料に必要な経費である．③ 国債事務取扱費は，国債の売買等の経費や事務処理に必要な手数料・事務費である．割合は1%と少ないが，平成16年度の金額は約2,000億円にもおよんでいる．

2. 地方交付税交付金

地方交付税交付金は，地方公共団体間の財政力の格差を是正し，地方公共団体に一定水準の行政を保障するために，「交付税及び譲与税配布金特別会計」を通じて地方公共団体に交付される財政補給金である．それぞれの地方公共団体が受

け取るべき交付税額は「基準財政需要額」から「基準財政収入」を差し引いた額，すなわち「交付基準額」に基づいて決定される．「基準財政需要額」は測定単位×単位費用×補正係数の式より求められている．測定単位は道路，橋梁，港湾等については面積，社会福祉費，衛生費，公園等については人口である．単位費用については，例えば平成 16 年度では社会福祉費の経常経費については，都道府県が人口 1 人当たり 5,760 円，市町村では人口 1 人当たり 11,100 円と定められている．補正係数は，人口密度，寒冷，半島，離島等を考慮して割増あるいは割減している．「基準財政収入」とは，地方の標準的な税収入と地方譲与税の合計である．ただし，交付基準額がマイナスになるような豊かな自治体には交付されない．このような地方公共団体を不交付団体という．平成 16 年度の不交付団体は，都道府県では東京のみで，市町村は 3,100 のうち 133 と東京都 23 特別区である．

　財源は地方交付税法第 6 条に基づいて，所得税と酒税の 32%，法人税の 35.8%，消費税の 29.5%，たばこ税の 25% を地方交付税交付金として計上している．この他に，地方交付税法附則第 4 条の 2 第 4 項における加算額，同条第 2 項における臨時特例加算額がある．

3. 地方特例交付金

　平成 11 年度の税制改正における地方税の恒久的な減税に伴なう減収額の一部を補　するために，「地方特例交付金等の地方財政の特別措置に関する法律」に基づいて，平成 11 年度に設けられたものである．また，平成 16 年度の義務教育国庫負担金の暫定的な見直しに対応することを目的として，暫定的な措置として地方公共団体に交付するための必要な経費である．当分の間，地方税の代替的な性格を有する財源として，普通交付税の不交付団体を含む都道府県，市町村および特別区に交付するものである．交付総額は，毎年度算定する地方税の恒久的な減税に伴う減収総額から，国と地方のたばこ税の税率改正および法人税の交付税率の引上げによる補　額並びに減税補　債の総額を控除した額となる．

4. 産業投資特別会計繰入

国は産業の開発や貿易の振興のために必要な分野に貸付け・出資を行っているが,この貸付け等に必要な財源を産業投資特別会計へ繰り入れている.これは「日本電信電話株式会社の株式の売払い収入の活用による社会資本の整備の促進に関する特別措置法」(昭和62年)に基づき,無利子貸付け等の財源に充てるための経費である.

(2) 一般歳出

一般歳出は政府の政策的経費部分であるので,おのおのの経費の内容を吟味することによって政府の政策目標が把握できるので順を追って概説する.

1. 社会保障関係費

わが国の憲法第25条には「すべて国民は,健康で文化的な最低限度の生活を営む権利を有する.国は,すべての生活部面について,社会福祉,社会保障及び公衆衛生の向上及び増進に努めなければならない」と規定されており,一般には国民の生存権の保障ともいわれている.したがって,社会保障関係費は,病気,失業,高齢などによって国民の生活に支障が生じたときに使われることを目的に使われる経費であり,昭和49年度以降,一般歳出の中で最も大きな比率を占めている.この経費は,図4-1のように生活保護費,社会福祉費,社会保険費,保健衛生対策費,失業対策費の5つの項目から構成されている.

① 生活保護費

生活困窮者に対して必要最低限度の生活を保障するとともにその自立を助けるための経費である.これは,「生活保護法」(昭和25年)に基づき支出されている.実際に生活保護を行うのは地方公共団体なので,経費は国から地方公共団体へ支出されるもので,ⅰ 各種保護費に対する補助,ⅱ 保護施設の事務費に対する国の補助に要する経費,ⅲ 生活保護実施のための指導監査職員の設置に要する国の委託費,ⅳ その他の4項目から構成されている.ⅰ の保護費は生活扶助,住宅扶助,教育扶助,医療扶助,介護扶助,その他の6つ項目から構成されている.

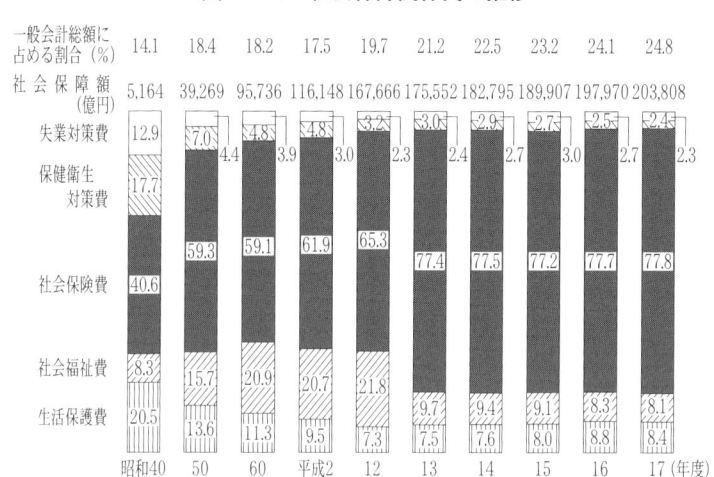

図4－1　社会保障関係費の推移

年度	昭和40	50	60	平成2	12	13	14	15	16	17
一般会計総額に占める割合(%)	14.1	18.4	18.2	17.5	19.7	21.2	22.5	23.2	24.1	24.8
社会保障額(億円)	5,164	39,269	95,736	116,148	167,666	175,552	182,795	189,907	197,970	203,808
失業対策費	12.9	7.0	4.8	4.8	3.2	3.0	2.9	2.7	2.5	2.4
保健衛生対策費	17.7	4.4	3.9	3.0	2.3	2.4	2.7	3.0	2.7	2.3
社会保険費	40.6	59.3	59.1	61.9	65.3	77.4	77.5	77.2	77.7	77.8
社会福祉費	8.3	15.7	20.9	20.7	21.8	9.7	9.4	9.1	8.3	8.1
生活保護費	20.5	13.6	11.3	9.5	7.3	7.5	7.6	8.0	8.8	8.4

出所）財務省資料
備考）平成12年度の介護保険制度の創設に伴い，社会福祉費の一部が社会保険費に移行している

生活扶助費は第1類（主に個人として必要なお金）と第2類（主として世帯として必要なお金）に分類され，1類は年齢によって，2類は世帯人員別で金額が異なっている．1級地－1の標準3人世帯で平成16年度の月額は前年度比の0.2％減の162,170円となっており，生活保護費の約3割を占めている．住宅扶助は被保護世帯が借家・借間住まいをしている場合の家賃や，被保護者が居住している家屋が風雨などのために損壊した場合の補修費等である．教育扶助は被保護者の世帯で小中学校に就学している児童がいるときは，教材代（16年度2,750円）と給食費（16年度2,500円）等が支給される．医療扶助は生活保護費の約6割を占める最大の項目になっている．生活保護が適用されると，いったん国民健康保険から脱退することになるために支出される経費で，被保護者は自己負担なしで病院にかかれるようになる．介護扶助は被保護者が介護保険の認定を受けて介護サービスを利用している時は，自己負担の1割が介護補助として支給される．その他の扶助として，生業扶助，出産扶助，葬祭扶助がある．生活保護費は，図4－1にみられるように昭和40年度では約20％を占めていたが，わが

国の生活水準の向上によって減少しており，最近は10%内で推移している．

② 社会福祉費

年齢（高齢・母子・婦人・児童），身体の傷害，特定の疾病などにより文化的生活が困難な人に対しての保護と助成，すなわち社会的弱者保護のための経費である．社会福祉費は，ⅰ老人福祉費，ⅱ身体障害者保護費，ⅲ児童保護費，ⅳ児童扶養手当給付諸費，ⅴ特別児童扶養手当等給付諸費，ⅵ婦人保護費，ⅶ社会福祉諸費，ⅷ独立行政法人福祉医療機構運営費，ⅸ独立行政法人国立重度知的障害者総合施設のぞみの園運営費，ⅹ社会福祉施設整備費，ⅺ母子福祉費，ⅻ国立更正援護所費の12項目から構成されている．

ⅰの老人福祉費は，「老人福祉法」（昭和38年）に基づいて支出されており，養護老人ホームをはじめとする入所施設の運営費，入所者の処遇改善等の費用である．ⅱの身体障害者保護費は，「身体障害者福祉法」（昭和24年）に基づいて支出されており，平成14年12月に策定された「新障害者プラン」の推進等の費用である．ⅲの児童保護費は，「児童福祉法」（昭和22年），「母子保健法」（昭和40年）に基づき，児童保護費，児童福祉事業費，母子衛生対策費，身体障害児等対策費から構成されている．ⅹの社会福祉施設整備費は，訪問介護事業，短期入所生活介護運営事業，老人日帰り介護運営事業，在宅介護支援センター等の整備改善等の費用である．

平成12年度から介護保険制度が創設され，ⅰの老人福祉費の中の老人医療費が平成13年度から③の保険費に移行したため，社会福祉費は図4−1にみられるように20%台から10%弱に減少した．

③ 社会保険費

社会保険は原則的に加入者の負担でその給付が行われるが，その一定部分を国が負担することになっており，社会保障関係費の中で最大の比率になっている．社会保険費は，ⅰ社会保険国庫負担金（厚生保険特別会計へ繰入，老人保健医療費拠出金厚生保険特別会計へ繰入，介護納付金厚生保険特別会計へ繰入，船員保険特別会計へ繰入），ⅱ厚生年金保険国庫負担金，ⅲ健康保険組合助成費，ⅳ厚生基金連合会等助成費，ⅴ国民健康保険助成費，ⅵ国民年金国庫負担金，ⅶ

農業者年金等実施費，ⅷ 独立行政法人農業者年金基金運営費，ⅸ 国民年金等助成費，ⅹ 日本鉄道共済組合等助成費，ⅺ 児童手当国庫負担金，ⅻ 介護保険推進費，ⅹⅲ 老人医療・介護保険給付諸費，ⅹⅳ 農業経営対策費（農林漁業団体職員共済組合費補助金，基礎年金農林漁業団体職員共済組合費補助金）から構成されている．平成16年度予算では，ⅱ の厚生年金保険国庫負担金が約28％，ⅴ の国民健康保険助成費が約27％，ⅵ の国民年金国庫負担金が約11％，ⅹⅲ 老人医療・介護保険給付諸費が約25％となっており，この4項目で全体の約91％を占めている．なお，ⅺ の児童手当国庫負担金は「児童手当法」（昭和46年）に基づいて支給されており，平成16年度から小学校入学前の未就学児童から小学校3年生まで引き上げられ，第1子および第2子月額5,000円，第3子以降月額10,000円支給される．

社会保険費は，図4−1にみられるように昭和40年度では約40％であったが，わが国は昭和36年に国民皆保険・皆年金となり，昭和50年代から60％前後で推移していたが，平成12年に介護保険制度が創設されたことから80％弱と最大の項目になっている．

④ **保健衛生対策費**

乳幼児から高齢者に至る疾病の予防と保健衛生の向上を図るための経費である．保健衛生事業も地方公共団体によって行われているために，国から地方公共団体への補助金が多くを占めている．保健衛生対策費は，ⅰ 結核医療費，ⅱ 精神保健費，ⅲ 原爆傷害対策費，ⅳ 保健衛生諸費，ⅴ 保健衛生施設整備費，ⅵ ハンセン病資料館施設費，ⅶ 国立高度専門医療センター特別会計へ繰入，ⅷ 独立行政法人国立病院機構，ⅸ 国立ハンセン病医療所費，ⅹ 検疫所費，ⅺ 沖縄保健衛生諸費，ⅻ 沖縄保健衛生設備費の12項目から構成されている．この中で，ⅳ の保健衛生諸費では，牛海綿状脳症（BSE）対策の食肉衛生検査所等の整備費，臓器移植対策事業の拡大，エイズ発症予防・エイズ拠点病院整備の推進，血液製剤によるヒト免疫不全ウイルス（HIV）感染者の調査研究，児童救急電話相談事業，救命救急センターの整備等が含まれている．

保健衛生対策費は，わが国の衛生状態の向上から，図4−1にみられるよう

に昭和40年度では約18%あったが,最近は3%弱へと減少している.

⑤ 失業対策費

失業者の生活の安定,再就職の促進,雇用構造の改善を図るための経費である.失業対策費は,ⅰ 特定地域開発就労事業費補助,ⅱ 職業転換対策事業費,ⅲ 雇用保険国庫負担金,ⅳ 船員雇用促進対策事業費の4項目から構成されている.この中で,ⅲ の雇用保険国庫負担金が失業対策費の9割を占めている.雇用保険制度の給付費の財源は25%が国庫負担,残りは労使が折半で負担する保険料(従業員の賃金の0.8%)で賄っている.1日当たりの失業給付の金額は,離職前にもらっていた給与の平均日額の6～8割が目安だが,上限がある(上限額は最も高い45～59歳で1万790円).また,表4－2にみられるように,離職時の年齢が高く,雇用(保険の支払い)期間が長いほど給付日数が高くなる.現在の雇用保険制度は,再就職の意思のある失業者を対象にしているが,育児や介護のための休業にも保険の給付が行われている.また,保険の加入者の比率では4%にすぎない60歳から65歳の世代が支給額の合計で3割を超えており,資産がある年金の受給者で再就職の意思のない人でも,失業給付を最大限に受けなければ損だと考える人も多い.雇用保険は年度ごとに収支を計算し,景気が良くて失業の少ない時はあまったお金を積立金に回す仕組みになっているが,雇用情

表4－2 失業時の給付日数

年齢	保険加入期間	1年未満	1年以上 5年未満	5年以上 10年未満	10年以上 20年未満	20年以上
30歳未満	A	90日	90日	90日	120日	―
	B	90日	90日	120日	180日	―
30歳以上 35歳未満	A	90日	90日	90日	120日	150日
	B	90日	90日	180日	210日	240日
35歳以上 45歳未満	A	90日	90日	90日	120日	150日
	B	90日	90日	180日	240日	270日
45歳以上 60歳未満	A	90日	90日	90日	120日	150日
	B	90日	180日	240日	270日	330日
60歳以上 65歳未満	A	90日	90日	90日	120日	150日
	B	90日	150日	180日	210日	240日

備考)A:定年退職者および自分の都合で離職した人
　　　B:倒産,解雇により離職を余儀なくされた人

勢の悪化で平成6年以降単年度の赤字が続いて積立金額が減少しており，給付削減や保険料・国庫負担の引上げなどの収支改善策を講じて雇用保険を見なおす必要が生じてきたため，財源は平成17年度から国庫負担を25%，労使の保険料は月収の1.6%に引き上げられた．

2. 公共事業関係費

　第1章で説明したように，市場メカニズムでは供給が困難な財，いわゆる公共財は，政府ないし公共団体によって供給される．公共事業の本来の目的は，現代世代のみならず将来世代においても産業や生活を支える基盤となる社会資本を整備することにある．この経費は治山治水対策事業費，道路整備事業費，港湾空港鉄道等整備事業費，住宅都市環境整備事業費，下水道水道廃棄物処理等施設整備費，農業農村整備事業費，森林水産基盤整備事業費，調整費等，災害復旧等事業費の9項目から構成されており，一般歳出の中で2番目に大きな比率を占めている．

　① 治山治水対策事業費

　森林や河川の整備によって災害に強い国土作りを目指した事業で，ⅰ 治水事業，ⅱ 治山事業，ⅲ 海岸事業から構成されている．ⅰ の治水事業は，被災河川対策を中心とする河川改修，水資源開発を中心とするダム建設等に重点を置いている．ⅱ の治山事業は，日本の国土の約3分の2が森林であることから，山地災害発生に対する予防治山，荒廃山地の復旧等に重点を置いている．ⅲ の海岸事業は，台風常襲地帯，大規模な侵食のある海岸等を重点的に整備するものである．この中で，ⅰ の項目が約8割を占めている．

　② 道路整備事業費

　道路は生活や産業活動の基盤となる重要な社会資本であるため，公共事業関係費の中で約4分の1を占め最大の項目となっている．この事業は幹線道路・市街地道路整備，渋滞対策等の経費である．この財源は揮発油税，石油ガス税，一般財源等であるが約9割が揮発油税収入である．

③ 港湾空港鉄道等整備事業費

公共施設整備のための経費で，ⓘ 港湾整備事業，ⓘⓘ 空港整備事業，ⓘⓘⓘ 都市・幹線鉄道整備事業，ⓘⓥ 新幹線鉄道整備事業，ⓥ 航路標識整備事業から構成されている．ⓘ の港湾整備事業は，貿易立国の日本にとって重要な社会資本であり，港湾事業，中枢・中核国際港湾の国際海上コンテナターミナル及び廃棄物海面処分場等の整備を行うものである．ⓘⓘ の空港整備事業は，東京国際空港（羽田），関西国際空港，中部国際空港等の大都市拠点空港の整備を中心として，環境対策，航空路設置の整備等の推進を図るものである．この財源は航空機燃料税，一般会計等であるが，約55％が航空機燃料税収入である．ⓘⓘⓘ の都市・幹線鉄道整備事業は，地下高速鉄道，ニュータウン鉄道，地下駅火災対策施設，鉄道防災，鉄道駅総合改善等の経費である．

④ 住宅都市環境整備事業費

平成12年度までは「住宅市街地対策事業費」であったが，実態に即して平成13年度から名称が変更された．この事業は，ⓘ 住宅対策，ⓘⓘ 都市環境整備事業から構成されている．ⓘ の住宅対策は公営住宅，高齢者向け優良賃貸住宅，改良住宅に対する補助金，住宅金融公庫に対する補給金が中心となっている．ⓘⓘ の都市環境整備事業は，地域の特性を活かしたまちづくりのための総合支援事業，少子・高齢化への対応するための歩行空間のバリアフリー化，都市景観の向上等を図るための無電柱化，踏切の除却・改良再開発，街並み・まちづくり総合支援事業，住宅・都市整備公団出資金等の経費である．

⑤ 下水道水道廃棄物処理等施設整備費

平成12年度までは「下水道環境衛生等施設整備費」であったが，⑦の工業用水道事業をこの項目に編入し，情報通信ネットワーク社会に向け情報通信格差是正事業を新たに設けて，平成13年度から名称を変更した．この事業は，ⓘ 下水道事業，ⓘⓘ 水道施設整備費，ⓘⓘⓘ 廃棄物処理施設整備費，ⓘⓥ 工業用水道事業，ⓥ 都市公園事業，ⓥⓘ 自然公園等事業，ⓥⓘⓘ 情報通信格差是正事業から構成されている．ⓘ〜ⓘⓥ は名前の通りの事業であるが，ⓥ の都市公園事業は，国営公園，都市公園，古都及緑地保全等の経費である．ⓥⓘ の自然公園等事業は，国立・国定

公園，国民公園等の施設の整備等の経費である．⑦の情報通信格差是正事業は，「e-Japan 重点計画− 2003」等を踏まえて「世界最先端の IT 国家の実現」を目指す観点から，地域間のデジタル・ディバイド発生の防止，情報通信インフラの整備等の経費である．

⑥ 農業農村整備事業費

農業における基本的な生活手段である農用地の整備，開発，改良，保全等，農村地域の生活基盤の総合的な整備を行うもので，ⅰ 農業生産基盤整備事業，ⅱ 農村整備事業，ⅲ 農業等保全管理事業から構成されている．ⅰ の農業生産基盤整備事業は農業用用排水施設の新設または改修，畑地帯総合農地整備，緑資源整備等の経費である．ⅱ の農村整備事業は農道の新設または改修，農業集落排水，農村総合整備，農村振興整備等，農村の生活環境の向上等の経費である．ⅲ の農業等保全管理事業は農村の防災，保全，土地改良施設等，農村地域における農地等の保全管理等の経費である．

⑦ 森林水産基盤整備事業費

平成 8 年度までは「林道工業用水等事業費」，平成 9 年度からは「森林保全都市新幹線鉄道整備事業費」であったが，平成 13 年度から実態に即して森林・水産業に特化して名称が変更された．この事業は，ⅰ 森林整備事業，ⅱ 水産基盤整備事業から構成されている．この中で，ⅰ の森林整備事業は，造林事業，林道事業等の推進を図るための経費である．ⅱ 水産基盤整備事業は，わが国 200 海里水域内水産資源の持続的利用のための整備，漁港・漁場・漁村における水産基盤の整備を総合的に実施するための経費である．

⑧ 調整費等

公共事業の実施にあたり複数省庁別の公共事業における事業の縦割りによる弊害を排除し，各省庁間の枠を越えた連携の強化，推進を図るなどの調整を行うために必要な経費で，都市再生プロジェクト事業推進費，社会資本整備事業調整費，景観形成事業推進費等がある．

⑨ 災害復旧等事業費

台風，豪雨，地震などによる緊急措置的な事業に計上されるもので，ⅰ 災害

復旧事業，ⅱ災害関連事業から構成され，他の公共事業とは異なり，事業の長期計画は存在しない．

⑩ 公共事業関係費の変遷

公共事業関係費の配分は，時代とともに変化している．昭和40年代は経済成長に必要な基礎的なインフラ整備が優先され，道路，港湾事業に重点が置かれていた．50年代以降は，住宅，下水道，環境衛生，都市公園といった生活基盤の色彩が強い事業に重点が置かれた．「増税なき財政再建」が課題とされた昭和56年度以降は，ゼロまたはマイナスと厳しく予算が抑制されたため，平成2年までは配分比率に大きな変化がみられなかった．平成2年の日米構造問題協議において作成された「公共投資計画」に示された「生産関連重点化枠」の配分を通じて，再び国民生活の向上に資する分野に重点的な配分が行われた．平成6年度には財政審議会における「公共事業の在り方に関する報告」に基づいて，公共事業の各事業を生活環境整備，国土保全，産業基盤整備の3つに大別し，配分の見直しが行われた．そして，平成10年度中に全事業において費用対効果分析手法を導入し，事業の徹底した見直しを行い，平成10年度には68事業，11年度には92事業，13年度には272の事業の中止，休止あるいは縮小が決定された．平成14年度の公共事業関係費は，「現下の厳しい財政事情や国民経済に占める割合でみてわが国の公共投資の規模が欧米諸国に比べて非常に高いこと等を考えれば，投資規模についても見直しが必要」とされた「今後の経済財政運営及び経済社会の構造改革に関する基本方針」にしたがい，平成14年度の公共事業関係費が1割削減された．そして，平成15年度から5年間で公共事業の総合コストを15%削減（平成14年度と比較して）する「公共事業コスト構造改革」を推進するため，平成16年度予算から新たなコスト縮減の取組みを行っている．

3. 文教及び科学振興費

一般歳出の中で3番目に大きな比率を占めており，文教予算のほとんどが補助金や他会計への繰入などのかたちで一般会計の外にでていく．現在，わが国では，小学校・中学校は義務教育になっており，教育負担の状況は，公立小学校で

は1人当たり公費負担が72%の78.3万円，公立中学では66%の84.2万円という大きな額になっている．この経費は，① 義務教育費国庫負担金，② 国立学校特別会計へ繰入，③ 科学技術振興費，④ 文教施設費，⑤ 教育振興助成費，⑥ 育英事業費から構成されている．

① 義務教育費国庫負担金

文教及び科学振興費の中で最大の割合（約4割）を占めており，「義務教育費国庫負担法」及び「公立養護学校整備特別措置法」に基づき，義務教育諸学校の教職員給与費等の実質支出額の2分の1を国が負担するために必要な経費である．ただし，平成15年6月に閣議決定された「基本方針2003」において，「三位一体」改革を踏まえて「総額裁量制」の導入及び退職金手当て，児童手当の一般財源化のため，平成16年度から減額されている．

② 国立学校特別会計へ繰入

平成16年度に国立学校特別会計が廃止されたため，国立大学等に対する財政措置として「国立大学法人法」（平成15年）が施行された．これに基づいて設立される国立大学法人及び独立行政法人に対する運営費交付金，施設整備財源等の補助として教育振興助成費に計上している．

③ 科学技術振興費

科学技術の振興は，今後の日本の政策の中でも最重要項目となっており，「財政構造改革の推進方策」においても予算の増加が認められている．この経費は，ⅰ 基礎研究や経済活性化のための研究開発プロジェクト等の研究開発の促進，ⅱ競争的資金の充実，ⅲ 産学官連携による地域科学技術・地域経済の振興等科学技術の振興を図るための経費である．ⅰ の研究開発の促進は，ライフサイエンス分野（ガンに係る基礎研究，脳科学研究，ゲノム科学研究，ナノテクノロジー等の研究開発の促進である）．ⅱ の競争的資金の充実では，創造的な研究開発活動を展開していくため，研究者が研究機関の外部から研究資金を獲得することにより，競争的原理が働き，個人の能力が最大限に発揮できるようにするための経費が計上されている．例えば，ガンの革新的な予防・診断・治療法の開発，感染症その他の疾病の解明や治療法の開発等のニーズに応える科学技術を推進す

るため，厚生労働科学研究費助成金を計上している．

④ 文教施設費

公立の文教施設整備の促進のために地方公共団体に提供する補助金である．この経費には，ⓘ 公立文教施設費，ⓘⓘ 公立文教施設災害復旧費，ⓘⓘⓘ 公立文教施設費，ⓘⓥ 沖縄国立高等専門学校施設費から構成されている．これらは「義務教育諸学校施設費国庫負担法」（昭和 33 年）に基づき公立学校施設費の一部を国が負担するため必要な経費等である．ⓘⓘⓘ は文部科学省所管で中等教育学校等建物，公害防止工事等，ⓘⓘⓘⓘⓥ は内閣府所管・内閣本府で高等学校校舎等が計上されている．

⑤ 教育振興助成費

地方公共団体や民間が実施する教育活動に対して国が助成を行うための経費であり，ⓘ 生涯学習振興費，ⓘⓘ 学校教育振興費，ⓘⓘⓘ 義務教育教科書費，ⓘⓥ 国立大学法人運営費，ⓥ 国立大学法人施設整備費，ⓥⓘ 国立大学法人船舶建造費，ⓥⓘⓘ 私立学校助成費，ⓥⓘⓘⓘ スポーツ振興費，ⓘⓧ 独立行政法人大学評価・学位授与機構運営費，ⓧ 独立行政法人大学入試センター運営費，ⓧⓘ 独立行政法人国立高等専門学校機構運営費，ⓧⓘⓘ 独立行政法人国立高等専門学校機構施設整備費，ⓧⓘⓘⓘ 独立行政法人メディア教育開発センター運営費，ⓧⓘⓥ 独立行政法人国立大学財務・経営センター運営費，ⓧⓥ 独立行政法人日本スポーツ振興センター運営費，ⓧⓥⓘ 独立行政法人日本スポーツ振興センター運営，ⓧⓥⓘⓘ 独立行政法人日本スポーツ振興センター設備整備費から構成されている．ⓘⓘ の学校教育振興費は，放送大学学園補助，高等学校の定時制教育及び通信教育の振興，理科教育の振興等から構成されている．このうちⓘⓥⓥⓥⓘⓘⓧⓧⓘⓧⓘⓘⓧⓘⓘⓘⓧⓘⓥ の項目は，国立学校特別会計が廃止され，国立学校法人及び独立行政法人に対する運営交付金または施設整備財源等の補助として，平成 16 年度から計上されたものである．

⑥ 育英事業費

優れた学生及び生徒であって経済的理由により修学に困難がある者に対し，独立行政法人日本学生支援機構が学資の一部を無利子または有利子で貸与するために必要な経費であり，ⓘ 育英資金貸付金，ⓘⓘ 育英資金利子補給金，ⓘⓘⓘ 育英資金

返還免除等補助金，ⅳ 独立行政法人日本学生支援機構運営費交付金から構成されている．このうち ⅲ と ⅳ の項目は，日本育英会から独立行政法人日本学生支援機構に名称が変更されたことから平成16年度から計上されたものである．

(3) 恩給関係費

恩給は，公務員が相当年限勤務して退職した場合，公務において怪我をしたり病気にかかって退職した場合，公務のために死亡した場合において，国が公務員またはその遺族に給付するものであり，国家補償の性格を有するものである．恩給を受けられるのは，共済組合制度に移行する前に公務員を退職した人やその遺族，旧軍人やその遺族，文化功労者が対象になっており，平成16年予算人員では約128万人になっている．これには，① 文官等恩給費，② 旧軍人遺族等恩給費，③ 恩給支給事務費，④ 遺族及び留守家族等援護費の4項目がある．① の文官等恩給費には，国会議員互助年金（議員年金の受給資格は在職10年以上で，国庫負担率は3分の2になっている），文官等恩給費，文化功労者年金（年間350万円）がある．②④ の対象者はいずれも高齢化しており，減少傾向にある．

(4) 防衛関係費

防衛関係費は，一般歳出の中で4番目に大きい割合を占めており，憲法第9条との関係から政治的論争の多い経費である．平成元年度に防衛関係費の対

表4－3　防衛関係費の内訳と推移

(単位：億円，％)

区　分	平成元年度	5年度	7年度	12年度	17年度
人件・糧食費	16,136	19,396	20,714	22,034	21,562
歳出化経費	14,682	17,479	16,760	17,810	17,362
一般物件費	8,381	9,652	9,761	9,373	9,377
（正　面）	380	298	190	129	441
（後　方）	8,001	9,234	9,571	9,244	8,936
SACO関連事業費	－	－	－	140	263
合　計	39,198	49,397	47,236	49,358	48,564
対GDP比	1.006	0.937	0.959	0.975	0.944

出所）財務省広報『ファイナンス』各年度予算特集号より作成

GNP比が1.006%と1%を超えたが,平成2年度以降は1%の枠内に収まっている.主要経費別では,防衛本庁,防衛施設庁,安全保障会議から構成されているが,通常表4－3のように人件・糧食費,歳出化経費,一般物件費の3分類と平成8年度から設けられたSACO関連事業に分けられることが多い.

人件・糧食費は,自衛隊員の給与や営内居住している隊員の食料費等で4割を超えており,しかも年々増加している.歳出化経費は,当該年度以前に発注・契約(複数年度契約)された案件についてその年度に支払う経費で4割近くを占めており,これらの義務的経費が全体の約8割を占めている.一般物件費は正面と後方に分類されており,正面は陸・海・空の各自衛隊が戦闘正面において使用される戦車,戦闘機,護衛艦等購入の経費である.これ以外の経費が後方で約2割を占めているが,この範囲は広く,①油購入費・修理費等の自衛隊の維持・訓練費,②在日米軍駐留経費負担(いわゆる思いやり予算と呼ばれるもので,米軍に対する提供施設整備,基地従業員の労務費,光熱水料費等の負担),③日米地位協定に基づく基地周辺対策費(住宅防音等の騒音防止事業等),④補償経費(土地の借料等),⑤災害派遣,⑥研究開発・施設整備等から構成されている.なお,表4－3の一般物件費の費用は当該年度に支出されるもので,契約ベースの費用は含まれていない.新規契約された一般物件費の大宗は後年度負担,すなわち歳出化経費となる.

SACO関連事業は,沖縄県に所在する在日米軍の施設・区域の整理・統合・縮小を図ることを目的として平成8年度に設置された「沖縄に関する特別行動委員会(Special Action Committee on Okinawa)」に関する経費である.これは「土地の返還」「訓練及び運用の方法の調整」「騒音軽減イニシアティブの実施」「日米地位協定の運用の改善」の4つの柱から構成されており,具体的には返還地に所在する米軍施設の移設,県道104号線超え実弾射撃訓練の移転先演習場における安全管理施設の整備費,那覇港湾施設の返還に係る移設調査費等である.

以上のように,防衛関係費は人件・糧食費,歳出化経費,一般物件費のうち後方経費の大部分は固定費としての性格が強く,予算編成においては自由裁量の余地がほとんどなく,予算がほぼ自動的に決まってしまうという特徴がある.

冷戦が終結した現在，防衛関係費のあり方についてさまざまな議論が行なわれている．平成8年の新防衛大綱では，現在18万人いる自衛官の定数を16万人に，陸上自衛隊では現在13個師団を8個師団に，海上自衛隊では現在10個隊の護衛艦部隊を7個隊に，航空自衛隊の航空警戒官制部隊では28個警戒群を8個警戒群に減少するなどの縮小を計画している．しかし，日本にある137個所の米軍基地のうち75%が沖縄にあり，米軍4万6千人のうち60%が沖縄に駐留していることから，沖縄に基地が集中しているという批判は消えない．国際情勢が大きく変化するとともに，自衛隊のイラク派遣，有事関連法制をめぐる議論，国際平和協力のための体制作りの検討，大規模災害等への対応等に関する問題も含めて，冷戦後の自衛隊のあり方が模索されている．

(5) 経済協力費

主要経費別では，① 内閣府所管，② 外務省所管，③ 財務省所管，④ 文部科学省所管，⑤ 厚生労働省所管，⑥ 農林水産省所管，⑦ 経済産業省所管に分類されている．① の内閣府所管は，国際開発金融機関協力経費である．② 外務省所管は，政府開発援助経済開発等援助費（イラク復興支援や感染症対策等の無償援助），政府開発援助食料増産等援助費，政府開発援助国際協力銀行交付金，政府開発援助国際協力事業団交付金，政府開発援助独立行政法人国際協力機構運営費交付金，国際分担金・拠出金（国際連合分担金，国際連合食料農業機関分担金，ユネスコ分担金，赤十字国際委員会拠出金等），その他から構成されている．③ の財務省所管は，政府開発援助国際協力銀行出資金，国際開発金融機関出資金等から構成されている．④ の文部科学省所管は，外国人留学生等経費，外国人留学生受入関係団体補助，その他から構成されている．⑤ の厚生労働省所管は，政府開発援助世界保健機関分担金等から構成されている．⑥ の農林水産省所管は，国際漁業振興協力事業費から構成されている．⑦ の経済産業省所管は，海外開発計画調査事業費，経済産業人材育成事業費，その他から構成されている．

経済協力費は，政府開発援助（ODA：Official Development Assistance）予算と重なっているため，経済協力費の政策目標はODAの目標より推測できるので，

ここではODA予算に焦点をおいて概説する．ODAについては，経済協力開発機構（OECD：Organization for Economic Cooperation and Development）の定めた基準があって，① 供与主体が政府または政府の実施機関であること，② 供与条件が商業ベースと比較して比較的緩やかなものであること，という2つの要件が満たされる必要がある．わが国のODAは，「政府開発援助大綱」の基本理念としては，① 開発途上国における飢餓と貧困を看過できないとの人道的見地，② 開発途上国の安定と発展が世界全体の平和と繁栄にとって不可欠という意味での国際社会の相互依存関係の認識，③ 先進国と開発途上国が共同で取り組むべき課題としての環境保全，④ 開発途上国の離陸に向けての自助努力支援の4つの指針を挙げている．

ODAにはさまざまなタイプがあるが，これを分類すれば2国間援助と国際機関への出資・拠出に大別される．2国間援助は援助の内容や形態のちがいに応じて，援助資金を無償で供与する無償資金協力，援助資金を融資する有償資金協力，開発途上国の人材育成と技術向上を目的にした技術協力の3つに分けられる．無償資金協力とは，対象国に返済の義務を課さずに資金を供与するもので，学校・病院等の建設，自然災害被災民の救済，食糧援助等であるが，最近は環境分野および人道支援等にも供与されている．有償資金協力とは，開発途上国に対して経済発展等を目的として，低利の長期資金を貸し付けるもので，道路・下水道・電気などの社会的インフラ整備等の事業に供与するものである．技術協力とは，開発途上国の人材育成およびわが国と開発途上国との相互理解・親善を深めることを目的に，国際協力事業団（JICA）を中心に青年海外協力隊の派遣，外国人留学生受入，専門化の派遣，機材の供与等である．国際機関への出資・拠出は，国際連合分担金，国際連合食料農業機関分担金，ユネスコ分担金，国際連合人口基金拠出金，国際連合環境基金拠出金，赤十字国際委員会拠出金等である．

ODAの下部組織である開発援助委員会（DAC：Development Assistance Committee）加盟国（日本，アメリカ，フランス，ドイツ，イギリス，イタリア，カナダ，オランダ，スウェーデン，オーストラリア，デンマーク，ノルウェー，ベルギー，フィンランド，スイス，オーストリア，ニュージーランド，アイルラ

表4－4 主要国のODA実績の推移

実績値（1999～2003年）

	1999年		2000年		2001年		2002年		2003年	
	(百万ドル)	順位	(百万ドル)	順位	(百万ドル)	順位	(百万ドル)	順位	(百万ドル)	順位
米　　国	9,145	②	9,955	②	11,429	①	13,290	①	15,792	①
日　　本 (シェア, %)	12,162 (22.8)	①	13,508 (25.1)	①	9,847 (18.8)	②	9,283 (15.9)	②	8,911 (13.0)	②
フランス	5,639	③	4,105	⑤	4,198	⑤	5,486	③	7,337	③
ドイツ	5,515	④	5,030	③	4,990	③	5,324	④	6,694	④
英　　国	3,426	⑤	4,501	④	4,579	④	4,924	⑤	6,166	⑤
イタリア	1,806	⑦	1,376	⑩	1,627	⑩	2,332	⑦	2,393	⑦
カナダ	1,706	⑨	1,744	⑧	1,533	⑪	2,006	⑧	2,209	⑧
DAC計	53,233		53,734		52,335		58,274		68,483	

出所）財務省広報『ファイナンス』462号　2004年5月
備考）1．2003年は暫定値
　　　2．東欧向けを除く
　　　3．2002・2003年の実績値の6位はオランダ

表4－5　2国間ODAの地域別配分の推移

	1990	1999	2000	2001	2002	2003
アジア	59.3	63.2	54.8	56.6	60.7	53.6
中　東	10.2	5.2	7.5	3.9	3.1	6.9
アフリカ	11.4	9.5	10.1	11.4	8.7	8.8
中南米	8.1	7.8	8.3	9.9	8.8	7.7
大洋州	1.6	1.3	1.6	1.4	1.4	0.9
欧　州	2.3	1.4	1.2	1.6	1.8	3.6
その他	7.1	11.7	16.5	15.3	15.5	18.5
	100.0	100.0	100.0	100.0	100.0	100.0

出所）外務省編『政府開発援助（ODA）白書』（2004年版）2004年
備考）四捨五入の関係上，合計が一致しないことがある

ンド，スペイン，ポルトガル，ルクセンブルグ，の21カ国とEUの1機関）の中でわが国は，表4－4にみられるように平成3年度から平成12年度まで援助額が実績額世界第1位になっていたが，2国間政府貸付の減少を主因としてトップの座をアメリカに譲ったものの，なお世界第2位の座にある．わが国のODAの地域別配分をみると，表4－5のように2国間援助の約半分がアジア諸国向けとなっているが，近年，アフリカ，中南米諸国などアジア以外の国々に対する援助を推進しており，地域的な広がりをみせている．このように，わが国の

援助はすでに量的には十分な水準になっており，開発途上国の実状を十分踏まえたきめ細かい援助を行い，質的向上を図っていくことが強く求められている．

(6) 中小企業対策費

わが国は企業数の99％が中小企業であり，全従業員の8割以上を占めており，わが国の経済の基盤となっているので，中小企業の育成及び発展並びにその経営の向上を図る施設に関し計上される経費である．所管は，財務省，経済産業省，厚生労働省にまたがっており，このうち3分の2が経済産業省の所管である．財務省所管は，第三者保証人特例措置等補給金，中小企業総合事業団信用保険部門出資金から構成されている．経済産業省所管は，中小企業事業環境整備費，中小企業総合事業団事業運営経費，独立行政法人中小企業基盤整備機構運営費，中小企業金融公庫補給金，中小企業金融公庫出資金，中小企業経営支援費，小企業等経営改善資金融資制度（小企業等経営改善資金の融資機関である国民生活金融公庫に対する融資補給金），中小企業の創業及び育成支援費，中小企業新技術研究開発推進費，その他から構成されている．厚生労働省所管では，独立行政法人勤労者退職金共済機構運営費，中小企業退職金共済制度実施費から構成されている．

(7) エネルギー対策費

わが国は，天然資源に恵まれないため，必要とするエネルギーの大部分を輸入に頼っているので，エネルギーの長期的かつ安定的な供給を確保することと，原子力及びエネルギー技術の研究開発の促進，石油及びエネルギーの需給構造を強化することに重点を置いている．これは原子力平和利用研究促進費等，石油及びエネルギー需給構造高度化対策特別会計へ繰入，国際原子力機関分担金等，その他から構成されている．

(8) 食料安定供給関係費

戦後「食糧管理法」によって主食である米については，政府が価格，流通を厳

しく管理してきた．しかし，平成7年に「食糧管理法」が廃止され，「主要食料の需給及び価格の安定に関する法律」（食料法）が施行されたことに基づいて平成8年度に「主要食料関係費」名称が変更された．その後，平成11年に「食料・農業・農村基本法」が施行され，国内農業生産の発展を図るための政策目標を「食料・農業・農村基本計画」（平成12年12月）に即して実施することから，平成13年度から「食料安定供給関係費」に改称された．これは食糧管理特別会計調整勘定へ繰入，農業生産振興費，水田農業構造改革対策費，農業経営対策費，農林漁業金融費，水産業振興費，その他から構成されているが，食糧管理特別会計調整勘定へ繰入と水田農業構造改革対策費の2項目で約56％を占めている．

(9) その他事項経費

これまでみてきた「主要経費別分類」に該当しない経費がこれに含まれる．この経費は，防衛庁と防衛施設庁を除くすべての省庁に計上されており，公共事業関係費に次いで大きな経費で年々増加している．これは沖縄関係経費，北方対策費，青少年対策費，独立行政法人平和記念事業特別基金事業運営費，文化関係費，肉用子牛等対策費，農業保険費，農業振興対策費，林業振興費，鉄道建設及運輸施設整備等助成費から構成されている．ただし，この中には主要経費に該当すると思われるような経費が「その他事項経費」に含まれており，どのような項目がこの経費の中に含まれるかは明確な基準はない．

(10) 改革推進公共投資事業償還時補助等

平成13年度補正予算において「改革推進公共事業」特別措置として計上した無利子貸付事業等について，産業投資特別会計に対する償還または繰戻しが開始されることに伴い，各事業主体に対して，無利子貸付金に相当する金額の補助または事業に要した費用に相当する金額の繰入を行うこと等のために必要な経費で，平成16年度から計上された．

(11) 予備費

予見しがたい予算の不足に充てるため計上されるものである.

参考文献

片山泰輔編『図説　国家予算の仕組み』東洋経済新報社　1999年
西村紀三郎監修　速水昇編『財政学』学文社　1997年
財政政策研究会編『財政データブック』大蔵財務協会　2003年
川北力編『図説　日本の財政』(平成16年度版)東洋経済新報社　2004年
財務省財務総合政策研究所編『財政金融統計月報』各年度予算特集号
財務省広報『ファイナンス』各年度予算特集号
財務省主計局調査課編『財政統計』(平成11年度版)1999年
外務省編『政府開発援助(ODA)白書』(2004年版)2004年

第5章
住民と地方財政

第1節 コミュニティにおける自治と負担

(1) 住 民

　住民は，国民であると同時に都道府県民であり，市町村民であり，地域社会に住む住民でもある．住民とは，空気と水と景観を共有する存在であるという[1]．日本というひとつの国家をみても，それぞれの地域の自然環境や景観，それを包む空気は多様であり，そこに住む住民の生活は多様であり，多彩である．この多様で多彩な住民の生活は，さまざまな課題を抱えそれに対する多様な住民ニーズを生み出す．多様なニーズは，多様な要望を生み，それぞれの地域にあった独特の行政サービスが求められる．

(2) 地域社会と補完性の原理

　それぞれの地域の気候，風土による差，歴史的・文化的，地理的な地域差は，単一的，均一な手段や方法によって問題を解決するのを不可能にしている．空気や水や景観が異なる地域による多様な問題解決は，多様な主体による多様な解決策を模索するものである．

　「個人でできることは個人が，個人でできないことは家族が，家族で解決できないことは地域社会が，地域社会で解決できないことは市町村が，市町村で解決できないことは都道府県が，都道府県で解決できないことは国が，国が解決できないことは国際社会が解決していかなければならない」とする補完性の原理の適応は，欧米のみならず地方分権を具現化しようとする今日の日本においてもきわめて重要な原理になりつつある．

　地域の実情により発生する問題は，それぞれの地域住民が地域の中で発生する共通の問題を地域社会自身が解決するのが最も効率的である．そのためには，地域社会に問題解決能力が求められる．

　個人や家族で解決できない地域住民の共通の課題を地域社会が解決するためには，町内会等，小学校区，あるいは中学校区程度の異なる範域を前提に問題解決を模索する．あるいはもう少し広域的な単位，市町村単位，あるいは市町村を内

包する都道府県単位で問題解決にあたるケースも出てくる．

(3) 受益と負担

　例えば，ごみの集積場を掃除するという地域の小さな課題を考える．この課題を個人で毎日それぞれが掃除するより，近隣に住みそこを利用する人が順番を決めて掃除する方が合理的である．お互いの顔のみえる町内会単位規模においては，受益者が均等に負担を分け合うというルールが生まれる．町内会の加入は自動加入，半強制加入ともいわれ，当該町内会内に住む住民の大半が加入する．地域社会の負担の公平性を確保するためには，多くの場合，その当該サービスから受ける便益に応じてその負担を分ける応益原則によって負担されている．

　小さな地域社会は，お互いの情報を共有し合う透明性の高い社会である．このような所では，コミュニティの中での公平性の高い負担分任が可能になる．そのような狭い範囲で，負担の公平を強要してしまうと応益原則は適用困難になるケースが生まれる．例えば，体の弱い一人暮らしの独居老人とファミリー世帯とでは地域社会に対する貢献能力に差がある．町内会等のようにお互いの顔や生活がよくみえる社会では，それぞれの情報を相互に共有することによりフリーライダーを許さず，受益を基準にした負担の公平性が確保される．また，情報の共有により，それぞれの負担能力に応じた応能原則による地域維持も可能になる．

　町内会等の地縁組織の多くは応益原則に基づいて活動する．これらの活動の弱い地域においては，応能原則に基づくNPOやボランティア活動といった高い市民活動組織によって応能原則に基づいて行われている．これは，それぞれの課題に関心のある対応可能な人たちの主体的行動であるので，主体性や自発性の高い対応能力の高い団体の有無がその地域社会の問題解決能力を決定する．

　地域というそれぞれの範囲によって，地域的課題を解決しようとする地縁型地域組織とNPOやボランティア団体に代表されるようなテーマ別の市民活動組織の連携によって初めて，住民が地域の課題を解決する主体となりうる．両者の連携がコミュニティの中で求められるのである．

　このように自分達の問題を自分達で解決するのが，自治の基本である．コミュ

ニティにおける問題解決手段は，コミュニティの住民が提供する労力，時間，お金である．これを有効に機能する地域社会を作るのは，情報の共有性と個々人の自発性と主体性のネットワーキングが必要である．ここでのルール設定や負担のあり方の決め方は，地方自治の原点になる．

第2節　地方自治と財政

(1) 地方自治（分権）の定義と特徴

　自治とは，自分達の問題を自分達で解決することをいう．地方自治とは，基本的には，当該地方自治体の問題は当該地方自治体が自らの問題を解決することをいう．そこで，地方自治を「行政の意思決定とか権限行使を，中央政府から何らの干渉や制限を受けることなく，地方の行政機関（都道府県とか市町村）が自分でできること」[2]と定義づける．地方自治と一緒に良く使われる言葉に地方分権があるが，地方分権とは，「行政の意思決定とか権限行使を，地方の行政機関（都道府県とか市町村）ができるようにすること，あるいは権限行使ができる範囲を広げること」[3]を意味している．両者は大体同じ意味である．強いて違いを強調すれば，地方自治とは地方自治体が自主的，自律性を発揮できる状態にあることをいう．それに対して，地方分権は地方自治の範囲の拡大や内容の強化といった変化方向性が本来の意味である．

　前述の地方自治の定義はかなり高い水準の地方自治を想定している．しかしながら，地方政府が「中央政府から何らの干渉や制限を受けることなく」活動できることはむしろ少ない．前述した地方自治の定義は理想的なものである．実際には，行政の意思決定とか権限行使を，ある程度，地方自治体が自分でできれば，地方自治と呼んでよいであろう．

　地方自治ないし地方分権の利点は，次の5点であるといわれている．①国の縦割り行政が阻害していてできなかった，地方レベルの総合行政が可能になる．②地方毎の特徴を反映した地域づくりが可能となり，地方公共団体の政策立案能力が育つ．③地方自治体の自助の意識と努力が向上し，国への依存体質を脱

却する．④ 地域に中枢・中核機能が育成され，地域活性化が促進される．⑤ 東京一極集中や「大きな政府」を是正する．などがその理由として挙げられる．

　反対にその弊害も生じてくる．例えば，① 国全体の統一的行政が行われにくくなる．② 地域間の経済力や財政需要の差異の調整が難しくなる．③ 地域内の対立や利害調整が困難になることがある，等が挙げられる．地方分権，地方自治を推進することによって，地域の独自性が発揮される場合，国民国家としての日本全体の利益よりも，地方の部分的利益が優先される可能性が高い．日本の制度は全体として中央優位に運営されていたため，地方分権が強く主張される．中央集権も地方分権もそれぞれ利害得失がある．どちらかが一方的に素晴らしい制度ではなく，時代的要請や気候風土・文化等の違いによって分権か集権かの優先順位が決まる．

(2) 地方自治の構成要素

　地方自治は，2つの要素からなる．「団体自治」と「住民自治」である．地方自治の本質は，住民自治にあり，それは他でもない自分達の地域の問題を住民自らで解決することであり，その解決主体は，当該自治体の政治であり，行政であり，そこに住む住民自身なのである．また，現在の日本のような民主主義制度の下においては，団体自治の確立ないし団体自治における地方分権が，全体的な地方自治の促進に有益である．

　地方政府は，中央政府から何らの干渉や制限を受けることなく，自由に公共サービスを行いうる立場に立っていることが必要であるが，地方政府が団体として自律的に運営されることが，団体自治である．団体自治権が確立していれば，形式的な「自治」は成立する．

　「地方政府の意思決定は，住民の意志から遊離して行われてはならず，公共サービスの給付も，住民の選好に従って行われねばならない」．そのため，地方行財政運営に住民の意思が反映されなければならない．これが，住民自治である．民主主義手続きが確立していれば，理論上の住民自治も達成される．地方議会や首長（知事，市町村長）は住民による投票で選ばれるので，当然に住民の意思に

従って，行政を運営することが期待できるからである．

　選挙による投票以外にも，住民投票という形で住民の意思を直接問う制度や，住民による意思決定を直接表明する場は多々存在する．例えば，① 首長や議員に対する住民からの働きかけ，② 担当官への働きかけ，③ 各種懇談会等，④ 議会の請願・陳情，⑤ アンケート調査，⑥ パブリック・コメント等が挙げられる．

(3) 地方自治と補完性原理および地方自治とナショナル・ミニマム

　日本の地方行財政制度は，戦後日本の大きな枠組みを決める昭和24年8月のシャウプ勧告によって，「国と地方の行政事務配分」の基本原理が提示された．① 行政責任明確化の原則，② 能率の原則，③ 地方団体（特に市町村）優先の原則がそれである．これをもとに，「国と地方との行政事務」に関して「神戸勧告」が出され，委任事務を廃止し市町村優先の自治制度に向けた提案が行われた．しかし，その提案は不完全な形でしか受け入れられず，中央政府による統制は続いた．これが日本の地方自治は3割自治ともいわれる背景となった．

　この考え方は重要視されたが，実行面では十分でなかった．高度経済成長期やその後の社会経済状況の変化を経ても，現実には機関委任事務といった国の委任事務の割合が高く，国の統制が強められた．シャウプ勧告や神戸勧告の精神は，地方自治の精神においては尊重されたが，その実行は不完全であった．

　このような背景を生み出した理由は，歳出を賄うための自主財源が，恒常的に不足していたからである．それで，戦後の，日本の地方自治＝分権の主張は，財源要求に結びつくことになった．

　地方公共団体の側に，歳出を賄う収入（税収）が恒常的に不足するには，2つの理由があった．第1は，基礎自治体としての市町村が，可能な限りは行政サービスを提供することになったことである．これが特に市町村の任務を重くした．市町村ではできない広域的な業務は都道府県が行い，地方自治体が行うには不適当ないし困難な仕事は，国が行うものとされたことである．

　前述した地域社会と補完性の原理は，国・自治体という政府部門が何かを行う前に，個人が努力するという考えをいう．個人と政府部門では個人の努力が先に

あり，個人の努力ではできない場合は政府が行うという考え方である．政府の中でも，住民とより密着する下級自治体から先に仕事を行うことになる．

これは地方自治体を尊重しているようにみえる．確かにその通りではあるが，この業務分担を前提にすると，住民に新しい行政サービスへの要求が生じた場合，それに第一に応えるのは市町村になる．また，義務教育のように不可欠なサービスも基本的には市町村の仕事である．市町村の業務が拡大し，それに必要な資金も増大していく傾向が制度的に組み込まれているのである．これは担当者の決まっていない新規ニーズへの対応は，まず市町村の仕事になる．新規・地域的ニーズへの的確な対応の必要が地方自治体の負担を増大させる．

第2次世界大戦後の日本は，1973年までは奇跡とまでいわれた経済成長を実現した．公害問題等それに伴う社会的費用も大きかった．そのような問題に最初に対処するのは市町村であり，予期せぬ支出が生じることも多かった．その後，自動車の普及により，地方都市の中心市街地の空洞化が生じた．これに対する有効な対策は中々ないが，「何かをする」「何とかする」ことが自治体に求められた．日本国内に多くの外国人労働者が働いている．ある部分は不法就業者であり，不利な立場に乗じて雇い主が賃金不払い等不当な扱いをすることもある．病気になった時も保険には入っていない．このような問題に最初に対処を要求されるのも市町村であり，都道府県である．自治・分権を全うするのは多大な負担をも意味するのである．そして，財源の手当ては事後的である．

第2は，自治体が同じ水準，同じ内容の行政サービスを提供することが求められたことである．憲法第25条は，「すべて国民は，健康で文化的な最低限度の生活を営む権利を有する」とし，「国は，すべての生活部面について，社会福祉，社会保障及び公衆衛生の向上及び増進に努めなければならない」としている．これは，生存権を保障したもので，最も狭義のナショナル・ミニマム（国民に最低限保障すべき行政水準）である．

すべての国民が対象であるから，所属する市町村の財政状況はこのサービスを受ける国民に何の関係もない．市町村の側からすると，その財政状況に係わらず，他の市町村と同じ行政サービスを提供しなければならないのである．そうすると，

行政サービスは均一的であるから，歳出規模が比較的揃う．むしろ，小規模自治体は規模の経済性が働かず結果的に高くつくことが多い．財政力（税収を得る能力）は人口と関係が深いことが多いので，金がない市町村程，むしろ住民1人当たりの経費は高くつくことが多い．反面，歳入の大部分を成す税収は，経済力を増幅して反映する．1人当たり所得が高い市町村ほど，1人当たりの負担率が高い傾向にある．

　この歳出と歳入の乖離を埋めようとすると，国から地方に財政資金を回す（資金移転）ことになる．他の方法もあり得るが，現実的な方法は中々ない．例えば，裕福な自治体から貧乏な自治体に，直接財政資金を与える方法も考えられる．その場合，誰が資金移転額を決めるか，資金移転が確実に行われることをどう担保するかを考えると，現実的とはいい難い．

　国が地方に資金移転を行うのであれば，資金移転を行う額はなるべく少ないことが望ましい．富裕な団体に余計な資金を与えると，中央・地方を合わせた財政の中で，資金移転の負担が大きくなるからである．結局は，最も富裕な団体が，収支の均衡が取れる形で地方税制を構成し，国が集める税金で歳入が不足する団体に資金移転することになる．結果として，多くの地方公共団体で，歳出が自主財源を上回る．

　ナショナル・ミニマムも，どの水準がナショナル・ミニマムかという具体的基準はない．社会＝住民が望むサービスで提供されれば，全体に波及するため，すべての住民＝国民が享受することになる．財政力が豊かな東京都で，高齢者への公共交通の無料化を行えば，多くの自治体がそれに追随するような形で，ナショナル・ミニマムの水準向上が行われたのである．金がある自治体が行政サービス水準を向上させ，他の自治体は金の有る無しに係わらずそれを真似すれば，財政資金は常に不足することとなる．

(4) 日本の地方自治

　日本の地方自治は諸外国に比べて批判されることが多い．連邦国家における州と日本の県を比較すれば，確かに権限は小さい．しかし，日本の市町村は例外的

ともいえる程，行政権限が大きく強い．課税権もむしろ大きい．それでも，日本の制度が中央集権的といわれるのは，地方公共団体は，税収に比して過大な行政サービスの提供を求められているからである．相対的な財源不足が，国の介入を許すというより，国の財源を求める重要な原因となっている．

第3節　地方財政の構造

(1) 地方財政構造

　そこで，実際に現行の地方財政制度を概観していくこととする．地方公共団体（都道府県・市町村）全体の財政を地方財政という．地方財政の規模は国の規模よりも大きい．図5－1にみられるように目的別経費毎に国・地方を通じる純計歳出は，防衛，年金・恩給，公債費以外の費用項目は国より地方の方が多い．一般的行政サービスの多くは地方が担っていることは明らかである．

　また，地方財政は政府部門においても国民経済においても，大きな割合を占めている．2002（平成14）年度の決算額は，歳入純計で97兆1,702億円，歳出純計で94兆8,394億円である．

(2) 地方歳入

　わが国の地方公共団体の歳入は，表5－1に示されているように，主に地方税，地方交付税，国庫支出金，地方債から構成されている．最近の地方税は，35％前後の比率で推移しており歳入項目中もっとも高い構成比であるが，不況により減少傾向にあること，建設事業の財源となる国庫支出金が同じく減少傾向にあることが概観できる．また，同表よりわが国の地方財政は35％前後を地方交付税，国庫支出金，地方譲与税といった国から移転された財源に依存して営まれているが理解できる．

図5-1 国・地方を通じる純計歳出規模（2002年度）

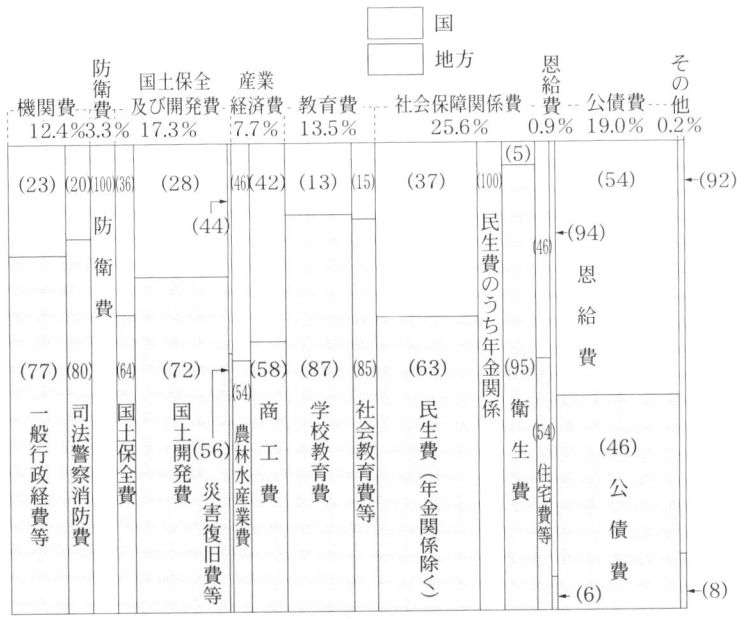

機関費	防衛費	国土保全及び開発費	産業経済費	教育費	社会保障関係費	恩給費	公債費	その他
12.4%	3.3%	17.3%	7.7%	13.5%	25.6%	0.9%	19.0%	0.2%

国・地方の割合（％）：
- 一般行政経費等：国(23)／地方(77)
- 司法警察消防費：国(20)／地方(80)
- 防衛費：国(100)
- 国土保全費：国(36)／地方(64)
- 国土開発費：国(28)／地方(72)
- 災害復旧費等：国(44)／地方(56)
- 農林水産業費：国(46)／地方(54)
- 商工費：国(42)／地方(58)
- 学校教育費：国(13)／地方(87)
- 社会教育費等：国(15)／地方(85)
- 民生費（年金関係除く）：国(37)／地方(63)
- 民生費のうち年金関係：国(100)(5)
- 衛生費：国(5)／地方(95)
- 住宅費等：国(46)／地方(54)
- 恩給費：国(94)／地方(6)
- 公債費：国(54)／地方(46)
- その他：国(92)／地方(8)

出所）総務省『地方財政白書』平成16年版
備考）（　）内の数値は，目的別経費に占める国・地方の割合を示す

（3）地方歳出

　表5-2の目的別歳出各項目をみると，土木費，教育費，民生費，公債費の順で高い比率を占めている．土木費は道路，河川，住宅，下水道，公園，街路，公共施設建設，維持のための費用で，全体の中で最も大きな比率を占めているが，財政難より減少傾向にある．教育費は，主に小・中，高等学校における教職員給料や設備に関する費用である．民生費は，① 生活保護対象者への金銭給付である生活扶助費，② 保育所，その他の児童福祉施設に関する支出である児童福祉費，③ 老人ホームに関する費用などの老人福祉費などから構成されており，少子高齢化社会の到来とともに，今後さらに増加する可能性の高い支出である．公債費は，借金（公債発行）が続けば大きくなる費用であり，借金が続けば，それ自身が財政困難の理由となる．

表5－1　歳入純計決算額の推移（決算）

(%)

	平成元年	2年	5年	7年	10年	12年	14年
地方税	42.6	41.6	35.2	33.2	34.9	35.4	34.4
地方譲与税	2.0	2.1	2.1	1.9	0.6	0.6	0.7
地方交付税	18.0	17.8	16.2	15.9	17.5	21.7	20.1
国庫支出金	13.8	13.2	14.4	14.8	15.2	14.3	13.4
地方債	7.5	7.8	14.0	16.8	14.7	11.1	13.7
その他	16.1	17.5	18.1	17.4	17.1	16.9	17.7
合計（億円）	745,667	804,100	953,142	1,013,156	1,028,689	1,002,751	971,702

出所）地方財政調査研究会編『地方財政統計年報』地方財務協会　各年度版より作成

表5－2　目的別歳出純計決算額の構成比（決算）

(%)

	平成元年	2年	5年	7年	10年	12年	14年
総務費	12.8	13.4	10.0	10.1	8.6	9.4	9.0
民生費	10.6	10.5	11.4	12.1	13.4	13.7	15.1
衛生費	5.6	5.9	6.7	6.5	6.6	6.7	6.8
労働費	0.6	0.6	0.6	0.5	0.5	0.5	0.5
農林水産業費	6.6	6.3	6.7	6.9	6.4	6.0	5.4
商工費	4.2	4.4	5.4	5.7	6.2	5.6	5.3
土木費	22.6	22.3	24.3	23.3	21.9	20.0	18.6
消防費	1.7	1.8	1.8	1.8	1.9	1.9	2.0
警察費	3.3	3.3	3.4	3.3	3.4	3.5	3.6
教育費	21.0	21.1	19.9	18.9	18.6	18.5	18.6
公債費	8.7	8.3	8.1	8.8	10.9	12.7	13.8
その他	2.3	2.1	1.7	2.1	1.6	1.5	1.3
合計（億円）	727,290	784,732	930,764	989,445	1,001,975	976,164	948,394

出所）地方財政調査研究会編『地方財政統計年報』地方財務協会　各年度版より作成

(4) 地方財政計画

　地方財政，特に日本の地方財政の特徴は，図5－2にみられるように国と深い関係がある．国との地方財政全体との関係をみるためには，地方財政計画をみることが重要である．地方財政計画は，「内閣は，毎年度左に掲げる事項を記載した翌年度の地方団体の歳入歳出総額の見込額に関する書類を作成し，これを国会に提出するとともに，一般に公表しなければならない」（地方交付税法第7条）との定めにより作成される．「左に掲げる事項」とは，同条1と2に書かれているもので，自治体の歳入と歳出項目が書かれている．これは，国から地方に提供

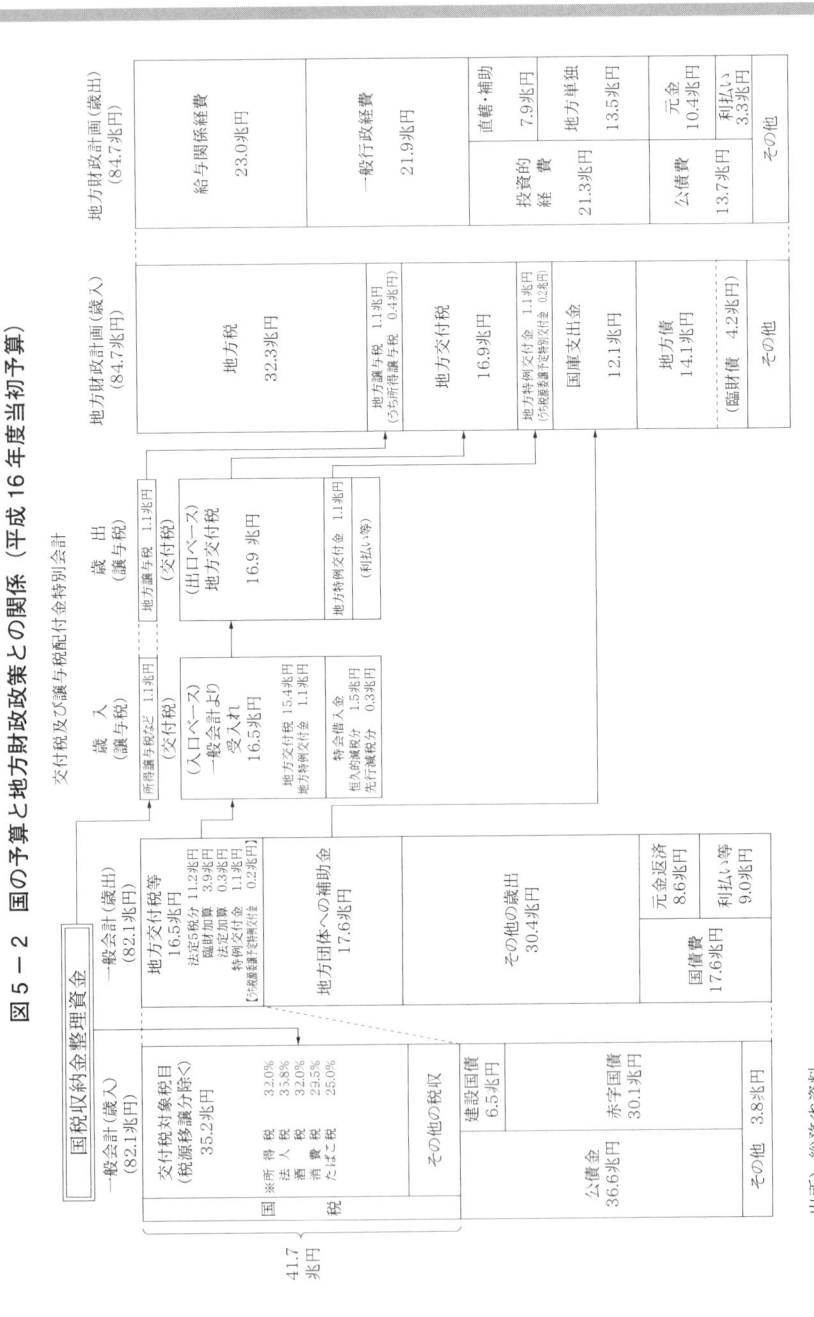

図5-2 国の予算と地方財政政策との関係（平成16年度当初予算）

国税収納金整理資金

一般会計（歳入）
（82.1兆円）

交付税対象税目
（税源移譲分除く）
35.2兆円

国税	
所得税	32.0%
法人税	35.8%
酒税	32.0%
消費税	29.5%
たばこ税	25.0%

41.7兆円

その他の税収

建設国債 6.5兆円

公債金 36.6兆円

赤字国債 30.1兆円

その他 3.8兆円

一般会計（歳出）
（82.1兆円）

地方交付税等 16.5兆円
法定5税分 11.2兆円
臨財加算 3.9兆円
法定加算 0.3兆円
特例加算 1.1兆円
[小売譲与税特例加算 0.2兆円]

地方団体への補助金 17.6兆円

その他の歳出 30.4兆円

国債費 17.6兆円
元金返済 8.6兆円
利払い等 9.0兆円

交付税及び譲与税配付金特別会計

歳　入（譲与税）
所得譲与税 1.1兆円

歳　出（譲与税）
地方譲与税（交付税） 1.1兆円

歳　入（交付税）
（入口ベース）
一般会計より受入れ 16.5兆円
地方交付税分 15.4兆円
地方特例交付金 1.1兆円

特会借入金
恒久的減税分 1.5兆円
先行減税分 0.3兆円

（出口ベース）
地方交付税 16.9兆円

地方特例交付金 1.1兆円
（利払い等）

地方財政計画（歳入）
（84.7兆円）

地方税 32.3兆円

地方譲与税 1.1兆円
（うち所得譲与税 0.4兆円）

地方交付税 16.9兆円

地方特例交付金 1.1兆円
（うち減税補てん特例交付金 0.3兆円）

国庫支出金 12.1兆円

地方債 14.1兆円
（臨財債 4.2兆円）

その他

地方財政計画（歳出）
（84.7兆円）

給与関係経費 23.0兆円

一般行政経費 21.9兆円

投資的経費 21.3兆円
直轄・補助 7.9兆円
地方単独 13.5兆円

公債費 13.7兆円
元金 10.4兆円
利払い 3.3兆円

その他

出所）総務省資料
備考）計数は四捨五入の関係上、合計が一致しないことがある

される交付税の計算を行う上で作成される資料といえる．

但し，地方財政計画は，一定の基準により計算する．歳入そして特に歳出は国が定める基準で計算する．また，公営企業会計（水道等）等が参入されない．

そのため決算の数字とはかなり乖離があるが，地方財政計画は，地方財政の状況を示す重要な資料であることに間違いはない．

(5) 地方交付税交付金・地方譲与税

平成 16 年度の地方交付税交付金の当初予算では，所得税，法人税，酒税，消費税，たばこ税の一定割合（計約 11 兆 2 千億円）と，その他の臨時的資金が「交付税及び譲与税配付金特別会計」に入り，合わせて約 15 兆 4 千億円になる．定められた交付税額が財源不足額と一致していればよいがそうでない場合は問題となる．制度的に交付税財源とされたものでは足りず，この特別会計では，年々の交付税額の不足を補うためにかなりの借入金を行っており，2004 年度で約 50 兆円の借入残高となっている．この特別会計には，地方譲与税も入っている．地方譲与税は徴税効率等の理由で国が徴税するが，地方に譲与することが指定された税目であり，地方道路税等がこれに当たる．これらの内容については第 12 章で具体的に説明する．

(6) 国庫支出金

図 5 - 3 の地方財政計画の分析の図をみると，国庫支出金（補助金）を受け取っている事業の金額がかなり大きいことが分かる．例えば，平成 16 年度の給与関係経費の補助金額は 2 兆 5,431 億円であるが，補助対象事業の事業額は 6 兆 6,769 億円である．補助金により，中央省庁は，事業全体に干渉できるのである．一般行政経費や投資的経費についても同じである．同図の説明文に書いてあるように国が法令で実施を義務づけ，そのために必要な人員等を定めている事業に要する経費が多額である．この内容については第 12 章で具体的に説明する．

図5－3　地方財政計画の分析（平成16年度）84兆6,669億円

（単位：億円）

区分	内訳	項目	金額	備考
給与関係経費 229,990	補助 66,769	国費	25,431	小中学校教職員等
		地方費	41,338	警察官　24,753 消防職員　13,094 高校教職員　22,195
	地方単独 163,221		60,042	
		戸籍等窓口,福祉事務所,保健所,ごみ処理,給食センター等	103,179	
一般行政経費 218,833	補助 101,183	国費	47,446	生活保護,介護保険 （老人ホーム,ホームヘルパー等） 老人医療（一部公費負担）, 保育所等の児童保護　など
		地方費	53,737	
	地方単独 117,650	国の公団,事業団への出資金等	4,672	ごみ処理,農業・商工業等貸付金, 保健所,義務教育諸学校運営費, 私学助成　など
		社会福祉系統経費	43,363	
		その他		
投資的経費 213,283	直轄・補助（公共事業等） 78,583	直轄事業負担金	11,473	
		国費	35,749	
		地方費	31,361	
	地方単独 134,700		12,777	地方道路整備臨時交付金事業
		その他		清掃,農林水産業,道路橋りょう, 河川海岸,都市計画,教育　など （注）その他には,いわゆる国庫補助事業の継ぎ足し単独や補助事業を補完する事業等,国庫補助と密接に関連する事業も含まれている.
公債費 136,779		利子補給金	2	
		地方費	136,777	
公営企業繰出金 30,797		企業債の元利償還に係るもの	21,841	下水道,病院等
		上記以外	8,956	
その他			16,987	

出所）地方交付税制度研究会編『地方交付税のあらまし』（平成16年度版）（財）地方財務協会2004年

(7) 補助金による地方自治の阻害

　前述のように，地方は国からきわめて多額の財政支援を恒常的に受けている．これが地方行政を円滑に行うことを保障しているとともに，地方の自主性・自立性を妨げている．地方自治の貫徹には，財政的自立が不可欠である．地方自治の観点から最も批判を受けているのは，国庫支出金制度である．国庫支出金は負担金（国が必要な資金を提供する），補助金（政策的に提供する），委託金（国の仕事を行うのに必要な資金を提供する）の3つからなっている．この中で特に批

判の強いのは，中央省庁の裁量権が大きい補助金である．

　負担金も補助金も，ある事業を行う時，事業に必要な資金の一定割合を国が出す制度である．例えば，警察業務は都道府県の仕事であるが，警察官の給与半分は国が出すことになっている．警察業務は国が義務として，一定割合（この場合は半分）を出す（負担金）．例えば，国がある政策を推進しようとして，コミュニティ・ビジネスへの支援に必要な資金を一部援助しようとしたとする．この場合は，地方が行うすべてのコミュニティ・ビジネスに資金を出すのではない．担当省（この場合は，経済産業省）が適当と認める事業にのみ資金援助する．これが（狭い意味の）補助金である．

　どちらも，実際に仕事を行う地方の側で，仕事の中身を決めることが難しい．補助金をつけることによって，地方単独ではできない大規模な公共事業が可能となる．国は全国一律に行うので，個々の自治体の要求を一々聞いてはいられないからである．負担金は，国が支出の義務があるので，担当の省が自分の意思を押しつけられる範囲は狭い．補助金は，資金提供を担当省が決められるので，自治体に国の意思を押しつけることが可能になる．

　例えば，自治体にとってある事業（政策）を行う時，補助金がついているか否かは，意思決定上大きな要因となる．例えば，補助率55％であれば100億円かかる事業が45億円でできる．100億円の土木事業であれば，地域に落ちる100億円の内，55億円が国から来ることになる．45億円出せば100億円のお金が地域に落ちることになるため，住民の選好にかかわらず補助金がつく事業が優先的に予算化されていく．また，地方自治体の政策・行政は，補助金の提供によって誘導することが可能である．これらのことが，補助金は，地方自治を阻害すると批判される理由である．

　補助金は，効率的行政を阻害する場合も多い．補助金は個々の国の政策目的によって提供されるものなので，各省庁間の政策・事業の間に矛盾や無駄があっても調整することはない．国民経済的にみて意義に乏しい事業であっても地域の総合行政の観点から優先順位が低くても，補助金付きの事業は地域に金を落とすという面では有意義であるので，自治体側はこれを断る理由が乏しい．また補助金

付きの事業は，必要性が低くなっても中止や変更が困難なことがある．例えば，公共土木事業は，用地買収や周辺整備事業等を含めると，時に十数年もかかることがある．計画が長期化すれば状況が変わるケースもでてくる．例えば，技術革新や工業用水の循環水の利用が一般的になったり，計画当初の想定人口より著しく人口増加が進まなかった場合，当初の水需要見積りが変わってくることがある．人口増大の見込み違いや，予定された立地産業の数や種類あるいは技術革新により，水需要が当初見込みより大幅に少なくなることもある．当然ダムは要らなくなるケースもでてくる．不要であれば，建設を中止するべきである．しかし，それまでにダム建設用の道路建設や立ち退いた住民に対する保障金等多額の支出がなされている．その支出に対して，かなりの額の補助金等が出されている．長期化する事業については5年に一度公共事業の再評価委員会にかけられるが，そこでNOが出ると，その補助金等の返還が求められる．この場合はダムを建設するからと補助金等を受け取っているのであるから，返還要求は正当といえる．補助金を受け取っている自治体からすると当然自治体の意志に反して再評価委員会で中止の判断がでると，多額の資金を返還しなければならず，ダムはできない．無駄を承知でダムを建設すれば，返還すべき資金よりも少額の追加支出でダムができる．しかもその追加支出には補助金等がつき，自治体の実質的負担額は軽減される．

このように，負担金・補助金はさまざまな欠点があるにもかかわらず，地方公共団体にとって魅力的なのである．

(8) 公債金収入

国から地方への資金移転は交付税の他に地方自治体への補助金がある．平成16年度は約17兆6千億円であった．ここでいう補助金は，国庫負担金，国庫補助金，国庫委託金を含んでいる．地方財政計画では，約12兆1千億円の国庫支出金収入が計上されており，17兆6千億円の差額は，地方財政計画に含まれない国民健康保険等社会保険への助成金や同じく地方財政計画に含まれない公営企業等の企業会計等への支出金によるものである．

地方債は，その発行に総務大臣または都道府県知事の許可が必要である．引き受け手の約半分は簡易保険等の政府資金であり，国の影響が強い．それで地方債収入も，国から貰う依存財源と見なされる．地方債は，原則として，何かを建設するための建設公債であるため，目的とする施設建設に使われる．それで，地方債収入は特定財源である．ただし，地方債収入計画額の約14兆1千億円には，施設建設を目的としない臨時財政対策債（赤字公債）が約4兆2千億円含まれ，これは一応，一般財源とされる．

地方債は本来施設建設のためにのみ発行されるべき公債から一般財源を得ているわけである．野放図な公債依存が財政規律を歪めているといえる．

第4節　住民意思と地方財政

（1）住民意思と地方行財政

地方自治の根源にあるものは，そこに住む住民の意思である．しかし，戦後の日本の地方行財政制度においては，住民の意思そのものが反映されにくい状況が存在した．財政的側面からみても，自主財源ではなく依存財源が高く，特定財源の割合も高い．地方税は3割を超える程度の割合しか占めていない．日本の地方財政システムは，国庫支出金制度に代表されるようにさまざまな形で，国の意思が地方自治体団体の意思決定を大きく左右するような仕組みが顕在的，あるいは潜在的に存在している．

このような状況を打破すべく，1999年に地方分権一括法が成立し，やっと地方分権への動きが本格化されてきた．地方分権委員会の勧告により，機関委任事務が廃止され，法定受託事務と自治事務に分かれた．また，従来，許可制であった地方債も平成18年からは「事前協議」によって起債が可能になる．地方への事務権限の移譲は着々と進むが，最も重要な財源問題については未完のままである．

この財源問題に取り組むべく地方交付税と国庫支出金，地方税を一体に改革しようとする三位一体改革（第12章参照）が，小泉内閣の改革の一環として行わ

れている．国家的な目的や全国均一な行政サービスを提供するというナショナル・ミニマムの確保を目指す政策から，それぞれの地域特性にあったそれぞれのローカル・オプティマムを目指すよう政策の方向性に大きな変化がみられている．

　このようなローカル・オプティマムを目指す政策の立案には，それぞれの受益と負担を明確にすることが必要であり，それに基づいて，地域住民が自分達の意思によって地域の行政サービスを選択し，決断することが求められる．

(2) 国家的利益と地域的利益

　ローカル・オプティマムが求められる現在，地域の課題の解決主体は，それぞれの地域住民によるものとなる．このためには，行政に地域住民の意思が反映されることが重要になってくる．

　この地域住民が自分達の意思を伝える経路には，大きく分けると3つある．第1は，首長や議会の議員等に対する選挙による意思表明である．第2は，首長や担当官といった行政への積極的な働きかけである．第3は，議会への働きかけである．この場合，議員への直接的積極的な働きかけや請願・陳情という経路もある．これらの住民が行政に対して積極的働きかけを行う場合，当該問題の利害関係者や，そのテーマに特別関心をもつ住民集団であることが多い．そのため，それらの意見は，住民全体の意思を代表するものではなく，あくまでも，特定集団の特定意思にしかすぎない．

1．住民の意思表明の限界

　行政の側は，住民の意思をはかる手段として，アンケート調査，各種懇談会，パブリック・コメント等による住民参加を呼びかけ，住民による意思をはかろうとしている．しかし，アンケート等は，回答する住民がテーマに直接関心をもたない人からの意見聴衆を可能にするという意味で有意義ではあるが，その意見が政策そのものをきちんと理解できているとはいいがたい．

　また，パブリック・コメントは，それぞれのテーマについて高い関心を寄せる人が答えるものである．ここでのコメントは，当該行政サービスに対する高い関

心を寄せる人からのものであるが，個人の意見であって住民集団の意見ではない．意見の代表性については考慮しておく必要がある．

2.「「非」合意の合意」

ある特定の政策について，住民の意思を問うと，さまざまな意見が現れる．住民全体の意思として特定の意思をまとめようとすると，A案，B案，C案にまとまるというよりむしろ，A案に反対するという点でB案C案を支持していた人がまとまっていくという「「非」合意の合意」が成立する場合が多い．住民の政策決定への参加が，住民意思の推進というより，意思決定へのブレーキという形で現れるのである．

3. 対立する地域的利益と国家的利益

1990年代までの地方行財政は，国によるさまざまな統制や規制によって結果として国の意思，国の利益が尊重されてきた．しかし，本格的な地方分権時代の到来によって新たな問題に直面している．地域的な利益の優先は，地域間における利益の対立や国家的利益と地域的利益との対立，それを調整する社会的コストの増大を招いていくのである．

多様化する住民ニーズへの対応には，自己決定・自己責任が求められる．地方分権は，そのためにも望ましい改革である．しかし，このような改革は，地域的利益と国家的利益の対立，地域間の利益の対立を調整する新たな社会的コストを増大させる．今後は国と地方，地域間における整合的意思決定を行うシステムの開発が求められる．

―― 注）――
1) 樺山紘一『「地域」からの発想』日本経済新聞社　1979年　pp.145～151
2) 天野光三「総論と問題提起」(講演記録)　日本学術協力財団「地方分権」編集委員会（編）『地方分権―日本学術会議主催シンポジウムにおける記録』日本学術協力財団　1994年　p.12
3) 米原淳七郎「地方自治と地方政府の財政機能　木下和夫編『地方自治の財政理論』創文社　p.12

参考文献

林宣嗣『地方財政』有斐閣ブックス　2001年
宮本憲一・小林昭・遠藤宏一編『セミナー現代地方財政』勁草書房　2003年
重森暁・重田廣巳・植田和弘『Basic　現代財政学』有斐閣ブックス　2004年
(財)日本都市センター・市民自治研究委員会『自治的コミュニティの構築と近隣政府の選択』(財)日本都市センター　2002年
神野直彦・澤井安勇『ソーシャル・ガバナンス』東洋経済新報社　2004年

第6章 租税論

第1節 租税の負担

(1) 租税の意義と国民負担率

　資本主義国家の収入の主たる財源は租税である．古くから租税に対する定義はさまざまあるが，一般に次のような定義が広く受け入れられている．「租税とは，公共体が収入調達を目的として，特定の反対給付を提供することなく，一方的かつ権力的に徴収する貨幣である」．たしかに租税は，公共体がその機能を遂行するために必要な収入調達を目的にしているが，収入調達以外にもさまざまな目的がある．例えば，国際競争力の弱い産業を保護するために関税を設けたり，累進課税制度により高所得者から高い税率を課税し，それを低所得者に分配するという所得再分配，インフレの時に増税し，不況の時に減税して経済安定を目的とする場合もある．しかし，租税の主な目的は支出のための収入目的であり，他は副次的な目的であるとみられている．すなわち，国民は政府の供給する公共財・サービスのコストを租税と社会保障制度で負担しなければならない．そこで一国全体の経済規模を表す国民所得に対する租税・社会保障負担の比率が重要になる．国民所得に対する租税負担の比率を「租税負担率」というが，わが国の場合，表6－1にみられるように昭和50年代後半から20%台で推移している．また，年金や医療などの社会保障負担は明らかに賃金税であり租税と変わらないと考えると，国民所得に対する租税負担と社会保障負担の比率である「国民負担率」を考えなければいけない．社会保障負担は，昭和40年代は5%台で推移していたが，社会保障制度拡充の結果上昇し始め，昭和57年度に10%になり，平成16年度には14.4%になった．この結果，国民負担率は平成16年度で35.5%となり，約3割が政府に徴収されていることになる．しかしイギリス，ドイツ，フランス，スウェーデンの50～70%台に比べるとわが国の国民負担率はアメリカと並んで低い水準にあるといえる．今後，高齢化の進展によってこの値はヨーロッパ並みに上昇していくことが見込まれている．このため，平成9年12月の「財政構造改革の推進に関する特別措置法」において，「長期的には国民負担率はある程度上昇していかざるを得ないものと考えられるが，財政赤字を含む国民負担率が

第6章 租税論

表6－1 租税負担及び社会保障負担（国民所得比）の国際比較

(単位：％)

国別 年	日本 租税負担A	日本 社会保障負担B	日本 計A+B	アメリカ 租税負担A	アメリカ 社会保障負担B	アメリカ 計A+B	イギリス 租税負担A	イギリス 社会保障負担B	イギリス 計A+B	ドイツ 租税負担A	ドイツ 社会保障負担B	ドイツ 計A+B	フランス 租税負担A	フランス 社会保障負担B	フランス 計A+B	スウェーデン 租税負担A	スウェーデン 社会保障負担B	スウェーデン 計A+B
昭和45 (1970)	18.9	5.4	24.3	27.5	5.5	33.0	40.3	7.9	48.1	26.3	14.4	40.7	28.4	18.1	46.5	43.5	11.5	55.0
50 (1975)	18.3	7.5	25.7	25.2	6.8	32.1	36.0	9.9	45.9	27.4	18.8	46.3	28.4	21.5	49.9	44.8	12.8	57.6
55 (1980)	22.2	9.1	31.3	25.3	7.4	32.6	39.8	10.3	50.1	29.2	19.7	48.9	31.3	26.0	57.3	44.2	19.3	63.5
60 (1985)	24.0	10.4	34.4	23.4	8.2	31.6	41.9	11.3	53.2	28.1	20.4	48.6	34.1	28.6	62.7	51.3	19.2	70.5
平成元 (1989)	27.6	10.8	38.4	24.2	8.7	32.9	40.5	10.5	51.0	28.1	19.9	48.0	33.0	28.0	61.0	56.1	20.9	77.1
2 (1990)	27.6	10.6	38.2	24.0	8.7	32.7	41.4	10.1	51.5	26.5	19.5	46.0	33.0	28.1	61.1	57.4	22.1	79.5
3 (1991)	26.5	10.6	37.1	24.1	8.9	33.0	39.7	10.4	50.1	29.5	22.3	51.8	33.5	28.2	61.7	54.2	22.0	76.2
4 (1992)	24.9	11.1	36.0	23.9	9.0	32.9	38.5	10.3	48.8	30.6	23.0	53.7	33.3	28.4	61.7	50.2	20.6	70.8
5 (1993)	24.6	11.3	35.9	24.5	9.0	33.4	36.9	10.3	47.2	31.0	24.1	55.1	33.2	28.5	61.7	50.5	19.7	70.2
6 (1994)	23.1	11.6	34.8	24.9	9.0	33.9	36.9	10.1	46.9	31.4	25.0	56.4	34.6	28.5	63.1	48.6	18.9	67.6
7 (1995)	23.7	12.5	36.2	25.2	9.0	34.1	38.5	10.0	48.5	31.2	25.1	56.3	35.2	28.6	63.7	49.0	19.1	68.1
8 (1996)	23.4	12.5	35.8	25.5	8.8	34.4	38.2	9.8	48.0	29.8	26.0	55.8	36.6	29.0	65.6	50.7	20.8	71.5
9 (1997)	23.5	12.8	36.3	26.0	8.8	34.8	38.3	9.9	48.1	29.2	26.4	55.6	37.3	28.2	65.6	52.6	20.5	73.1
10 (1998)	23.0	13.2	36.2	26.5	8.7	35.3	39.4	9.8	49.2	29.7	25.9	55.6	39.9	25.1	65.0	53.9	20.7	74.6
11 (1999)	22.6	13.3	35.9	26.4	8.7	35.1	39.8	9.7	49.4	31.0	25.7	56.7	40.1	25.1	65.2	57.6	19.2	76.8
12 (2000)	23.3	13.3	36.7	27.2	8.7	35.9	40.9	10.0	50.9	31.1	25.2	56.3	39.7	24.9	64.6	56.0	21.2	77.2
13 (2001)	23.3	14.1	37.3	26.4	8.8	35.2	40.3	9.9	50.2	30.1	25.1	55.3	39.1	24.8	63.9	52.0	22.3	74.3
14 (2002)	21.8	14.3	36.1	－	－	－	－	－	－	－	－	－	－	－	－	－	－	－
15 (2003)	21.0	14.5	35.5	－	－	－	－	－	－	－	－	－	－	－	－	－	－	－
16 (2004)	21.1	14.4	35.5	－	－	－	－	－	－	－	－	－	－	－	－	－	－	－

出所：国民所得、社会保障負担：OECD「National Accounts (2003)」(93SNAベース)、「National Accounts (1999)」(68SNAベース)等
租税負担：OECD「Revenue Statistics」等
佐藤慎一編『図説 日本の税制 平成16年度版』財経詳報社 2004年

備考：1. 日本は年度、その他は暦年である。
2. 日本の数値は、2002年度までは実績、2003年度は実績見込み、2004年度は見通しである。
3. ドイツの数値は、90年までは旧西ドイツベースのもの、91年以降は全ドイツベースのものである。
4. 社会保障負担について、日本の89年度以前、ドイツの90年以前、フランスの75年以前、スウェーデンの92年以前は68SNAベースによる計数であり、それ以外は93SNAベースによる。

121

50%を超えない財政運営を行う」ことが盛り込まれた．

(2) 租税負担の根拠

日本国憲法第30条では，「国民は，法律の定めるところにより，納税の義務を負う」と規定されている．それでは，なぜ国民は租税を支払わなければいけないのだろうか．国家は強制権力を有しているので，租税を強制的に徴収することができるけれども，何らかの理由なしに課税することはできないはずである．昔は「お上のいうことは何でも御無理御もっとも」「泣く子と地頭には勝てぬ」の世のいい伝え通り，ただおとなしく税金を支払っていたものである．その理由も「天命だから」「前世の約束事」などといった説明で納得させられてきたが，個人が世の中における自分の地位を考えるようになってから，なぜ税金を払わなければならないのかという疑問が生じるようになってきた．この答えとして提供された代表的なものに次の3つの説が主張されている．

1. 利益説（報酬説・交換説・保険料説）

この考え方はかなり古く，すでに17世紀の政治理論家達によっても受け入れられていた．この説によると，当時の国家は生命財産の保護を司るものと考えられており，租税は平和，生命，財産の安全といったような政府が個人に与える無形的な利益に対する対価であると考えていた．つまり，租税の支払いをもって個人の提供する貨幣と国家の提供するサービスとの規範的な交換であると考えた．

ホッブス（Hobbes）は，「租税は購われた平和の価格に他ならない．個人のいろいろの商業，職業を保護するために剣を採るものに対する賃金である」と主張している．また，モンテスキュウ（Montesquieu）は，租税は，個人の生命・財産に対する保険料であると唱えた．すなわち，「租税は，国民が財産や他の部分の安全を保証するために，所得・財産の一部を保険料として国に差し出すものである」と主張している．

2. 犠牲説

これはヘーゲル（Hegel）の「国家有機体説」に基づく学説である．すなわち，国家を人間集団生活の歴史的発展の最高形態とみて，それを人間生活にとって必要不可欠のものと考え，国家自体の独立生命，目的，債務に対して国民が租税を支払うというものである．このような国家観に立てば，租税の根拠は，国家の必要不可欠性と国民の国家の服従性に求められることになる．人間の個々の生活は国家なくしてありえない．そこで国家の生命を維持するために国民が犠牲を払うのは当然であり，国民の義務であるというのがこの説である．

犠牲説は，共同の必要，公共需要の必要から，その負担すべき程度は国民おのおのの租税負担に耐える力，応分の負担という全体的な色彩をもっており，次の能力説の主張を生み出した．

3. 能力説

この考え方は，個人の負担に対する租税の大きさは，政府から受け取るサービスと無関係にその支払能力に応じて決定されるべきであるとするものである．では，能力をどのように測定するかという問題であるが，これは時代とともにその基準が変化してきた．一般的な傾向からいうと，初期には財産額が能力を表すものとされたが，アダム・スミスの時代には，収入額・所得額に変わっていった．収入額・所得額を取る場合でも，はじめは「総所得」であったが，「総所得から身分相当の生活費を控除した残額」から「総所得から最小生活費を控除したもの」に変わってきたのである．

4. 租税負担の理想

このように租税に関する学説の相違は利益説の個人主義的な国家観と犠牲説・能力説の全体主義的な国家観の2つに大別することができる．しかし，租税は交換の代価ではなく共同の必要のために国民が忍ばなければならない犠牲であるとしても，政府支出の効果を考えないで，公共需要のために必要なだけ政府が国民に負担を課して良いというものではない．つまり，租税を徴収して政府が行う

仕事とサービスは個人の犠牲を贖ってあまりあるというものでなければならない．

以上のように租税根拠をみてきたとき，租税が個人に負わす犠牲も，租税を負担する力ということも，社会的見地からみた犠牲に耐える力，社会的にみた能力と考えれば，利益説と犠牲説（能力説）という2つの考え方に到達する．これらを総合して租税は，政府のサービスに対する一般的報酬としての犠牲という考え方に帰することができる．そして，国家のサービスが有効であればあるほど，国民の社会的犠牲に耐える力や一般的報酬能力が大きく，反対の場合には小さいということになる．つまり，租税が国民経済に課する犠牲を最小にして政府の支出が最大効果を発揮することが理想である．

第2節　租税原則論

(1) 租税原則の意味

租税は，その収入が共同需要を充たすだけではなく，その負担が公平でなければならないし，経済社会の生産流通に対する妨害をできるだけ少なくしなければならない．さらにまた，民間経済の景気の変動を調整するように賦課徴収されなければならない．そして，徴収はできるだけ経済的に行われなければならないことが要求される．これらの要求を充たす租税体系が理想的かつ公平な租税制度ということになる．

しかし，この要求を完全に充たすことは困難であり，経済が変化すればそれに即応して変わらざるを得ない．とすれば，それにしたがって課税の基準と原則も変わっていくことが要求されることになり，事実，これまでの多くの学者によって「租税原則」が主張されてきた．それらは，いずれも不変的，絶対的な形で述べられているが，客観的にはその時々の経済の要求の反映とみなしてさしつかえない．そのような意味で，資本主義の基本的な発展段階を代表する「租税原則」としてアダム・スミス（A. Smith）とアドルフ・ワグナー（A. Wagner）のそれが最も有名であり，影響力が強かったので，これらについて考察していくことになる．

(2) アダム・スミスの租税4原則

　古典派の主張は，その根本的な自由主義の考え方から租税負担はできるだけ少なくし，経済の自由活動をできるだけ妨げないのが良いとしていた．この考え方に基づいて，スミスは『国富論』の第5編第2章第2節において租税に関する有名な4原則を唱えている（大内兵衛・松川七郎訳『アダム・スミス　諸国民の富』岩波書店　1969年　p.1186～1188）．

1. 公平の原則　あらゆる国家の臣民は，各人の能力にできるだけ比例して，すなわち，かれらがそれぞれ国家の保護の下に享受する収入に比例して，政府を支持するために貢献すべきである．
2. 確実の原則　各個人が支払う義務を負う租税は確実でなければならない．つまり恣意的であってはならない．支払時期，支払方法，支払金額のすべては，貢納者にも他のあらゆる人にも，明白で平易なものでなければならない．
3. 便宜の原則　あらゆる租税は，貢納者がそれを支払うのにおそらく最も多くの便宜がある時期と方法で徴収されなければならない．
4. 徴税費最小の原則　あらゆる租税は，それが人民のポケットからとりだすにしてもポケットのそとにとどめておくにしても，その分が，国庫に納入される分以上になることをできるだけ少なくなるように考案されなければならない．

　スミスによれば，租税は国家から与えられる利益に対する対価であって，それに比例して支払うのが公平な税であり（利益説），そのために比例税が採用されなければならないと主張している．そうすれば，課税に当たって個人の自由を侵すことも少なく，経済の自然的運行を妨げることも最小にとどめられるからであるというのである．そうした税として，スミスは地租，家屋税をあげるとともに，再生産の妨げにならない少数の嗜好品に対する消費税も，許容される税だとしている．

　スミスの場合，負担配分に関する原則は公平の原則だけで，他の3原則はいずれも税務行政上の原則である．しかし，スミスがこれらを第1の原則と同様の地位においていることからみても決して軽視してはならない原則である．これ

らの原則が取り上げられた背景には，この第1の原則が，絶対王政以来の税目を不適切なものとしてしりぞけることを意味するとともに，第2から第4の原則もやはり旧来の悪税，腐敗した徴税機構の撤廃を要求したことによるものであった．特に第4の徴税費最小の原則は，関税や内国税の改革に重要な成果を与えるものであった．それは，当時のイギリス資本主義の要求を最適に表現し，後に現実の租税制度に具体化されていることからみても，当時の市民階級の実践的要求を如実に反映したものであると考えられる．

(3) アドルフ・ワグナーの租税9原則

資本主義が帝国主義段階に進むと，経費は必然的に膨張しはじめた．しかし，収益税ならびに奢侈品に対する消費税からなる自由主義的租税体系では，必要な税収入を得ることが困難になってきた．それでその膨張する経費の財源を確保するために，従来の租税原則をしりぞけて，新たな租税原則が主張されるにいたった．それがアドルフ・ワグナーの租税9原則といわれるものである（井藤半彌『財政学総論』 p.218～236）．

1．財政政策上の原則

① **課税の十分性**　租税は経費を賄うにたるだけの収入をあげうるものでなければならない．

② **課税の可動性**　経費の増加，または租税以外の収入の減少によって生じる国家収入の不足が，増税または自然増収によって埋められる作用を税制の中にもりこんでおかなければならない．

2．国民経済上の原則

③ **正しい税源の選択**　原則として税源は国民所得に求め，国民財産または国家資本はつとめて破壊しないように注意しなければならない．

④ **税種の選択**　国民経済上の原則ならびに公平の原則からみて，租税は負担するはずの者に確実に帰着するような種類が選ばれなければならない．

3. 公正の原則あるいは公正な租税配分の原則

⑤ **税の普遍性** すべての人と物に課税する．しかし，社会政策的見地に立つ時は普遍性を文字通りに解釈せず少額所得者に対し，免・減税を認めなければならない．

⑥ **課税の平等性** 各個人の担税能力に応じて課税すべきである．担税能力はいわゆる所得の比例以上に高まるから累進税でなければならない．各人は国家の維持発展のため当然の義務として平等の犠牲を払うべきである．

4. 税務行政上の原則

⑦ **課税の明確性** 納税者が自分の納める税額が分かること．
⑧ **課税の便宜性** 納税者が手続上簡単に税金を納められること．
⑨ **最小徴税費への努力** 徴税費があまりかからないこと．

　以上がワグナーの租税9原則であるが，ここではスミスのように租税をもって国家の対価とする利益説はとらず，国家としてうける一般的利益に対する犠牲説の立場をとった．いわゆる「租税義務説」の主張である．上述のように租税9原則は4大原則にまとめられているが，第1の財政政策上の原則は，なによりも国家の物質的基礎が保証されなければならないものとして財政膨張を擁護するものであり，第2の国民経済上の原則では，資本の利益に対する課税上の慎重な配慮を示している．ワグナーが最も強調する第3の公正の原則は，「社会政策的課税」のためのもので，税制を通じて労働階級の社会主義運動の影響から切り離すことを期待したものである．これらの国家，資本，労働という3つの観点は帝国主義段階の税制にとってつねに考慮せざるを得ない重要な課題であり，ワグナーの租税原則が帝国主義的税制の理論にとって，長く重要な意義をもったのはこの理由からである．

第3節　租税の体系と分類

(1) 租税体系と分類

　租税が「租税原則」に基づいて課税されるといっても，租税が具体化される場合には，性格の違うものが組み合わされていて一応はまとまりのある体系をなしているのが普通であり，その体系を租税制度と呼んでいる．かつては，単一な租税物件，単一な租税標準を選び，単一な租税制度を構成すべきであるという重農学派の主張があった．重農学派は土地だけが純利益を生む源泉であるという根拠のもとに，商工業に課す租税は自然秩序の動きを混乱するのみで，結局のところ，租税は剰余価値を生む土地に帰着するから，土地のみに課税すべきであるといって，土地単税を主張した．

　しかし，現在の世の中ではいろいろな要求を充たす理想的な単一の課税を見出すことは困難である．不労所得，偶然利得が発生する場合や相続によって財産権が移転する場合などには，これらの利得，財産の一部に課税することが適当である場合もある．そこで，実際上の租税制度を構成するに当たっては，単税制度の実行はとうてい不可能であって，いろいろな租税を結合する複税制度にすることが最も合理的である．複税制度を構成するに当たっては，次の4つに分けることができる．第1は，納税者が一定の収入に基づいて課税する収入（収得）税である．この例として所得税，法人税などが挙げられる．第2は，一定の資産を所有しているという事実に基づいて課税する所有税である．この例として相続税，贈与税，固定資産税などが挙げられる．第3は，特定の消費をしているという事実に基づいて課税する支出税である．この例として消費税，酒税，物品税などが挙げられる．第4は，個々の主体に帰属する関係は明白でないが，国民経済内において購買力が移転する事実のある場合に課税される流通税である．この例として登録税，印紙税，有価証券取引税，商品取引税などが挙げられる．

　租税体系は，これらのいろいろな状態をとらえる租税を適当に配合して組み立てなければならない．したがって租税体系は，収入（収得）税，所有税，支出税，流通税の4つの課税を必要とするのである．この場合，税源が原則として所得

である以上，収入（収得）税が租税制度の根幹となり（この中では法人税，所得税がその中心），所有税がこれを補完することが望ましい．そして，生活必需品を除外した消費物資の課税を中心とする支出税を配し，これを軽率の課税による流通税をもって補う制度が奨励される．

このように租税を租税体系別に分類する以外にも，① 課税の方法を標準として，直接税と間接税，② 課税の対象を標準として人税と物税，③ 課税の範囲によって，一般税と特別税，④ 課税が国内的か対外的かを標準として内国税と関税，⑤ 課税の地域と課税の主体とを標準として国税と地方税，⑥ 租税収入の存続性を標準に経常税と臨時税，⑦ 課税額決定法を標準として比例税と累進税，⑧ 納税手段の内容から金納税と物納税などに分類されている．これらの分類方法のうち主なものを取り上げて，以下，簡単に説明していくことにする．

1. 直接税と間接税

この分類の方法は古くからあり，18世紀後半に重農学派がすべての租税は土地から生ずる純利益から支払われるものであるとの理由から，土地に賦課する税を直接税とし，その他すべての租税を間接税にしたのに始まる．しかし，この方法は最も良く用いられている分類であるにもかかわらず，その基準は明確ではない．まずこの区分では，租税を負担する人から徴収される租税，つまり納税義務者と担税者が違う租税を間接税とした．しかし，転嫁の事実はきわめて不確実で，実際はよくわからないために，後になって「立法者の意図において」納税義務者により負担されると予想される租税を間接税とし，納税義務者が他人に転嫁することが予想される租税を間接税というようになった．このような変更を加えても，なおかつ転嫁の事実がきわめて不確実であるため，この基準に基づいて租税を直接税，間接税の2者に分類することにはまだ問題がある．

そこで，租税の税源は究極において財産または所得であることから，これらの財産または所得を補足するにあたって，所得とこれを生む財産を直接とらえる方法を直接税とし，所得，財産から生まれる所得の支出，または財産，所得の移転の事実から間接に所得および財産の存在を推定して補足する方法を間接税とする

分類が比較的妥当であって，実益もあると思われる．つまり，この区別による直接税では，時として個人的事情を考慮して斟酌を加え，税率においても納税者の租税負担能力を考慮して累進率を採用することができるが，間接税ではこのような考慮を用いることが不可能ではないまでも困難であり，税務行政上の取扱いに相当な違いがあるため，税制上この 2 者は分けてみるのが便利である．

2. 人税，物税

人税，物税の区別は，フランス革命によって強く主張されたもので，革命以前のフランスでは，人の身分に着目して課税上差別待遇をし，貴族，僧侶などの特別階級には軽く課税し，時にはこれを免税とした．フランス革命は，これらの身分階級による特権の廃止を叫び，租税は人の身分をみないで物をみるべきであるとして，財産，所得に比例して租税を徴収すべきであるとする物税を主張した．

人税とは，経済主体に関連して徴収する租税で，収入から債務を控除し，あるいは個人的事情を斟酌し，扶養家族の数などにしたがって斟酌する租税であり所得税などがこれに当たる．さらに個人的事情を斟酌しないで文字通り各個人を頭割りに課す人頭税がある．これに対して物税とは，各個人の収入の源泉に着目して徴収される租税であって，これを受領する経済主体の個人的事情などを斟酌しない租税であり，収益税などがこれに当たる．近世では個人的事情を斟酌する人税が推奨されているが，物税は課税標準を適当に選択することによって徴税が簡単にでき，かつ外形標準によって人税がとらえ得ない担税能力を確実に補足するなどの長所をもっている．

3. 一般税，目的税

一般税とは，一般の租税に対していう言葉であって，一般の租税収入は一般歳入に繰入，特に使途を特定しないのが普通である．これに対して目的税は，その歳入の使途を都市計画，空港，道路，港湾といった目的に限定するものである．このような目的税を設けるのは，ある目的の整備が諸外国より遅れていたり，地方公共団体の租税負担のみでは作れないような場合である．

4. 内国税, 関税

　内国税とは字の如く内国において課税される租税であり，一国の大部分の租税がこれに属する．これに対して関税は輸入税である．この輸入税には単に歳入を目的にするばかりではなく，国内の産業を外国の競争に対して保護する意味をもっているものである．これを保護関税という．これに対して，国内における消費税の課税との兼ね合いから課税されるものを財政関税という．

第4節　租税の転嫁

(1) 転嫁の概念と形態

　転嫁とは，租税負担がある個別経済の主体から，他の個別経済の主体へと移転される現象をいうものであり，転嫁論の固有の問題は，その租税の直接的な貨幣負担がどこに帰着するかを問うものである．最初に，ある租税がある経済主体に課せられているとき，それを租税の衝撃と呼び，課せられた租税負担をその経済主体（納税者）から他の経済主体へと移転することを転嫁と呼ぶ．この過程は一般に，市場における取引と価格の変化を通じて実現されるが，価格の変化が何らかの理由によって生じないようにされている時には，それが生産物の質の変化となって表れることもある．そして，転嫁された租税負担が最後に到達する点を，租税の帰着という．例えば，酒に消費税を賦課した場合を考えてみると，第1に租税を支払うものは酒の酒造業者ないし販売業者である．酒造業者が酒の消費税を上乗せして小売商へ卸すと，酒税は小売店に転嫁されたという．小売店がさらにこれを消費者に転嫁し，消費者の消費が減少した場合に，租税負担がその人に帰着したという．

　このような転嫁の過程は，その形態と方法によって種々の区別が行われているが，普通に認められているのは次の3つの形態である．

1. 前　転

　これは，交換経済の過程における前位者への転嫁，すなわち製造業者から販売

業へ，販売業者から消費者へというように，一般に供給者から需要者への移転である．例えば，パソコンに新たに物品税が課された場合，パソコンメーカーは物品税分を費用増分とみなし，パソコンの卸値を引き上げて卸商に税負担を転嫁する場合が租税の前転である．

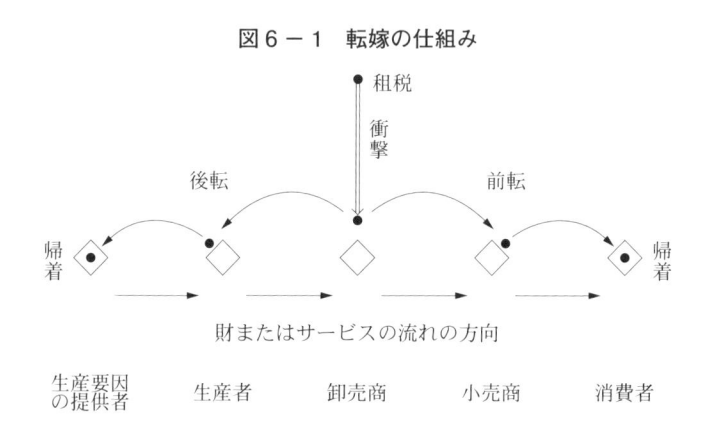

図6－1 転嫁の仕組み

```
                        ●租税
                        ‖衝
                        ‖撃
            後転         ↓         前転
    ◆─── ◆ ─── ◆ ─── ◆ ─── ◆
  帰                                   帰
  着    ──────────────────→  着
              財またはサービスの流れの方向

  生産要因   生産者   卸売商   小売商   消費者
  の提供者
```

2. 後 転

これは，租税が価格経済の過程における前位者から後位者への転嫁，すなわち販売業者から製造業者というように，一般に需要者から供給者への転嫁をいう．例えば，パソコンメーカーが物品税を賦課されたことを理由に原材料メーカーに原材料の値引きを要求し，それが可能になった場合が租税の後転である．

3. 更 転

これは，前転または後転が1回だけでなく数回にわたって次々に発生する現象である．例えば，木材に対する租税が，木材の価格の引上げによって，製材業者から家具製造業者に転嫁され，さらに家具の引き上げによって家具製造業者から消費者へ転嫁されるというように，前転（あるいは後転）が継続的に生じる現象をいうのである．これまでの概念を図示すれば図6－1のようになる．

また，時には転嫁のひとつとみられるが，租税の転嫁と区別しなければならな

いものに排転がある．租税を賦課された企業者が経営の改善・合理化によって，事実上他の経費を節約し，租税を支払わないと同じ効果になることである．経営の改善・経費の節約が，労働の労力を一層有効に利用する労働強化による場合は，事実上労賃の下落であって排転ではなく，労働者に対する租税の転嫁とみることができる．経営の改良・技術の改善等は大企業において比較的たやすく出来，小企業においては難しいことから，排転は往々にして企業集中の傾向を促すことがある．

(2) 転嫁を左右する条件

前述の如く，租税の転嫁は規則的に行われるとは限らない．その間の課税の方法や性質，課税される財貨の種類および性質に基づいて複雑かつ不規則な現象を起こす．つまり，租税の影響は転嫁，帰着すなわち価格に対する影響のみに止まらないので，取引数量，有効需要，投資，雇用，企業形態，企業集中制度，所得の分配などに重大な影響を与えるものである．換言すれば，ある種の租税が転嫁するかどうかは，課税によってある物件の需要・供給がどのように働くかによるのであって，結局，価格決定論の問題に帰着する．租税の転嫁に影響をおよぼす一般的条件を示すと次のようになる（中西仁三『財政学』p.219～223）．

1．競争企業か独占企業か

自由競争の下における価格は，限界生産費によって決定されるが，独占化においては，各個の利益よりも生産物全体の利益を最大にする点に価格が決定される．したがって転嫁は独占の場合に比べて，自由競争が行われる場合のほうがより容易に行われる．

2．課税区域の大小

一般的に課税区域の広い租税は転嫁が困難で，狭い租税は転嫁しやすい．例えば，世界中どこでも課税される租税は，これを免れるために資本を他国に移動しても無駄である．ところが日本だけに課税される租税は，資本を国外に移動して

課税を免れることができるから供給を動かして転嫁しやすい．

3. 課税商品に対する需要の価格弾力性の大小

価格のいかんに拘わらず需要が一定して，需要の価格弾力性が小さい財貨に対する課税は，消費者に容易に転嫁するが，需要の価格弾力性が大きい財貨は転嫁しづらい．例えば，需要の価格弾力性が小さい必需品に対する課税は価格が上昇しても売上げはそれほど減少しないので転嫁しやすい．これに対して，需要の価格弾力性が大きい奢侈品に対する課税は価格が上昇することによって売上げが大幅に減少するので転嫁しづらい．

4. 課税される財貨の生産量は，生産量の増加に関わらず固定的であるが，生産量の増加に応じて生産費は逓増するか，逓減するか

財貨需要における一定の伸縮性を前提とした供給独占の場合には，費用逓減傾向化にあるほうが費用逓増傾向化の場合に比べて租税転嫁の割合が小さい．これに対して，自由競争の場合には費用逓減の場合には，費用逓増の場合に比較して租税転嫁の割合は大きい．

5. 租税が生産の限界利潤に課せられるか，余剰利益に課せられるか

租税が生産自体に課せられて生産費を増加する場合には，限界生産者は課税に耐えられず脱落していくが，限界生産者以外のものは課税の一部を転嫁し，一部は自ら負担して生産を継続する．これに対して，課税が生産自体を対象とせず有利な生産者の余剰利益を対象とする場合には，余剰利益は価格決定要因ではなく，その結果であるという理由より課税によって価格は騰貴せず，余剰利益をもって補　し租税転嫁は生じない．

6. 課税額が大きいか小さいか

課税額が小さい時は，生産供給者は価格を引き上げて需要に変化を生じさせるよりは，自ら租税を負担して転嫁する場合が多く，租税転嫁の割合は小さい．こ

れに対して課税額が大きい場合には，転嫁は複雑な事情を生み，価格の変更が需要におよぼす影響を十分に考慮して初めて決定されるので，一概に論ずることはできない．

7. 課税される財貨が最終消費財か中間的生産財か

課税の対象が最終消費財の時は，これらの課税は消費者に転嫁して帰着するのであるが，中間的生産財に対して課税する場合は，ひとたび転嫁された租税負担は，課税物を更に生産的に利用することによって，再び転嫁することになるので，いわゆる更転を生むことになる．

(3) 転嫁の可能性

一般的にいえば租税の転嫁は価格の変動を通じて行われるものであるから，価格形成に直接影響をもたない租税，すなわち生産・流通過程に作用を与えることの少ない租税は転嫁されにくく，そうでない租税は転嫁されやすいといえよう．したがって，個人所得税は生産・流通過程から消費経済（家計）に入った所得をとらえるから転嫁されにくく，相続税もまた価格形成に関係が薄いため転嫁し難い．これに対して，企業を直接・間接に対象とする租税，すなわち収益税・消費税・流通税はすべて転嫁の可能性をもっている．なお，消費税のように立法者が転嫁を意図していても，中小企業の場合，競争力の弱いことから消費税に転嫁しきれず，そのために経営が圧迫を受ける場合があることも注意すべきである．

参考文献

野口悠紀雄編『財政読本』 東洋経済新報社 1990年
石弘光『税金の論理』講談社現代新書 1994年
和田八束『日本の税制』有斐閣選書 1988年
大内兵衛・松川七郎訳『アダム・スミス 諸国民の富』岩波書店 1969年
木村元一『近代財政学総論』春秋社 1958年
井藤半彌『財政学総論』千倉書房 1963年

土方成美『財政学原論』中央経済社　1958年
中西仁三『財政学』有斐閣　1961年

第7章
わが国の租税の変遷

第1節　明治政府が行った主な政策の概要

（1）地租改正

　明治元年4月に政体書が発布され，国家権力を太政官と呼ぶ中央政府に集め，太政官の権力を形式上，立法・司法・行政の三権分立制とし，同年7月には江戸を東京と改め，翌年には首都を京都から東京に移した．明治2年に版籍奉還が行われ，藩主から天皇へ領地（版図）と領民（戸籍）が還納されるとともに，政府は同年6月には旧藩主と上層の公家を華族として知藩事に任命した．また，江戸時代からの身分制度も廃止した．やがて中央集権を強力に進める必要を感じた政府は，藩制を全廃して明治4年7月に廃藩置県を断行した．これは国家の財政難に当たって，中央集権・富国強兵が最も重大な課題であったため，各藩に分散していた権力を中央に集めなければ国力の強化は困難と判断した結果であった．

　新政権は成立当初から財政に窮していた．新政府軍と旧幕府軍との間の戊辰戦争（慶応4年・明治元年から1年5ヵ月続いた）による軍事費の支出は，経常歳入では賄うことができず，不足分は太政官札の発行や近畿圏内の豪商らからの借入金で賄わなければならなかった．太政官札は，将来の地租（年貢）を抵当として民間から300万両の会計基金を募集し，これを基礎に発行された不換紙幣である．その額面は十両・五両・一両・一分・一朱の5類があった．当初通用期間を13ヵ年と定めてあった太政官札も，明治12年8月末には回収されることになった．

　当時の政府の歳入・歳出の状態を決算期別に調べてみると，表7－1のように戊辰戦争が行われた第1期では経常の部で歳入と歳出の差額は184万円，第2期には469万円もの経常収入が不足した．その不足分は地租を担保にした民間からの借入金（臨時の部）により賄われなければならなかった．これは廃藩置県後の家禄の負担増や，徴兵制度の導入による軍事費の拡大などが原因で第3期と5期は経常収支が赤字になった．明治2年2月「府県施政順序規則」で租税制度の改正は地方官の任務とされたが，府県の経費をその地方の地税から控除

表7−1 政府の歳入・歳出の過不足額

(単位:円)

決算		期首 〜 期末	歳入の歳出に対する過・不足額		
			経常の部	臨時の部	合計
第1期	イ	慶応3年12月〜明治1年12月	−1,841,473	4,425,700	2,584,227
第2期	ロ	明治2年 1月〜 同 2年 9月	−4,694,176	18,346,740	13,652,565
第3期		同 2年10月〜 同 3年 9月	−293,625	558,203	264,578
第4期	ハ	同 3年10月〜 同 4年 9月	3,114,540	−205,100	2,909,440
第5期	イ	同 4年10月〜 同 5年11月	−18,052,177	10,767,325	−7,284,852
第6期		同 6年 1月〜 同 6年12月	19,922,136	2,906,509	22,828,644
第7期		同 7年 1月〜 同 7年12月	11,088,565	−19,912,549	−8,823,984
第8期		同 8年 1月〜 同 8年 6月	30,238,227	−10,051,922	20,186,305

出所)『明治大正財政詳覧』東洋経済新報社,1975年度 p.2, 51, 60 より作成
備考)イ.第1期および第5期は14ヵ月(元年4月閏月明治5年12月3日改暦,同日を明治6年1月1日とする). ロ.第2期は9ヵ月. ハ.第4期は13ヵ月(明治3年10月閏月)

して残りを会計に納入させるという旧来からの慣習も受け継いでいた.

また,従来通りの租税としての年貢を取り立てるために旧幕府の租税に関する帳簿類もそのまま継承することにした.幕藩体制下に小物成(こものなり),運上,冥加(みょうが)など1,500種類以上あった雑税も継承されていたが,それが整理されたのは明治6年の地租改正まで待たなければならなかった.当時の租税収入の主たるものは貢租の形態を採っていた年貢米であった.

明治政府にとって財政の安定は最重要課題であった.そこで,地租を近代化して財源の安定を図るための土地制度の改革が行われた.明治4年に作付け制限を廃止し,翌年には田畑永代売買の禁令を解き,そして地価を定めて地券を発行し,土地を不動産としてその所有権をはっきり認めたのであった.地券には地価が記され,原則として年貢負担者に交付され,従来からの封建的領地所有制が解体された.明治6年7月には「地租改正条例」が公布され,地租改正に着手し,明治12年までにほぼ完了した.地租改正の要点は,① 課税の基準を不安定な収穫高から一定した地価に変更する.② 物納を改めて貨幣で納税(金納)することとし,豊凶にかかわらず税率を地価の3%とする.③ 土地所有者(地主)を納税者とする,ことであった.また,地価の1%を地方税として金納させた.

この地租改正によって,全国的に統一された税制の基礎が築かれることになる

表7－2　経常支出に占める軍事費の割合

(単位：円, %)

決算	歳出 経常部支出（A）	歳出 陸・海軍費（B）	（A／B）
第1期	4,248,539	1,008,120	23.70
第2期	7,533,193	1,347,561	17.90
第3期	7,652,462	1,355,831	17.70
第4期	8,264,294	3,195,155	38.70
第5期	29,898,391	9,114,148	30.50
第6期	36,621,487	9,316,823	25.40
第7期	44,767,284	10,359,391	23.10
第8期	45,698,214	4,675,778	10.20

出所）東洋経済新報社，前掲書，序編　p.3, 11，一部修正

のであるが，それ以前の租税は殆ど地租であった．明治元年の経常歳入のうち2,009,013円が地租であり，当時は米中心の穀物によるいわゆる年貢といわれた物納であった．同6年の地租改正により納税は金納となり，同年の経常歳入は70,561,688円で，そのうち地租の占める割合は約82%の60,604,242円であった．ここで注目すべきは経常支出に対する軍事費の割合である．決算第1期では，表7－2のように経常支出4,248,539円であるのだが，軍事費は1,008,120円で23.7%を占め，第2・3期では18%弱を，第4・5期では40%弱にまで負担が大きくなっていったので，経常歳入では追い付かず公債などの借金で賄わなければならなかった．

その後，地租に対する依存度は年々逓減してはいくが，明治28年度には52%，翌29年度49%，となり50%以下になったのは明治維新以来29年経ってからである．その後も減少傾向が続き，明治30年度には40%，明治34年度では31%，そして，大正2年度には20%，更に大正11年に至っては10%台にまで減少してしまい，租税中で地租の占める割合は，砂糖消費税とほぼ同じ程度の割合になってしまった．

(2) 酒税の整備

明治元年には間接税である酒税が「酒造税」として規則を制定し，酒造石数による税金が徴収され，地租が時代とともに減少していくのを補う形で租税に占め

表7－3　租税内訳別割合

(単位：%)

年号	明治					大正	
年度	1年	6年	14年	27年	37年	3年	14年
地　　　租	64	82	70	55	31	22	11
営　業　税	−	−	−	−	7	8	8
所　得　税	−	−	−	2	7	11	28
酒　　　税	−	−	17	23	30	28	28
砂糖消費税	−	−	−	−	5	7	10
織物消費税	−	−	−	−	2	5	8
そ の 他	−	18	13	20	18	19	7
合　　　計	100	100	100	100	100	100	100

出所）東洋経済新報社，前掲書，序編，p.15，一部修正
備考）所得は明治32年以降所得を第1－3種に分けたが本表はその合計である．

る割合が増加していった．それが飛躍的に伸びたのは，明治3年9月に酒造規則により，それまでの清酒や味醂（みりん），濁酒（どぶろく）など酒類別に酒造免税を徴収していたのを改め，一酒造所ごとに酒造免許税を課すことによる．従来からの醸造税を「造石税（こくぜい）」と改めるとともに税率を高め，ブドウ酒やビール製造には「造石税」の代わりに「免許税」が課され，さらに自家用酒造の石数制限も加わった結果，明治14年度になってから同年の歳入額10,646,163円は，前年比で50％増の伸び率を示した．この伸び率の上昇傾向は同25年度には地租に次いで24％を占め，27年度には23％，さらに明治32年度には36％を占め，租税収入構成比で第1位になった．また明治34年3月には「ビール税法」が独立し，一石につき7円であった．表7－3にみられるように，これら酒類が税収に占める割合は大きく，明治37年度には30％にまで増大し，地租とほぼ同じ程度まで増加したのである．このことにより，わが国の財政収入の一部は多数の酒好きの国民により支えられていたといえる．

（3）　所得税の創設

　わが国では明治20（1887）年に所得税が創設されたのであった．これはアメリカ（1913）やフランス（1914）よりも四半世紀も早い導入であった．創設の理由としては，①海軍費を中心に増大する国家経費の財源とする．②地租と酒

税に偏重した当時の税制における業種間の不公平を是正して租税負担を均衡化し，非農業部門の発展に応じた税制の近代化を意図したものであった．

発足当時の所得税の特徴は，① 納税主体が戸主であり，法人は課税されない．② 所得の算定を，利子・配当・給与所得などについてはその全額を所得とし，その他の財産所得・営業所得は収入額から必要経費を控除した額の3ヵ月の平均を所得として課税すること．③ 免税点を300円とし，それ以上は5段階に分けた全額累進課税であること．④ 所得の査定は郡区長が調査委員会の決議によって行うこと，であった．当初は，納税者の配偶者や扶養者の有無についての個人的事情は加味されず，勤労控除もなく，税率も単純累進税率を適用するなど不完全なものであったが，「税制の近代化に重要な基礎が築かれた」という意味では評価に値するものといえる．

税収としては明治20年度に527,724円であった所得税が，明治27年度には1,353,518円となり，歳入額の2%を占めるようになってきた．当時の所得税納税人員は総戸数の1.5%に当たる12万人であり，国税収入中に占める割合は僅か0.8%だった．その後明治32年に所得税の大幅な改正があり個人の納税者数は34万人に拡大した．その特徴は「納税義務者とは，国内法が適用される地域に住所または，1年以上居所がある者については国籍に関係なく納税の義務を負うというもの」であり，納税義務者の範囲を明確にしたこと．国内法が適用される地域に資産営業（利子・配当所得者）または商売をしている者は，その所得について納税の義務を負うと規定したのである．しかし，最も重要な規定は，従来からの個人のみへの課税を改め，法人の発達と無記名公債社債の増加により，法人への課税が始まったことである．すなわち，所得を第1種法人所得（2.5%），第2種公社債利子（2.0%），第3種個人所得に分けて課税するというものであった．また，所得の調査決定が郡区長から税務監督局長に移された．そして，税率は個人所得に対して12段階（1.0～5.5%）の累進課税であった．

この結果，明治37年度の租税収入中所得税の額は14,369,933円となり全体の7.0%を占めた．また，大正2年5月に施行された所得税の改正により，第1種に属する法人の中で，株式会社を除く合名会社，合資会社の所得および第3

種の個人の所得に対し，従来からの単純累進課税を超過累進税率（2.5%〜22%の14段階）に変更されるとともに勤労所得控除が設けられるなど，社会政策的配慮が行われるようになった点は注目に値する．さらに，大正9年の所得税の改正では，銀行の定期預金利子，配当，賞与が課税されることになり，課税ベースが拡大された．また，税率の累進度が強化（0.5%〜36%の21段階）とともに扶養控除が創設され，所得税の整備が図られた．その結果，大正14年度には納税者数は180万人に達し，所得税が酒税と並び28%を占めるようになったのである．

(4) 営業税・砂糖消費税・織物消費税

明治29年3月に制定され，翌30年1月1日より施行された「営業税」は事業内容を，物品販売業（卸売業・小売業），金融業，運送業，旅館等のサービス業に分け，それぞれに資本金額や収入金額・請負金額・建物賃貸価格・報償金額に対し，1,000分の2〜80の税率を乗じ，更に，従業員1人に対し2円の割で従業員数を乗じた額を加算して算出するものであった．また明治34年3月に制定され同10月に施行された「砂糖消費税」は砂糖と糖蜜からなり，砂糖の種類を第1種から第6種に分け，また，糖蜜は第1種・第2種・糖水の3区分とし，それぞれに異なった税率を乗じて徴収するものであった．明治37年度には8,362,294円で租税の5%を占めていた砂糖消費税は20年後の大正14年度に70,099,909円となり，歳入では8.4倍の伸び率を示し，租税中に占める割合も10%に増大しているのがわかる．

明治37年3月に制定，4月に施行された「織物消費税」は，それまでの綿や絹織物に加えて，新たに毛織物に対しても「毛織物消費税」を創設したのである．一般の織物は価格の10%の税率に対し，毛織物の場合は高級品ということで，高率の税率15%を適用したのである．明治37年の租税収入のうち7%から大正14年には8%を占めてはいるが，所得税や砂糖消費税などに比べたらその伸び率は小さい．

第2節　戦時体制と財源

(1) 国防費の膨張

　明治時代の中期になると，富国強兵の旗印のもとに軍備の増強が進められ特に，明治27年8月から始まった「日清戦争」が予想外の大勝利を治めたのを契機として，10年後の明治37年2月には「日露戦争」，また，大正3年6月には「第1次世界大戦」に参戦し，更に，昭和6年9月には「満州事変」など，日本は次第に帝国主義国家の道を歩むようになって行った．

　表7－4は，明治27年より6年ごとの一般会計の歳出の推移を示したものであるが，日清戦争の年を基準年度として，陸軍省および海軍省の歳出状況の伸び率をみると，明治33年度には陸軍省で5倍強，海軍省で4倍強にも達し，6年後の39年度になると前者で9倍弱，後者で8倍弱にもなっていた．

　日露戦争後から大正時代の中期までは，歳出の伸びは幾分緩やかとなり，昭和5年度の時期は軍縮時代にあたり，陸軍省の伸び率は減少している反面，海軍省の伸び率は増大し，昭和11年度以降の歳出は陸軍を上回ってしまった．これは膨大な資金を必要とする航空機の発達が原因である．また，昭和初期に世界的規模で起こった金融不安による恐慌の処理対策費として，公債を増発したために，昭和5年度では6年前の45％増となった．道路の改良や河川の改修などに充てられる軍備増強のための「臨時費」は，大正7年度から大きくなってゆき，軍縮と金融恐慌とによって昭和5年度にはマイナスを示した．しかし，軍国主義の体制は代わらず，軍が国家権力を失うまで，すなわち第2次世界大戦まで軍備の増強は続くのである．

(2) 戦時下の所得税の大幅な伸び

　明治33年はちょうど1900年に当たるので，その年度を基準に10年ごとに租税の伸び率を示してみると，明治43年から大正9年までの10年間に2度の所得税の税率引上げが行われた．直接税では明治33年度には61,166千円であったが明治43年は143,295千円と2.3倍となり，20年後の大正9年には

表7-4 一般会計歳出の推移（経常・臨時別）（決算）

(単位：千円)

年　度		経常部	（内）公債費	陸軍省	海軍省	臨時部	合　計
明治	27	60,421	19,721	7,828	4,574	17,707	78,129
	33	149,134	34,841	36,124	16,911	143,616	292,750
	39	339,193	153,180	69,602	35,143	138,700	532,894
	45	416,895	141,659	80,175	41,534	176,701	593,596
大正	7	490,167	136,577	94,918	54,602	526,868	1,017,036
	13	1,051,010	187,940	179,331	124,628	574,014	1,625,204
昭和	5	1,202,152	272,517	174,456	146,887	355,711	1,557,863
	11	1,320,140	363,352	191,433	236,408	962,035	2,282,175
	14	1,906,338	675,233	186,056	285,638	2,587,494	4,493,833

出所）西村紀三郎，前掲書，p.104，一部修正

143,295千円で6.45倍の伸び率となった．中でも特に注目したいのが，所得税のいちじるしい伸びである．大正9年度は基準年度が6,368千円から190,344千円で実に30倍，また昭和5年度は200,616千円で31倍にも増大したのである．

しかしながら，直接税と間接税の構成比率という点では依然として直接税は間接税の半分にすぎないが，第1次世界大戦がもたらした経済の急成長が，所得税を中心とした租税収入増大を導き，不評の高かった間接諸税の廃止と直接税の検討によって大正15年に実現した税制は，直接税の中心を所得税に据え，地租，営業収益，相続税などを補完税とする中堅所得層以上を中心に，負担と収入の調整を図るものであった．昭和12年の日中戦争勃発後，軍事費の膨張に対処すべき税制改正が必要となり，特別税の創設や臨時的な租税の増税が行われ，昭和15年度には所得税の大幅な税制改正が行われた．

前述のように，明治20年に所得税が創設されて以来，昭和14年度まで，原則として総合所得主義を採っていたが，この改正により個人所得に対して，分離所得税と総合所得税を併用し，法人税も所得税から分離独立して法人の所得に対して法人税として所得税とは別の租税を課すこととなった．その結果，新税の法人税は別にして，昭和5年度に376,549千円であった所得税が，昭和15年度には2,692,621千円と，この10年間に，7.4倍の大幅な伸びを示し，間接税は726,536千円から1,524,720千円と2倍の伸びに止まった．その結果，ついに

直接税収入金額および伸び率が間接税収入と逆転してしまったのである．この改正では，勤労者所得控除の比率の引下げや，その後の基礎控除の大幅な引下げにより，所得税の課税範囲の拡大が進んだ．そして，利子・配当所得に加え，勤労所得や退職についても源泉徴収が開始された．この結果，昭和15年以降4年間で所得税の納税者が約400万人から1,200万人へ一挙に3倍に拡大し，最高税率も昭和19年には74％に引き上げられた．一方，間接税も歳入増と消費の抑制のため，酒税，入場税，砂糖消費税の度重なる増税が行われた．また，臨時的措置で設けられた物品特別税が恒久的税源として物品税に改組され，課税対象の拡大，税率の引上げが行われた．

第3節　第2次世界大戦後の租税構造

(1) 戦後税制の出発点

　第2次世界大戦後，わが国は消費物資不足等によって深刻なインフレーションに見舞われ，経済は混乱状態にあった．昭和21年，戦後処理のために戦後補償特別税と財産税が創設された．戦後補償特別税は，戦後の財政再建を図るため，戦時補償請求権に100％課税することで戦時補償の支払いを打ち切るための措置であった．財産税は，10万円以上の財産を所有する個人に課税された．国税では，昭和22年実施の新憲法の下で家督相続の廃止に伴い，家督相続と，遺産相続税により税率に差別を設け，家督相続に有利であった制度を廃止し，遺産税に一本化した遺産税としたが，これを「相続税及び贈与税」に分けることにし，所得税と法人税等とともに，租税の中心的役割を果たすものとした．また，同年には，所得税・法人税などに申告納税制度が導入された．また，地方税については，昭和21年に道府県税が創設され，22年には国税であった地租や営業税などが地方税へと移管された．

　しかし，戦後処理に伴う財政拡大や復興金融金庫の原資調達のための復金債の日本銀行引き受け等により，インフレーションはさらに高進することになった．この事態に対処するために，当時デトロイト銀行頭取のジョセフ・ドッジ氏が

マッカーサー元帥の財政顧問として来日し，昭和24年に大幅な黒字を計上した超均衡予算が編成された（ドッジ・ライン）．これによってインフレーションは一挙に終息に向かった．そこで，インフレーションの終息を機会に，変化した所得分布のもとで徴税の円滑化と確実を保証するような，恒久的な税制を打ち立てる必要性がでてきた．この課題は昭和24年5月に来日したシャウプ使節団による2度の勧告（第1次：24年8月，第2次：25年9月）と，それに基づく25年の中央・地方を通ずる大税制改革によって果たされた．これが「シャウプ勧告」といわれるものである．

(2) シャウプ勧告の概要

シャウプ勧告の基本的方針は次のような5点にまとめることができる．

第1に，直接税中心主義の総合累進課税制度である．所得税については，キャピタル・ゲインの全額課税や利子所得の源泉選択課税の廃止，最高税率を20〜85%の14段階から，20〜55%の8段階に引き下げ，基礎控除等の充実が図られた．法人税については，35%の単一税率を導入するとともに，所得税との2重課税を調整する制度が採用された．その他，富裕税の導入（500万円超の純資産に対し，0.5〜3%の累進課税），相続税と贈与税を一本化した累積課税方式が採用された．では，なぜ直接税中心の租税体系を目指したのかというと，このような租税体系は政府の政策遂行に対する国民の関心を高めるとともに，個人の支払能力に応じて税負担を課す，すなわち，能力原則を生かすことに通じるからである．

第2に，間接税の中心を酒とたばこにかかる消費税収入を極力増加し，物品税，遊興飲食税などの奢侈的消費課税を残し，他の間接税はできるだけ廃止（酒消費税・織物消費税等の廃止）または縮小（物品税等の税率引下げ）されることになった．つまり，シャウプ使節団の「日本税制報告書」（第1巻 p.44）によれば，間接税中心の制度は「一般国民が政府のためどれだけ寄与しているか，その量を曖昧にし，寄与していることさえ気付かないようにしてしまう」．さらに「間接税では，適正に所得や富の懸隔および家族負担の差異を考慮に入れることができ

ない．それは，近代国家が必要とする高額の税を公平に徴収するにはあまりにも不完備な機構である」というのが，勧告の税制に対する基本的な立場である．

　第3に，①固定資産税の再評価を奨励し，企業に十分な減価償却を認める．②貸倒準備金，損失の繰越し，繰戻しを認める，などの措置により企業の危険負担を緩和した．つまり，使節団が第1に注目したことは，戦後の急激なインフレーションによって，固定資産税の帳簿価格と時価との間にいちじるしい相違が生じ，過去のきわめて低い帳簿価格を基準として減価償却を行う場合には，企業の純利益は不当に高く算定され，その名目利益に対し所得税，法人税が課されることにより企業の固定資産更新能力が奪われ，資本が食いつぶされると考えたからである．特にインフレーションからデフレーションへ移行した時，この不合理が顕在化した．そこで，資本蓄積に及ぼす租税の悪影響を緊急に除去するため，超過所得税を廃止し，物価水準の変化に照応させて資産の再評価を認めたのである．また，法人擬制説に立つ法人課税とともに，法人税の負担は，資本・課税所得・税率の3面から軽減され，資本蓄積を確保するために役立った．

　第4に，地方公共団体に独立税を与え，地方財政調整のため平衡交付金制度を創設した．それまで法定普通税として21種類の道府県税，30種類の市町村税があったが，それぞれ7種と10種類に整理された．道府県税においては，付加価値税，入場税，遊興飲食税を，市町村税においては，市町村民税と固定資産税を中心とすることになった．

　第5に，徴税面で申告納税制をとり，徴税費の民主化をはかった．このため，申告納税制度の下で帳簿書類に取引を記帳する慣行を定着させるため青色申告制度が設けられた．

(3) シャウプ勧告の評価

　シャウプ税制は，基本的に負担の公平を考慮した租税体系であったが，その後のわが国の実情に適さないことや経済成長のため資本蓄積を優先するということなどの理由から漸次改変された．この結果，多くの点で税負担の公平を無視した税制が形成されてくるが，この改変のうち主要な特徴として次のようなものが挙

げられる.

　シャウプ勧告は昭和25年度の税制改革に一応結実したが，そのときすでに付加価値税の施行が延期されたり，強制一律の資産再評価が任意再評価に切り替えられるなど，若干の改変を加えられていた．その後も所得税の減税等に伴う改正が年々加えられたが，中にはその他の勧告の基本理念を脅かすような改正も行われ始めた．それは，28年・29年の改正でいちじるしかった．すなわち，28年には，① 富裕税の廃止，② 株式の譲渡所得に対する所得税課税の廃止，③ 生産所得に対する法人税の復活などの国税改正である．29年にはさらに地方税についても，① 道府県税の創設による道府県税税収の強化，② 付加価値税の最終的な廃止，③ 地方平衡交付金の地方交付税制度への切りかえ，など大きな改正が行われた．すなわち，シャウプ勧告は中央政府の統制を弱めるために大幅な国庫補助金の削減を提唱したが，現実には削減どころか上昇し，また地方債の消化財源の大部分を政府資金に依存することにより，起債を通じて中央政府の統制力が強化されていくという，勧告とは矛盾する結果となってしまった．さらに平衡交付金制度が，危機に立つ自治体に地方経費の合理的な算出基準を明示することにより，財源要求の理論的根拠を教える結果となってしまった．これも地方は住民の要求に対する中央政府の統制が一層強化された一因である．また，都道府県においても付加価値税の導入より，事業税を中心とする方針を採り，シャウプ勧告による住民税の改正が低所得者層に重い負担となった．

　このようにシャウプ勧告は，わが国の現状に合わないことが数々指摘された．戦後の財産税により個人財産は平等化し，復興期でやっと経済再建の方向が見え始めてきたわが国にとって，新しい資産保有の階層は未形成な状態にあった．このため，企業も高い収益を上げることができず，戦後の高税率の下できわめて少額の国庫収入をもたらすにすぎないわが国は，公平な税負担を明確に打ち出したシャウプ勧告の高度な理論を受け入れるにはあまりにも貧弱であったことがこの勧告の実現を妨げた大きな原因であるとの意見がある．

(4) シャウプ勧告以来の大改革——消費税の導入

　これまで，わが国の間接税制度は，主に奢侈品や嗜好品と考えられるものに税負担を求める，個別間接税を採用していた．その代表が物品税で，その課税対象は，小売段階で課税する第1種物品（宝石，貴金属，毛皮等）と製造場から出荷する段階で課税する第2種物品（自動車，電気製品，家具等）に分類されていた．課税は従価方式で，税率5％（コーヒー，ココア等），10％（ラジオ，洗濯機，時計等），15％（小型冷蔵庫，レンジ，小型テレビ等），20％（たんす，机，椅子等），30％（大型モーターボート，ゴルフ用品等）の5段階であった．しかし，昭和63年にはカラーテレビ・洗濯機の普及率が99.0％，冷蔵庫の普及率が98.3％となり，何が贅沢品で，何が一般財か判断できなくなってきた．また，消費財の多様化により表7－5のようにレコードやゴルフ用品に物品税がかかり，CDやテニス用品には課税されないなど，物品間でアンバランスが生じてきた．また，負担の公平の確保という観点からも，消費に広く薄い負担を求める消費税の創設が必要であると考えられた．

　昭和63年12月30日に「消費税法」が公布され，平成元年4月1日から施行された．この意図について「税制改革法」第10条1項では次のように述べている．

　　① 現行の個別間接税制度が直面している諸問題を根本的に解決する．
　　② 税体系全体を通ずる税負担の公平を図る．
　　③ 国民福祉の充実等に必要な歳入構造の安定化に資する．

　なお，「消費税」の導入に伴い，物品税，砂糖消費税，トランプ類税，入場税，通行税（以上国税），電気税，ガス税，木材引取税（以上，地方税）は廃止した．

　課税対象は事業者による，商品の販売，役務の提供であり，税率は一率3％で，累積課税は行わない．当面課税売上高年間3,000万円以上の企業及び，事業者が課税対象者となる．この消費税は帳簿方式を採用し，更に，売上高5億円以下の事業者は原則課税3％または簡易課税制度のどちらかを選択できるものであった．このようにして導入された消費税は，表7－6にみられるように平成元年度には一般会計の決算額の中で3兆2,699億円の額を示し，租税収入の6％

表7-5　物品税の課税対象商品

課税されていた物品例	課税されていなかった物品例
毛皮製品	絹織物（西陣織等）
ゴルフ用品	テニス用品
水上スキー	スキー
普通の家具（けや木製等）	桐製・漆塗りの家具
金貨	金地金
コーヒー，烏龍茶，ココア	紅茶，緑茶
テレビ	パソコン
レコード	CD

表7-6　一般会計税目の内訳

（単位：億円）

年度 税目	平成元年度		平成9年度		平成16年度	
	金額	構成比	金額	構成比	金額	構成比
源泉所得税	153,089	27.9	154,030	30.0	114,050	27.3
申告所得税	60,728	11.1	37,797	7.3	23,730	5.6
法人税	189,933	34.6	134,759	25.9	94,070	22.5
相続税	20,178	3.7	24,129	4.6	11,000	2.6
消費税	32,699	6.0	93,047	17.9	95,630	23.0
その他	92,593	16.9	76,839	14.8	78,990	20.0
合計	549,218	100.0	520,601	100.0	417,470	100.0

出所）財務省　財務総合政策研究所編『財政金融統計月報』各年度予算特集より作成
備考）平成元年度，9年度は決算，16年度は当初予算

になり，早くも直接税の所得税，法人税に次いで第3位に位置してしまった．

そして，平成9年度に税率が5％に引上げられると，消費税の租税収入に占める割合は17.9％になり，その重要性はますます高まってきた．更に，平成16年度に課税売上高が3,000万円から1,000万円に引き下げられたために，その割合は法人税を超え，租税収入の第2位に位置してしまった．現在消費税の引上げが検討されているが，消費税が引上げられれば，租税収入の第1位になることが予想される．

次に国税の滞納状況を調べてみると，平成6年度の滞納税額は2,295,355百万円で所得税が46％，法人税が28％，消費税が14.5％の331,950百万円である．赤字の法人企業でも売上高が課税対象となるため，その対象者は消費税を支払う義務が生じる．

表7－7　平成13年度滞納税額及び税目別割合

(単位：100万円，％)

区　分	平成8年	割合（％）	平成13年	割合（％）
源泉所得税	469,939	17.3	446,179	18.0
申告所得税	796,643	29.5	670,505	27.0
法人税	698,835	25.9	363,682	14.6
相続税	267,616	9.9	364,964	14.7
消費税	424,270	15.7	618,281	24.9
その他	45,780	1.7	20,622	0.8
合計	2,703,089	100.0	2,484,233	100.0

出所) 国税庁編，『前掲書』，大蔵財務協会　2001年　p.6

企業によって操業のために消費税の預かり分を事業資金に回してしまう可能性が生じてくるであろうし，その結果，消費税の未払額が生じる率は高くなることもある．当初3％の税率で平成6年度に14.5％も滞納者が出たが，税率が更に5％にアップされて久しい昨今，平成8年度と5年後の平成13年度の滞納状況を調べてみると，所得税（源泉所得税・申告所得税）の滞納額は後者の方が若干減少しているか，または横並びであるのに対し，法人税の滞納率は平成8年の25.9％から13年度の14.6％と11.3％も滞納額の割合が減少している．その反面，表7－7のように消費税の方が15.7％から24.9％と13年の方が9.2％増加している．前述のように，課税最低限度額の売上高1,000万円以上が消費税課税の対象業者ということになれば，今後ますます消費税の滞納税額も加速度的に増加するものと思われる．そこで納付期限を源泉所得税のように毎月概算額を納付するか，または，年4回程度にして決算で調整を図るような方法を採らないとますます滞納額は増加の一途をたどることになるとの懸念は払拭されない．

参考文献

古島敏雄『日本封建農業史』四海書房　1941年
腰原久雄「経済発展の歴史－明治前期」『日本経済辞典』講談社　1973年
佐藤和彦編『日本史小百科〈租税〉』東京堂出版　1997年
速水昇編『財政学』学文社　1997年
海野福寿「開港後の在来産業の動向」『岩波講座日本歴史第15巻』1962年

新井益太郎監修『現代税法の基礎知識』ぎょうせい　1997年
国税庁編『第127回国税庁統計年報告』大蔵財務協会　2001年
山田雅俊・中村英雄・岩根徹・林広昭共著『財政学』有斐閣　1994年
青木信治編『財政学』法学書院　1972年
東洋経済新報社編『明治大正財政詳覧』東洋経済新報社　1975年
西村紀三郎『財政学新論（増補版）』税務経理協会　1978年
宇田川王章仁・古田精司共著『税制と税負担』東洋経済新報社　1974年
藤田武雄『現代地方財政入門』日本評論社　1974年
吉田健次『地方自治と地方財政』新日本出版社　1975年
山本正雄編『都市財政を考える』毎日新聞社　1975年
税制調査会編『税制調査会答申集』自治省税務局　1962年
佐藤慎一編『図説　日本の税制』（平成16年度版）財政詳報社　2003年
シャウプ使節団『日本税制報告書』第一巻　1951年

第8章
所得税

第1節　所得税の意義

　租税の理念として最も重要なことは「負担の公平」ということである．租税の負担が公平であるということは，納税者が各自の担税能力に応じて租税を負担することである．所得税は，個人の所得そのものを担税力の指標としてとりあげているところに特色がある．所得税は，原則として個人の所得に対して課される租税である．経済学上，個人の所得は「一定期間に個人が得る経済的利得」と定義されている．所得税法には，所得の意義についての規定は存在しないが，反復的または継続的なものに限らず，一時的または偶発的なものも含む，非常に広い所得をその課税対象としている（包括的所得概念または純資産増加説）．所得税は，個人の所得を課税客体として，基礎控除や扶養控除等の人的控除と医療費や社会保険料等の物的控除を差し引き，その残額に超過累進税率を適用して税額を計算する．

　個人所得は，後述するように，所得の発生形態に応じて利子所得，配当所得，不動産所得，事業所得等から成り立っているが，それらは総合されて課税されることから，所得税は人税といわれ，所得（担税力）に応じて租税を負担することを求める「応能負担原則」に沿うものである．

第2節　所得税の納税義務者

　所得税の納税義務者は原則として個人であるが，法人が納税義務者になる場合もある．所得税の納税義務者には，個人が居住者と非居住者，法人が内国法人と外国法人にそれぞれ区分が設けられている．それぞれの意義および納税義務の範囲は以下のとおりである．

(1) 居住者

　居住者とは，日本に住所を有する個人または引き続いて1年以上居所がある個人をいう．居住者は，国内および国外で生ずるすべての所得について納税義務

がある（無制限納税義務者）．また居住者のうち，国内に永住する意思がなく，かつ，現在まで引き続いて5年以下の期間，国内に住所または居所を有するにすぎない個人を非永住者といい，国内源泉所得および国外所得で国内において支払われまたは国外から送金されたものについてのみ納税義務がある．

(2) 非居住者

非居住者とは，居住者以外の個人，すなわち，日本に住所または1年以上の居所を有しない個人をいう．非居住者は日本に源泉のある所得についてのみ納税義務がある（制限納税義務者）．

(3) 内国法人・外国法人

内国法人とは，日本に本店または主たる事務所を有する法人をいう．内国法人は，国内において生じた利子，配当，利益の分配，報酬等の支払いを受けるときには，その所得について納税義務がある．

内国法人に対しては，本来，すべての所得に法人税が課されるが，利子，配当等は，徴税手続きの便宜上，例外的に法人についても源泉徴収が行われる．よって，これは実質的に法人税の前払いとなり，法人税額の計算時に税額控除として精算される．

外国法人とは，内国法人以外の法人をいう．外国法人は，国内において生じた利子，配当等の特定の所得について納税義務がある．

第3節　非課税所得と免税所得

所得税は，すべての所得に対して課税されるが，所得の性質，担税力，社会政策的配慮，課税技術上の要請等から特定の所得について課税対象から除外している．これを非課税所得という．また，災害減免法による災害被害者の所得税の減免など，一定の手続きにより所得税が免除されるものを免税所得という．非課税所得には，次のようなものがある．

① 当座預金の利子（年1％以下のもの），いわゆる子供銀行の預貯金の利子等
② 増加恩給および傷病資賜金，障害補償の給付，遺族の恩給および年金
③ 生活用動産の譲渡による所得
④ 給与所得者の出張旅費，転任旅費，通勤手当の一定額
⑤ 国外勤務者が受ける在勤手当
⑥ 文化功労者に対する年金，特定の学術研究奨励金等
⑦ 学資金および扶養義務者から受ける生活費等
⑧ 心身に加えられた損害に対する損害保険金および損害賠償金，慰謝料等
⑨ 相続，遺贈または個人からの贈与により取得するもの
⑩ 法人から受ける選挙費用の寄付

さらに，所得税法以外の法律で非課税とされる，宝くじ当選金（当せん金付証票法第13条），雇用保険の失業等給付（雇用保険法第12条）などがある．

第4節　所得の種類

(1) 所得の区分

所得には，給料のように毎年繰り返し発生する回帰的なものと，退職金のように臨時的に発生する非回帰的なものとがあり，担税力に応じた課税（応能負担原則）を行うには，所得の大小（量的担税力）のほかに，このような所得の発生原因ないし発生形態の相違（質的担税力）をも考慮する必要がある．

所得税法では，所得をその発生原因ないし発生形態によって，① 利子所得，② 配当所得，③ 事業所得，④ 不動産所得，⑤ 給与所得，⑥ 退職所得，⑦ 譲渡所得，⑧ 山林所得，⑨ 一時所得，及び，⑩ 雑所得の10種類に分類し，それぞれに応じた所得金額の計算方法や控除額を定めている．

(2) 総合課税と分離課税

所得税は，総合課税を原則として，一個人の所得金額（各種所得の金額）を合

算した金額から，基礎控除，扶養控除等の所得控除を差し引き，その残額である課税所得金額に対して超過累進税率を適用して所得税額を計算するという方法がとられている．また，例外的に退職金や土地譲渡のように，担税力や社会政策に応じて他の所得と区別して課税されるものもある．これを分離課税という．

(3) 各種所得の内容，計算及び課税方法

1．利子所得

利子所得とは，公社債及び預貯金の利子並びに合同運用信託及び公社債投資信託及び公募公社債等運用投資信託の収益の分配に係る所得をいう（所得税法第23条第1項）．

利子所得の金額は，その年中の利子等の収入金額である．よって，公社債等を購入するための借入金に係る支払利子は収入金額から控除することはできない．また国内で支払いを受けるべき利子等については，支払時における源泉徴収（税率：20%・所得税15%，地方税5%）で課税関係が終了する一律源泉分離課税制度がとられているため，確定申告を必要としない．

2．配当所得

配当所得とは，法人から受ける利益の配当，剰余金の分配，基金利息並びに投資信託（公社債投資信託及び公募公社債等運用投資信託を除く）及び特定目的信託の収益の分配に係る所得をいう（所得税法第24条第1項）．

配当所得の金額は，その年中の配当等の収入金額から借入金の利子を控除した金額である．この借入金の利子は，株式などを取得するための借入金に係る支払利子であるが，控除できる金額は，株式などの元本保有期間に対応する部分に限られている．配当所得に対する課税は，国内で支払いを受けるべき私募公社債等運用投資信託の収益の分配などについては，支払時における源泉徴収（税率：20%・所得税15%，地方税5%）で課税関係が終了する一律源泉徴収課税が適用されている．また，内国法人から支払を受けるべき配当金で1回に支払いを受

けるべき金額が5万円（計算期間が1年以上であるときは，10万円）以下の，いわゆる少額配当等については確定申告をしない場合は源泉徴収（税率：20%・所得税15%，地方税5%）で，上場株式等，公募株式投資信託の収益の分配及び特定投資法人の投資口の配当等（大口株主を除く）についても確定申告をしない場合には支払い時における源泉徴収（税率：10%・所得税7%，地方税3%）で課税関係が終了する．

3. 不動産所得

不動産所得とは，不動産，不動産の上に存する権利，船舶又は航空機の貸付けによる所得をいう（所得税法第26条第1項）．不動産，船舶及び航空機の貸付けは，事業所得ではなく，不動産所得となる．ただし，下宿のように賄い付きの場合や時間極め駐車場などは，サービス業の面から事業所得または雑所得となる．

不動産所得の金額は，その年中の不動産所得に係る総収入金額から必要経費を控除した金額である．なお，敷金等，将来返還するものは，不動産所得の収入金額にはならない．また，土地の賃貸に対する権利金の額が土地の価額の2分の1相当額を超えるものは，借地権の譲渡対価として，譲渡所得となる．

4. 事業所得

事業所得とは，農業，漁業，製造業，卸売業，小売業，サービス業その他の事業など，所定の事業を営んでいる者の事業に係る所得をいう（所得税法第27条第1項）．

事業所得の金額は，その年中の事業所得に係る総収入金額から必要経費を控除した金額である．

総収入金額は，実際の受取り金額（現金主義）ではなく，暦年中に収入すべきことが確定した金額により計算する（権利確定主義）．また，リベート収入，債務免除，商品の自家消費，無償や低廉の譲渡なども含まれる．

必要経費とは，総収入金額に対応する売上原価，その収入を得るために要した費用である．ただし，同居家族に対する賃貸料，給与などは，原則として必要経

費とすることはできないが，青色申告者については，家族従業員に対する給与が所定の要件を満たし，事前に税務署長に届出を行うことにより，その給与を必要経費に算入することができる．これを青色事業専従者給与という．

必要経費の計算についても，実際に支払った金額（現金主義）ではなく，その暦年中に支払うべき債務の確定した金額により計算する（債務確定主義）．

5．給与所得

給与所得とは，俸給，給料，賃金，歳費及び賞与並びにこれらの性質を有する給与に係る所得をいう（所得税法第28条第1項）．

給与所得の金額は，その年中の給与等の収入金額から給与所得控除額等を控除した金額である．また，特定支出金の合計額が給与所得控除額を超える場合には，その超過額をさらに控除できる．給与所得控除額は，給与所得を得るために必要な経費を概算的に控除するもので，収入金額の多寡に応じて法定されている．また，特定支出金とは，給与所得者が一定の要件に該当する通勤費，研修費，勤務に必要な資格取得費，単身赴任者の帰宅旅費等の支出をいう．

6．退職所得

退職所得とは，退職手当，一時恩給その他の退職により一時に受ける給与等（退職手当等）に係る所得をいう（所得税法第30条第1項）．

また，各種社会保険制度等に基づく一時金や適格退職年金等，確定給付企業年金法の規定に基づいて支給を受ける一時金なども退職手当等とみなされる．

退職所得の金額は，その年中の退職手当等の収入金額から退職所得控除額を控除した残額の2分の1に相当する金額である．

退職所得控除額は，退職所得者の勤続年数等に応じて次のように計算される．

① 勤続年数が20年以下の場合

40万円×勤続年数（最低80万円）

② 勤続年数が20年を超える場合

800万円＋70万円×（勤続年数－20年）

なお,障害者となったことにより退職した場合は,上記の金額に 100 万円を加算した額が退職所得控除額となる.

7. 山林所得

山林所得とは,山林の伐採又は譲渡による所得をいう(所得税法第 32 条第 1 項).ただし,山林を取得した日以後 5 年以内に伐採または譲渡による所得は山林所得ではなく,事業所得または雑所得となる.なお,山林とは,山に生立する立木およびその集団をいうので,山林を土地とともに譲渡した場合は,山林(立木部分)は山林所得,土地の部分は譲渡所得とされる.

山林所得の金額は,その年中の山林所得に係る総収入金額から必要経費を控除し,その残額から山林所得の特別控除額を控除した金額である.

必要経費は,山林の植林費,取得に要した費用,管理費,伐採費その他山林の育成または譲渡に要した費用であり,特別控除額は,総収入金額から必要経費を控除した金額と 50 万円とのいずれか少ない金額である.

また,その年の 15 年前の 12 月 31 日以前から所有していた山林の譲渡に係る譲渡に要した費用以外の必要経費の額は,次の算式によることができる.

(収入金額－伐採費等)× 45% ＋伐採費等＋山林所得に係る被災事業用資産の損失

8. 譲渡所得

譲渡所得とは,資産の譲渡による所得をいう(所得税法第 33 条 1 項).譲渡所得による課税は,資産の価値の増加益,すなわちキャピタル・ゲインに対する課税である.

資産の譲渡には,借地権の設定等,契約により他人に土地を長期間使用させる行為も含まれるが,棚卸資産またはこれに準ずる資産の譲渡や営利を目的として継続的に行われる資産の譲渡は譲渡所得とならない.

譲渡所得は,土地等(借地権,その他土地の上に存する権利を含む)または建物等(建物付属設備構築物を含む)の譲渡に係るものと,それ以外の資産の譲渡

に係るもの（例えば，ゴルフ会員権の譲渡に係る所得）とに区分されており，前者については，分離課税が，後者については総合課税がとられている．

総合課税の譲渡所得は，資産の取得後5年を超えて行われた譲渡に係る長期譲渡所得と5年以内に行われた譲渡に係る短期譲渡所得とに区分されるが，いずれも，それぞれその年中の譲渡所得に係る総収入金額からその取得費と譲渡費用を控除し，その残額の合計額から譲渡所得の特別控除額を控除した金額である．特別控除額とは，譲渡益と50万円とのいずれか少ない金額であり，譲渡益に長期譲渡所得に係るものと短期譲渡所得に係るものとがある場合には，まず，短期譲渡所得から差し引く．そして，短期譲渡所得はその全額を，長期譲渡所得については，その2分の1相当額を他の所得と総合し，総所得金額を計算する．

分離課税の譲渡所得は，土地等または建物等の譲渡に係る所得であるが，この譲渡所得も，譲渡した年の1月1日現在で所有期間が5年を超えるものの譲渡に係る長期譲渡所得と，5年以内のものの譲渡に係る短期譲渡所得とに区別されている．譲渡所得の金額の計算において損失が生じた場合には，まず，分離課税に係るものと総合課税に係るものとに区分し，同一グループ内で譲渡益と譲渡損の通算を行う．

なお，土地等や建物等の譲渡所得については，居住用財産の譲渡等さまざまな特別控除や課税の特例等が設けられている．

株式等（転換社債，新株引受権付社債など一定のものを含む）の譲渡に係る所得に対する課税については，個人投資家の市場参加の促進や証券市場の構造改革に伴い，平成15年以後，原則として申告分離課税へ一本化されるとともに，上場株式等の譲渡に係る軽減税率の特例や上場株式等の譲渡損失の繰越控除制度が創設された．しかし，個人投資家の申告事務負担に配慮し，証券会社に設定した「特定口座」を通じて行われる一定の上場株式等の譲渡については，所得金額の計算の特例，源泉徴収等の特例および申告不要の特例などが創設された．

9. 一時所得

一時所得とは，利子所得，配当所得，不動産所得，事業所得，給与所得，退職

所得，山林所得及び譲渡所得以外の所得のうち，営利を目的とする継続的行為から生じた所得以外の一時の所得で労務その他の役務又は資産の譲渡の対価としての性質を有しないものをいう（所得税法第34条第1項）．

例えば，懸賞の賞金品，福引の当選金品，競馬の馬券の払戻金，競輪の車券の払戻金，損害保険金の満期返戻金，法人からの贈与により取得する金品，遺失物拾得者または埋蔵物発見者が受ける報労金，遺失物の拾得または埋蔵物の発見により所有権を取得する資産，生命保険契約に基づく一時金などが該当する．

一時所得の金額は，その年中の一時所得にかかる総収入金額からその収入を得るために支出した金額を控除し，その残額から特別控除額を控除した金額である．ただし，その収入を得るために支出した金額は，その収入を生じた行為をするため，またはその収入を生じた原因の発生に伴い直接要した金額に限られる．特別控除額は，総収入金額からその収入を得るために支出した金額を控除した金額と50万円とのいずれか少ない金額である．なお，一時所得は，その2分の1相当額が総所得金額の計算に含められる．

10. 雑所得

雑所得とは，利子所得，配当所得，不動産所得，事業所得，給与所得，退職所得，山林所得，譲渡所得及び一時所得のいずれにも該当しない所得をいう（所得税法35条第1項）．

例えば，年金や恩給などの公的年金等，作家あるいは著述家以外の者が受ける印税や原稿料，講演料や放送謝金，工業所有権（特許権，実用新案権）の使用料，金銭や動産の貸付けに係る所得，不動産の継続的売買に係る所得などが該当する．

雑所得の金額は，その年中の公的年金等の収入金額から公的年金等控除額を控除した残額とその年中の雑所得（公的年金等に係るものを除く）に係る総収入金額から必要経費を控除した金額の合計額である．

「公的年金等控除額」は受給者の年齢（65歳以上か否か）と収入金額の多寡に応じて法定されており，また，必要経費は，収入を得るために支出した費用である．

第5節　総所得金額の計算

(1) 課税所得と損益通算

　所得税は，原則として各種所得の金額の合計額を課税所得金額として課税されるが，ある所得の金額に損失が生じた場合，総合課税の建前により，他の所得との相殺が認められ，不動産所得の金額，事業所得の金額，山林所得の金額または譲渡所得の金額の計算上生じた損失があるときは，それをその他の各種所得の金額から控除することができる．これを損益通算という．

　ただし，退職所得と山林所得は分離課税の対象とされる．退職所得は，給与の後払いであり，老後の生活の糧でもあるため，また山林所得は，投下資本の回収に長期を要するという理由により，累進税率の適用が緩和されている．

　なお，租税特別措置法により，利子所得，特定の配当所得に一律源泉分離課税制度，配当所得の一部に源泉分離選択制度，土地等の譲渡益に分離課税制度，有価証券譲渡益に分離課税制度等がある．

(2) 純損失・雑損失の繰越控除

　損益通算をして，なお損失となった場合を純損失といい，また災害・盗難等による資産損失を雑損失という．これらは，青色申告書の提出など一定の要件を満たす場合，その年分の総所得金額から控除しきれない金額を翌年度以降3年間，繰越控除することができる．

(3) 総所得金額等の計算

　総所得金額は，損益通算の結果残った各種所得の金額のうち，退職所得および山林所得以外の各種所得の金額を合算した金額である．ただし，長期譲渡所得の金額（分離課税以外のもの）および一時所得の金額は合計額の2分の1に相当する金額の合計額である．分離課税の土地等に係る事業所得等の金額，分離課税の譲渡所得金額等は，それらの各所得金額を損益通算し，純損失の繰越控除および雑損失の繰越控除を行った後の金額である．

(4) 所得控除と課税総所得金額の計算

　課税総所得金額は，総所得金額・退職所得金額および山林所得金額から，雑損控除等の各種の控除を行って求める．これらの控除を所得控除という．

　所得控除は，納税者の担税力や個人的事情，政策的な理由などによって各種定められている．それらのうち基礎控除，配偶者控除，配偶者特別控除および扶養控除は人的控除と呼ばれ，憲法第25条の生存権の保障から最低限度の生活を維持するのに必要な部分は担税力をもたないという理由による．

　また，障害者控除，寡婦（夫）控除および勤労学生控除は，個人的な事情により一般の人より追加的経費が必要であり担税力が弱いという理由からである．

　さらに，雑損控除，医療費控除，社会保険料控除，小規模企業共済等掛金控除，生命保険料控除，損害保険料控除，および寄付金控除は，社会政策的，公共政策的理由から認められている．各種所得控除の内容は以下である．

1. 雑損控除

　居住者又はその者と生計を一にする配偶者その他の親族の有する資産（生活に通常必要でない資産及び事業用資産を除く）について，災害，盗難，又は横領によって損失が生じた場合には，総所得金額等から一定額を控除できる（所得税法第72条第1項）．

　雑損控除の額は，損失を生じた時の直前の時価を基礎として計算する．この場合，災害関連支出の金額を含め，保険金，損害賠償金等で補填される金額を除いた金額である．雑損控除については，控除しきれない金額は雑損失として，翌年以降3年間の繰越控除が認められている．

2. 医療費控除

　居住者が，自己又は生計を一にする配偶者その他の親族に係る医療費を支払った場合には，その年中に支払った医療費の金額（保険金，損害賠償金などによって補填される部分の金額を除く）の合計額がその年分の所得金額の5%相当額（当該金額が10万円を超えるときは10万円）を超える場合に限り，総所得金額

等から，その支出金額及び合計所得金額に応じて法定されている一定額（限度額200万円）を控除できる（所得税法第73条第1項）．

なお，医療費の範囲には，医師又は歯科医師による診療又は治療の対価，治療又は療養に必要な医薬品購入費，通院のための費用，あん摩・マッサージ・指圧師・はり師・きゅう師・柔道整復師による施術，保健師及び看護師による療養上の世話を受けるための費用を含む．

3. 社会保険料控除

居住者が，自己または生計を一にする配偶者その他の親族が負担すべき社会保険料を支払った場合には，総所得金額等から全額を控除できる（所得税法第74条第1項）．対象となる社会保険料とは，健康保険，国民健康保険，介護保険，雇用保険，厚生年金保険，国民年金等の保険料，国家公務員共済組合法の規定による掛金等，一定の保険料，掛金等をいう（所得税法第74条第1項）．

4. 小規模企業共済等掛金控除

居住者が，小規模企業共済等掛金を支払った場合には，総所得金額等から全額を控除できる（所得税法第75条第1項）．

小規模企業共済等掛金とは，小規模企業共済法に規定する共済契約に基づく掛金，確定拠出年金法に規定する個人年金加入者掛金，地方公共団体が心身障害者に関して実施する扶養共済制度の掛金をいう．

5. 生命保険料控除

居住者が，自己または配偶者その他の親族を保険金等の受取人とする一定の生命保険契約等に基づく保険料・掛金を支払った場合，あるいは自己または配偶者を受取人とする一定の個人年金保険契約に基づく保険料を支払った場合には，総所得金額等から以下の金額を控除できる（所得税法第76条第1項）．

（ⅰ）一般の生命保険料を支払った場合
　　① 支払保険料25,000円以下の場合……支払保険料全額

②支払保険料が 25,000 円超，50,000 円以下の場合，

　　支払保険料×1/2 + 12,500 円

③支払保険料が 50,000 円超，100,000 円以下の場合，

　　支払保険料×1/4 + 25,000 円

④ 100,000 円を超える場合……50,000 円

（ⅱ）個人年金保険料を支払った場合

　　上記①～④の区分に応ずる算式により計算した金額

6. 損害保険料控除

居住者が，自己または生計を一にする配偶者その他の親族の有する居住用家屋，生活用動産を目的とする損害保険契約等，またはこれらの者の身体の傷害に基因して，保険金等が支払われる損害保険契約等に係る保険料等を支払った場合には，総所得金額等から以下の金額を控除できる（所得税法第 77 条第 1 項）．

（ⅰ）長期損害保険契約の支払保険料

　イ．10,000 円以下の場合……支払保険料全額

　ロ．支払保険料が 10,000 円超える場合

　　　支払保険料×1/2 + 5,000 円（最高限度額 15,000 円）

（ⅱ）短期損害保険契約の支払保険料

　イ．2,000 円以下の場合……支払保険料全額

　ロ．支払保険料×1/2 + 1,000 円（最高限度額 3,000 円）

（ⅰ）（ⅱ）両方ある場合……それぞれの控除額の合計額（最高限度額 15,000 円）

　長期損害保険契約とは，保険期間，共済期間 10 年以上で，満期返戻金などがあるもの．短期損害保険契約は長期損害保険契約以外のものをいう．

7. 寄付金控除

居住者が，国，地方公共団体，公益法人又は日本赤十字社等に対する寄付，あるいは特定の政治活動に関する寄付等の特定寄付金を支出した場合には，特定寄付金の支出額と所得金額の合計額の 25% とのいずれか少ない金額から 1 万円を

控除した金額を総所得金額から控除できる（所得税法第78条第1項）．

8. 障害者控除

居住者本人，あるいは控除対象配偶者又は扶養親族が障害者である場合には，総所得金額等から1人27万円（重度の障害者（特別障害者）である場合には40万円）を控除できる（所得税法第79条第1項）．

9. 寡婦（寡夫）控除

居住者本人が寡婦又は寡夫である場合には，総所得金額等から27万円（又は35万円）を控除できる（所得税法第81条第1項）．

寡婦とは，夫と死別又は離婚後婚姻をしていない者，または夫の生死が不明な者のうち，扶養親族や生計を一にしている合計所得金額が基礎控除額以下の子を有する者，および夫と死別後婚姻をしていない者または夫の生死が不明な者のうち，合計所得金額が500万円以下の者で，老年者に該当しない者をいう．

寡夫とは，妻と死別または離婚後婚姻していない者または妻の生死が不明な者のうち，生計を一にしている合計所得金額が基礎控除額以下の子を有し，かつ，合計所得金額が500万円以下の者で，老年者に該当しない者をいう．

10. 勤労学生控除

居住者本人が，勤労学生である場合には総所得金額等から27万円を控除できる（所得税法第82条第1項）．

勤労学生とは，学校教育法に規定する学生，生徒等の所定の者で，自己の勤労に基づく事業所得，給与所得，退職所得または雑所得を有する者のうち，その年の合計所得金額が65万円以下で，かつ，給与所得等以外の所得が10万円以下である者をいう．

11. 配偶者控除

居住者が，控除対象配偶者を有する場合は38万円を，老人控除対象配偶者を

有する場合は 48 万円を，総所得金額等から控除できる（所得税法第 83 条第 1 項）．

控除対象配偶者とは，居住者の配偶者で生計を一にするもの（青色事業専従者給与を受けるものおよび白色事業専従者を除く）のうち合計所得金額が 38 万円以下である者をいい，また，老人控除対象配偶者とは，控除対象配偶者のうち，年齢が 70 歳以上の者をいう．なお，控除対象配偶者が同居特別障害者に該当する場合には，それぞれの控除額に 35 万円が加算される．

12. 配偶者特別控除

居住者が，生計を一にする配偶者（青色事業専従者給与を受けている者，事業専従者および他の者の扶養親族とされている者を除く）を有する場合には，表 8－1 のように，控除対象配偶者の合計所得金額が 38 万円を超え，76 万円以下である場合，合計所得金額の多寡に応じて算定される一定額（最高限度額 38 万円）を，総所得金額等から控除できる（所得税法第 83 条の 2 第 1 項）．なお，居住者の合計所得金額が 1,000 万円を超える場合はこの控除の適用はない．

表 8－1 配偶者特別控除額

配偶者の合計所得金額	控除額
38 万円超　　40 万円未満	38 万円
40 万円以上　45 万円未満	36 万円
45 万円以上　50 万円未満	31 万円
50 万円以上　55 万円未満	26 万円
55 万円以上　60 万円未満	21 万円
60 万円以上　65 万円未満	16 万円
65 万円以上　70 万円未満	11 万円
70 万円以上　75 万円未満	6 万円
75 万円以上　76 万円未満	3 万円

13. 扶養控除

居住者が，生計を一にする扶養親族を有する場合には，扶養親族 1 人につき，扶養親族の年齢等に応じた所定額を総所得金額等から控除できる（所得税法第 84 条第 1 項）．

扶養親族とは，居住者と生計を一にする親族，児童福祉法により養育を委託された児童（里子）または老人福祉法により養護を委託された老人のうち，合計所得金額が38万円以下の者をいい（青色事業専従者給与を受けている者および事業専従者を除く），扶養控除額は表8－2の通りである．

表8－2　扶養控除額

	一般人	同居特別障害者
一般の扶養親族	38万円	73万円
特定扶養親族	63万円	98万円
老人扶養親族（同居老親等）	58万円	93万円
老人扶養親族（その他）	48万円	83万円

備考）1. 特定扶養親族とは，扶養親族のうち年齢16歳以上23歳未満の者をいう．
　　　2. 老人扶養親族とは，扶養親族のうち年齢70歳以上の者をいう．

14. 基礎控除

居住者については，無条件に誰でも38万円を総所得金額等から控除できる（所得税法第86条第1項）．

(5) 所得税率

① 課税総所得金額に対する所得税は，課税所得金額を表8－3の税率表にしたがって段階的に区分し，その区分された段階に応じて適用した税率（累進税率）を乗じた金額の合計額である．一般的には，表8－3の速算表を用いて課税所得金額×税率－控除額で計算される．

② 山林所得金額に対する所得税は，表8－4のようにその5分の1に相当する金額を上記①によって計算し，それを5倍した金額である（5分5乗方式）．一般的には，表8－4の速算表を用いて課税所得金額×税率－控除額で計算すると5分5乗方式の計算と同じ税額になる．

(6) 平均課税

所得の中には，漁獲や海苔の採取，原稿料，作曲料などの所得のように，年に

表8-3 所得税の速算表

課税総所得金額	税率	控除額
330万円以下	10%	—
330万円超　900万円以下	20%	33万円
900万円超 1,800万円以下	30%	123万円
1,800万円超	37%	249万円

例) 課税総所得金額が1,000万円の場合
　　10,000,000円×30% − 1,230,000円＝8,770,000円

表8-4 課税山林所得金額に対する所得税の速算表

課税総所得金額	税率	控除額
1,650万円以下	10%	—
1,650万円超　4,500万円以下	20%	165万円
4,500万円超　9,000万円以下	30%	615万円
9,000万円超	37%	1,245万円

例) 課税山林所得金額が3,000万円の場合
　　30,000,000円×20% − 1,650,000円＝4,350,000円

より変動の激しい所得（変動所得），また，プロ野球選手の契約金，不動産賃貸に係る権利金のように，臨時に発生する所得（臨時所得）があり，これらの所得は，毎年平均して発生する所得に比べ，累進税率による税負担を緩和する必要がある．このような理由から採用されているのが平均課税の制度である．

これは，変動所得または臨時所得の金額が総所得金額の20%以上である場合には，課税総所得金額から平均課税対象金額の5分の4に相当する金額を控除した金額を通常の方法により所得税額を算出し，次に，その所得税額に係る平均税率を5分の4に相当する金額に適用してそれに対応する所得税額を算出し，その合計額をもって，課税総所得金額に対する税額とするものである．

(7) 税額控除

所得税では，一定の要件に該当する場合に税負担を軽減するため，算出税額からの税額控除を認めている．税額控除には，配当控除，外国税額控除，住宅借入金等特別控除等がある．例えば，居住者が内国法人から利益の配当，剰余金の分

配を受ける場合には，算出税額から配当所得の10%または5%を控除できる．これは法人税と所得税の2重課税を調整するために設けられたものであり，これを配当控除という．また，居住者が外国に源泉のある所得について，その所在地国の法令により所得税を課せられたときは，その外国源泉所得に対応する税額を算出税額から控除できる．これは国際間の2重課税を排除するためのものであり，これを外国税額控除という．

さらに，住宅取得の促進と住宅投資による景気対策により，居住者が国内において，居住用家屋を新築等により取得し居住の用に供した場合において，その取得対価に係る10年以上の住宅借入金がある場合には，その人の所得金額が3,000万円以下であること，当該家屋の床面積が50㎡以上であること等，一定の要件を満たす場合に，住宅借入金等特別税額控除が認められている．

以上の所得税計算の仕組みをまとめると図8－1のようになり，図8－2の確定申告書等に記載して税務署に申告する．

第6節　青色申告

(1) 青色申告制度

これは納税者の記帳を整備し，申告納税制度の適正円滑な運営を図るために，昭和25年のいわゆるシャウプ税制に基づいて創設された制度である．青色申告のできる納税者は，事業所得，不動産所得または山林所得を生ずべき業務を営んでいる者で，税務署長から青色申告の承認を受けた者である．青色申告は事業所得，不動産所得または山林所得を生ずべき業務を営んでいる者で，所定の帳簿書類を備え付け，所定の事項を記帳している場合に認められる．税法上，青色申告者には種々の特典が認められている．

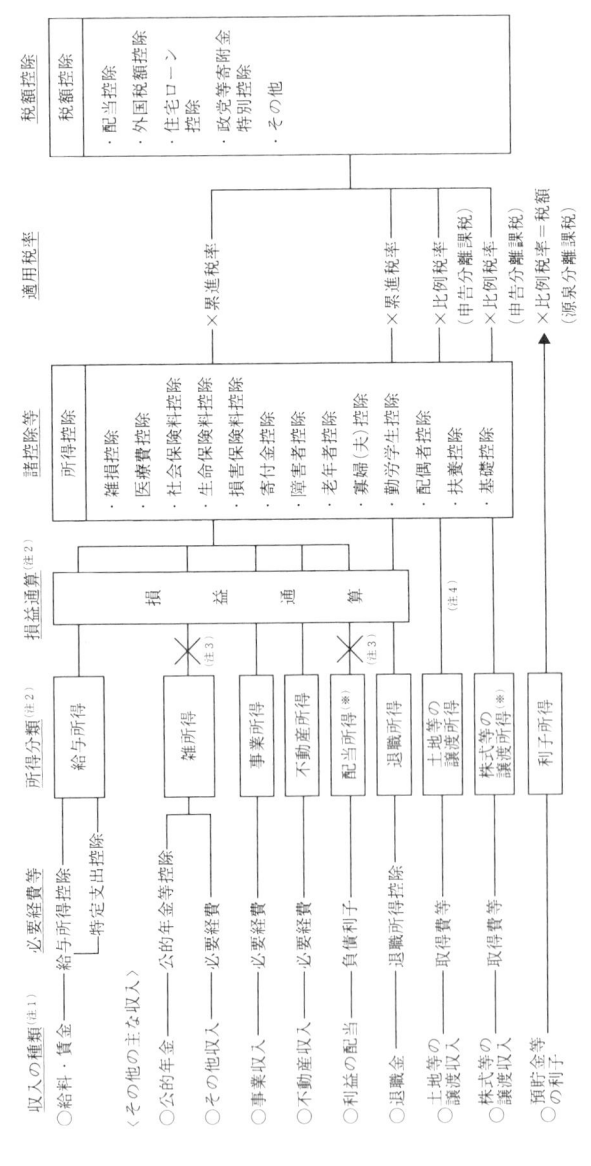

図 8−1 所得税計算の仕組み（イメージ）

収入の種類(注1)　必要経費等　　所得分類(注2)　損益通算(注2)　　諸控除等　　適用税率　　　　　　　　　税額控除

○給料・賃金 ──給与所得控除── 給与所得
　　　　　　└特定支出控除─┘

〈その他の主な収入〉

○公的年金 ──公的年金等控除──┐
○その他収入──必要経費─────┤雑所得
○事業収入──必要経費──────事業所得
○不動産収入──必要経費─────不動産所得
○利益の配当──負債利子─────配当所得(※)
○退職金──退職所得控除─────退職所得
○土地等の譲渡収入──取得費等──土地等の譲渡所得
○株式等の譲渡収入──取得費等──株式等の譲渡所得(※)
○預貯金等の利子────────利子所得

損益通算

所得控除
・雑損控除
・医療費控除
・社会保険料控除
・生命保険料控除
・損害保険料控除
・寄付金控除
・障害者控除
・老年者控除
・寡婦（夫）控除
・勤労学生控除
・配偶者控除
・扶養控除
・基礎控除

×累進税率
×累進税率
×比例税率（申告分離課税）
×比例税率
×比例税率（申告分離課税）
×比例税率＝税額（源泉分離課税）

税額控除
・配当控除
・外国税額控除
・住宅ローン控除
・政党等寄附金特別控除
・その他

出所）佐藤慎一編『図説 日本の税制』（平成16年度版）財経詳報社 2004年

備考）
1. 主な収入を掲げており、この他に「山林所得」、「一時所得」、「先物取引に係る雑所得等」などがある。また、各種所得の課税方法については、上記の課税方法のほか、源泉分離課税や申告分離課税等が適用される場合がある。
2. 各種所得の金額及び課税所得金額の計算上、一定の特別控除額等が適用される場合がある。
3. これらの所得に係る損失額は他の所得金額と通算することができない。
4. 平成16年分以後の土地、建物等の譲渡所得の譲渡損失額は他の所得金額と通算することができない。
※「株式等の譲渡所得」及び「配当所得」については、一定の要件の下、源泉徴収のみで納税完了することができる（確定申告不要）。

第8章 所得税

図8-2 確定申告書

(2) 青色申告の特典

青色申告者には，次のような特典が認められている．

1. 青色申告（特別）控除

　不動産所得または事業所得を生ずべき事業を営む青色申告者で，帳簿書類を備え付け，取引内容を正規の簿記の原則に従って記録し，かつ，その記録に基づいて作成した貸借対照表および損益計算書等，所得計算に関する明細書を添付した確定申告書を期限内に提出した場合には，それらの所得を通じて最高65万円（平成17年分以降）を控除できる．なお，上記の特別控除を受ける者以外の青色申告者については，不動産所得，事業所得または山林所得を通じて最高10万円を控除できる．

2. その他の特典

- 各種引当金の繰入れ
- 棚卸資産の評価方法についての低価法の選択適用
- 青色事業専従者給与の必要経費算入
- 家事関連費の必要経費算入
- 純損失の繰越控除，純損失の繰戻し還付
- 青色申告に対する更正の制限

参考文献

金子宏『租税法』（第9版増補版）弘文社　2004年
新井益太郎監修『現代税法の基礎知識』（5訂版）ぎょうせい　2004年
桜井四郎『税の基礎』2004年度版　経済法令研究会　2004年
高柳昌代『所得税の常識』（第8版）税務経理協会　2004年
大淵博義『国税の常識』（第7版）税務経理協会　2004年
井堀利宏『要説：日本の財政・税制』改訂版　税務経理協会　2003年
速水昇『要説財政学』（第3版）学文社　2002年
佐藤慎一編『図説　日本の税制』（平成16年度版）財経詳報社　2004年

第9章
資産税(相続税・贈与税)

第1節　相続税

(1) 相続の意味と相続財産

相続とは，亡くなった人の財産を，家族などが受け継ぐことをいう．亡くなった人を「被相続人」，財産を受け継ぐ人を「相続人」という．相続開始時期は人の死亡の瞬間から始まる．

相続財産は積極財産と消極財産の2つに分けることができる．

積極財産とは「一般財産」と「みなし相続財産」を併せたもので，「一般財産」とは，① 土地（田，畑，宅地，山林，原野，牧場等），② 地上権（耕作権，永小作権，借地権），③ 家屋（居住用家屋，貸家，工場，倉庫），④ 事業用財産（機械装置・備品等の償却資産，事業用自動車，棚卸資産，売掛金，受取手形，貸付金，敷金，電話加入権，営業権），⑤ 有価証券（株式，出資金，国債，公債，社債，投資信託），⑥ 現金預金（現金，当座預金，普通預金，定期預金，郵便貯金），⑦ 家庭用財産（家庭用什器備品，書画骨董），⑧ 立木（庭の銘木），⑨ その他（特許権，著作権，印税，現金・預金等の流動資産）のことをいう．「みなし相続財産」とは，① 生命保険金（被相続人が保険料を負担していたもの），② 死亡退職金（被相続人が受け取るべき退職金で，遺族に支払われるもの），③ 生命保険契約に関する権利（被相続人が保険料を負担した生命保険契約で，相続開始時には未だ保険事故が発生していないもの），④ 定期金契約に関する権利被相続人が掛け金を負担していた郵便年金契約で，相続時に未だ年金の給付が発生していないもの，⑤ 定期金（年金）の受給権（被相続人が受給を受けていた郵便年金等で，契約に基づき被相続人の死後遺族に支払われる一時金や年金），⑥ 退職年金の継続受給権（被相続人が受給を受けていた退職年金で死亡後遺族に継続して支払われる退職年金で，死亡後遺族に継続して支払われるもの）をいう．

消極財産とは，① 借入権（金融機関等からの借入金），② 事業上の債務（買掛金，未払金，前受金），③ 医療費（生前の病院の療費・入院費），④ 未払税金（被相続人の所得税・住民税，固定資産税），⑤ 葬式費用（葬儀に関する費用で，埋葬料，火葬料，僧侶の御布施，葬式に要した車代・飲食代）をいう．

また，非課税財産としては，① 皇室経済法により国嗣が継承する物，② 墓地・墓石・仏壇・仏具・神棚等の祭具，③ 公益事業者に譲渡した公益事業財産，④ 相続財産を国や地方または特定公益法人に寄付した財産，⑤ 被相続人が取得した生命保険金や退職金で，法定相続人1人につき500万円までの非課税限度額がある．なお，生命保険金や退職手当金のうち「非課税限度額」を超える場合には次の計算式により算出した額が非課税となる．なお，相続人が取得した退職手当金については生命保険金の場合に準じて，「保険金」とあるのを「退職手当金」と読み替える．

$$500万円 \times 法定相続人数 \times \frac{その相続人が取得した保険金の合計額}{被相続人の総ての相続人が取得した保険金の合計額}$$

　この非課税額のケースを設例1によって計算すると以下のようになる．

設 例 1

　相続により取得したとみなされる生命保険の各人別内訳は妻が2,100万円，長男が1,500万円，長女が1,200万円，次男（相続放棄）が1,100万円の場合．

① 非課税限度額　　500万円×4人＝2,000万円

② 相続人全員が取得した保険金の合計額

　　　妻の分　　長男の分　　長女の分　　　合　計　　非課税限度額
　　2,100万円＋1,500万円＋1,200万円＝4,800万円＞2,000万円

$$妻　2,000万円 \times \frac{2,100万円}{4,800万円} = 875万円$$

$$長男　2,000万円 \times \frac{1,500万円}{4,800万円} = 625万円$$

$$長女　2,000万円 \times \frac{1,200万円}{4,800万円} = 500万円$$

　上記により，相続税が課税される金額は，妻875万円，長男625万円
長女500万円，次男1,100万円（次男は相続放棄のため，非課税ではない．）

(2) 法定相続人

　相続の手続きは，遺言がある場合とない場合では大きく異なる．遺言がある場合は，遺言は原則として遺言で指定された通りに分割される．遺言がない場合には，民法の規定で相続人になれる範囲と順位が決まる．そして，この民法の決定により，相続人になる人のことを「法定相続人」という．民法の規定により法定相続人になれる人は，配偶者（法律上の夫または妻），子（直系卑属），父母（直系尊属），兄弟姉妹（傍系血族）の4種類の立場の人である．それゆえ，遺言がない場合には，内縁の妻や夫はもちろん，たとえ親族であっても，嫁や叔父，叔母，などは遺産を受け継ぐことはできない．もし，内縁の妻や長男の嫁などに遺産を残したいのであれば，これらを受遺者とする遺言を作成しなければならない．法定相続人の順位は以下の通りである．

① 第1順位……被相続人に子がある場合は，子と配偶者が相続人になる．子は胎児，養子，被摘出子も含まれる．配偶者が死亡している場合は子が全部相続する．

② 第2順位……被相続人に子がない場合は，被相続人の父母と配偶者が相続人になる．配偶者が死亡している場合は父母が全部相続する．

③ 第3順位……被相続人に子がなく，父母も死亡している場合は被相続人の兄弟姉妹と配偶者が相続人になる．配偶者が死亡している場合は兄弟姉妹が全部相続する．ただし，兄弟姉妹が死亡している場合には兄弟姉妹の子（被相続人の甥姪まで）がおのおのの相続権を引き継いで相続人になるこれを代襲（だいしゅう）相続という．

　相続の場合にさまざまな相続人関係が生じてくるのが普通である．そこで，ここではいくつかの相続人の異なる例をあげ各相続分について考えてみたい．この場合，子供をA・B・C……で表し，孫をa・b・c……で，死亡者を★で示し，被相続人を（★）で示している．

1) 妻と子供3人の例

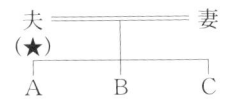

```
夫 ══════ 妻
(★)  │
 A   B   C
```

妻 ………… → 1/2
A ………… → 1/2 × 1/3 = 1/6
B ………… → 1/2 × 1/3 = 1/6
C ………… → 1/2 × 1/3 = 1/6

2) 妻と子供と相続放棄した子の例

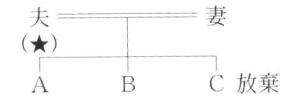

```
夫 ══════ 妻
(★)  │
 A   B   C 放棄
```

妻 ………… → 1/2
A ………… → 1/2 × 1/2 = 1/4
B ………… → 1/2 × 1/2 = 1/4
C ………… → 0

3) 内縁の妻と子供の例

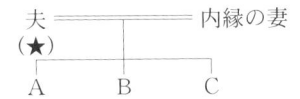

```
夫 ══════ 内縁の妻
(★)  │
 A   B   C
```

内縁の妻 … → 0
A ………… → 1/3
B ………… → 1/3
C ………… → 1/3

4) 妻と実子と養子が相続の例

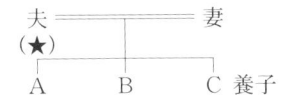

```
夫 ══════ 妻
(★)  │
 A   B   C 養子
```

妻 ………… → 1/2
A ………… → 1/2 × 1/3 = 1/6
B ………… → 1/2 × 1/3 = 1/6
C ………… → 1/2 × 1/3 = 1/6

5) 妻と子と孫の例

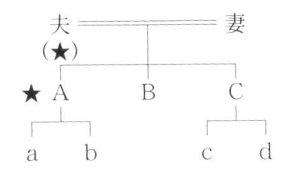

```
     夫 ══════ 妻
    (★)  │
 ★ A    B    C
  │          │
 a b       c d
```

妻 ………… → 1/2
a ………… → 1/2 × 1/3 × 1/2 = 1/12
b ………… → 1/2 × 1/3 × 1/2 = 1/12
c ………… → 0
d ………… → 0
B ………… → 1/2 × 1/3 = 1/6
C ………… → 1/2 × 1/3 = 1/6

6) 妻と子と親の例

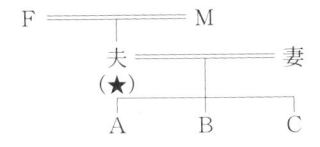

```
F ══════ M
   夫 ══════ 妻
  (★)  │
   A   B   C
```

妻 ………… → 1/2
A ………… → 1/2 × 1/3 = 1/6
B ………… → 1/2 × 1/3 = 1/6
C ………… → 1/2 × 1/3 = 1/6
M ………… → 0
F ………… → 0

なお，相続人になるのは，①遺産を相続できる者の条件は「人間」であること，すなわち，人間には親族関係があるが，法人にはそれがない．②胎児は，すでに生まれている子と同様に相続権があるが，死産の場合にはその胎児はいなかった者として取り扱われる．ただし，例外的に，当人が判断力のない幼児や，精神障害者である場合，刑に処せられた者の妻や夫，さらには子供の場合には，上記の各規定にかかわらず相続権を失うことはない．

　また，次のような場合には本来相続人であっても，特別な手続きがなくても相続の資格を失うことになる（民法第891条）．㋐故意に被相続人又は先順位もしくは同順位の相続人を殺したり，また殺そうとして刑に処せられた者．㋑被相続人が殺されたことを知っていても告訴，告発をしなかった者．㋒詐欺，強迫によって，被相続人が相続に関する遺言をし，これを取り消し，または，これを変更するのを妨げた者．㋓詐欺，強迫によって，被相続人に相続に関する遺言をさせ，または，遺言を取り消させ，あるいは変更させた者．㋔相続に関する被相続人の遺言書を偽造したり，変造または，破棄隠匿した者．

　さらに次の場合は相続人の意志によって，相続権を奪うことができる．ただし，この対象者は遺留分を有する者だけである（民法第892条）．ⓐ被相続人に対して虐待をし，もしくは重大な侮辱を加えたとき，ⓑその他の著しい非行があったとき．

　相続の放棄は相続開始の日から3ヵ月以内に家庭裁判所にその旨の書類を提出し，裁判所から相続放棄者へ真意の確認を得て受理してもらうことになる．3ヵ月を経過した場合には，相続の放棄はなかったものとみなされ，相続を受けたことになる．ここで注意しなければならないのは，相続の放棄は第1順位のみならず，第2順位・第3順位の相続人も3ヵ月以内に相続放棄の手続きを採らないと，自動的に第3順位の相続人も負の財産を引き継ぐことになるので注意が必要である．

　また，財産の増加や維持に特別貢献をした相続人に対しては，その貢献度に応じた財産を寄与分として，先に相続財産からその分を控除する制度がある．この寄与分を控除した後の相続財産を，法定相続人で分配するため，寄与者の配分は

多くなるが，これが認められるのは法定相続人に限られる．寄与分は相続人間の協議によって決定されることになるのだが，この協議によって結論が出ない場合は，家庭裁判所に調停を申し出て決定してもらう．

(3) 遺留分

前述したように，遺言書を作成すれば，法定相続人以外の者に全財産を遺贈（ある特定財産を被相続人が死亡したら贈与する遺言）することができる．しかし，それでは残された家族が住む家を失い，生活もできなくなるという事態が起こり得る．このように相続人に不利な事態を防ぐために民法では遺産の一定割合の取得を相続人に保証する「遺留分」という制度が規定されている．

遺留分の分割は相続人の立場の相違から以下のように分けることになる．

	（法定相続）	（遺留分）
① 配偶者と子供の場合	配偶者…→ 1/2	…→ 1/2 × 1/2 = 1/4
	子　供…→ 1/2	…→ 1/2 × 1/2 = 1/4 ÷ 子供の数
② 配偶者と親の場合	配偶者…→ 2/3	…→ 2/3 × 1/2 = 1/3
	親　　…→ 1/3	…→ 1/3 × 1/2 = 1/6 ÷ 親の数
③ 配偶者のみの場合	配偶者…→ 1/1	…→ 1/1 × 1/2 = 1/2
④ 子供のみの場合	子　供…→ 1/1	…→ 1/1 × 1/2 = 1/2 ÷ 子供の数
⑤ 兄弟姉妹のみの場合	兄弟等…→ 1/1	…→ 0

遺留分の基礎財産（民法第1030条）は相続開始時の財産に，贈与された以下の財産を加算した後，債務を控除した額となる．① 相続開始前1年以内に贈与された財産．② 被相続人と受贈者とが，遺留分の権利者に遺留分を侵害することを知りながらした贈与．③ 被相続人から相続人に与えられた贈与のなかで，特別受益となるもの．

ただし，前記②，③の場合は相続財産の算入に当たり，①のように1年という規定はなく，何年前の贈与財産であれ相続開始の時価より加算される．また，前記②の場合に贈与ではなく，不当に安い価額で売買した時には通常の価額との差額を相続財産に加算する．

遺留分を主張するか否かは本人の判断次第であり，確保したい場合は遺留分を侵している相手に「遺留分減殺請求書」を提出し，当事者間の話し合いで解決する．解決できなければ，通常は家庭裁判所の調停に委ねることになる．なお，相続が開始により遺留分が侵されていることを知った日から1年以内，その事を知らなくても相続開始後10年を経過すると減殺請求権は時効になる．

相続人の中で生前に特別な利益を受けた者を「特別受益者」（民法第903条）というが，特別受益者がいる場合に，その財産は時価に見積り相続財産に加算された後，各相続人の相続割合を計算することになる．この「特別受益」とは以下の場合をいう．① 生前に被相続人から受けた贈与．② 婚姻・養子縁組による支度金・持参金．③ 事業開始のための土地購入資金や，運転資金等の援助金．ただし，生前贈与の額が相続分を上回る者は，新たに相続分を受けることができない．（民法第903条の2）．また，天災等でこの財産がなくなってしまったときは，その価格はないものとする．（民法第904条）

ここで特別受益者のケースを設例2によって計算例すると以下の通りになる．

<u>設 例 2</u>

相続財産：2億3,000万円・　相続人：妻・長男・二男・三男・長女

特別受益者：長男：1,000万円の土地の贈与（時価3,000万円）

　　　　　　二男：1,000万円の建物の贈与（水害により流失）

　　　　　　三男：大学医学部入学等の資金3,500万円贈与

　　　　　　長女：結婚支度金500万円贈与

相続財産2億3,000万円＋3,000万円（長男の土地時価）＋3,500万円（三男医学部入学資金）＋500万円（長女結婚支度金）＝3億円

妻：3億円×1/2＝1億5,000万円，長男：1億5,000万×1/4－3,000万円＝750万円，二男：1億5,000万×1/4＝3,750万円，三男：1億5,000万×1/4－3,500万円＝250万円，長女：1億5,000万×1/4－500万＝3,250万円になる．

(4) 相続税の計算
1. 課税価格から納付税額の計算まで

相続税の課税価格とは相続や遺贈により財産を取得した人の課税対象額のことをいう．すなわち，課税価格の計算の基礎となる財産は相続財産（みなし財産を含む）から生命保険金等の非課税財産を差し引き債務控除や葬式費用を控除して求めることができ，それを基に相続税額の総額を算出し，そこから各人の納付税額を計算するのである．すなわち，相続税の計算は次の3段階に分けて行うのである．

① 課税価格の計算……相続や遺贈により財産を取得した人毎に財産計算を行う．

② 相続税総額の計算……財産を取得した人の全員の負担税額を計算する．

③ 納付税額の計算……各種の調整項目を基に1人毎の納税額を計算する．

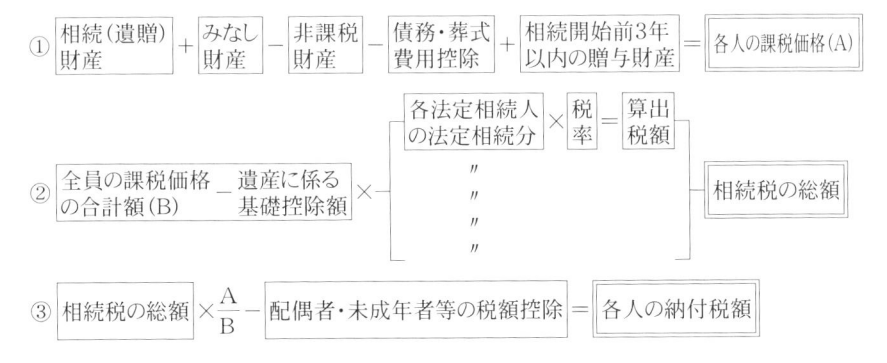

① 相続（遺贈）財産 ＋ みなし財産 － 非課税財産 － 債務・葬式費用控除 ＋ 相続開始前3年以内の贈与財産 ＝ 各人の課税価格(A)

② （全員の課税価格の合計額(B) － 遺産に係る基礎控除額）× ｛各法定相続人の法定相続分 × 税率 ＝ 算出税額｝ ⇒ 相続税の総額

③ 相続税の総額 × A/B － 配偶者・未成年者等の税額控除 ＝ 各人の納付税額

2. 遺産に係る基礎控除

相続税の課税最低限である基礎控除額は，5,000万円の定額部分と法定相続人1人につき1,000万円ずつ加算される比例部分からなっている．

相続税の基礎控除額 ＝ 5,000万円（定額部分） ＋ 1,000万円 × 法定相続人数（比例部分）

相続の放棄をした相続人であっても放棄がなかったものとされる．例えば，法定相続人が妻と子供2人であれば各人の債務控除後の課税価格の合計額から，

8,000万円（5,000万円＋1,000万円×3人数）を遺産に係る基礎控除額として控除する．この場合に，法定相続人の中に相続を放棄した者があったとしても，その放棄がなかったものとして法定相続人の数に含める．なお，養子は法定相続人の数に含めるが，法定相続人の数に含める養子の数は1人または2人に制限される（相続税法第15条）．すなわち，養父母の間に実子がいる場合には，養子のうち1人だけが，実子がいない場合に2人までが法定相続人として認められるのである．

3．相続税の税率

相続税の税率は，最低10％から最高50％の6段階の超過累進税率である．

◎相続税の税率（速算表）

基礎控除後の課税価格	税率	控除額
1,000万円以下	10％	―
1,000万円超～3,000万円以下	15％	50万円
3,000万円超～5,000万円以下	20％	200万円
5,000万円超	30％	700万円
1億円超～　　3億円以下	40％	1,700万円
3億円超～	50％	4,700万円

例えば取得金額が4,600万円の場合の納付税額は

4,600万円× 20％ －　200万円＝ 720万円
　　　　　　税率　　　控除額　　　納付税額

4．相続税の総額

上記の基礎控除後の金額を，各法定相続人が民法の法定相続分に従って相続したものとした場合の各取得金額に分け，これに税率を適用して算出した金額の合計額を相続税の総額とする（相続税法第16条）．

なお，設例3のケースにより相続税の総額を求めると以下のようになる．

> 設例3
>
> 妻　　　雅　子（法定相続人）　　16,635万円
> 長　男　春　雄（法定相続人）　　 8,873万円

長女　　奈津子（法定相続人）　　6,535 万円
二女　　亜紀子（法定相続人）（相続放棄のため取得財産なし）
孫（長男の子）進一（受遺者）　　1,200 万円
　課税価格の合計額　　　　　　　33,243 万円

○ 《相続税総額の計算》

① 課税価格の合計額　　33,243 万円

② 遺産に係る基礎控除額　　5,000 万円 + 1,000 万円 × 4 人 = 9,000 万円

③ 課税の総額　　33,243 万円 − 9,000 万円 = 24,243 万円

④ 法定相続分による取得金額（1,000 円未満の端数は切り捨てる．）

　妻　　雅　子　　1/2　　　　 = 121,215 千円
　長男　春　雄　　1/2 × 1/3 = 40,405 千円
　長女　奈津子　　1/2 × 1/3 = 40,405 千円
　二女　亜紀子　　1/2 × 1/3 = 40,405 千円

⑤ 相続税の基礎となる課税額

　妻　　雅　子　　121,215 千円 × 40% − 17,000 千円 = 31,486 千円
　長男　春　雄　　 40,405 千円 × 20% − 2,000 千円 = 6,081 千円
　長女　奈津子　　 40,405 千円 × 20% − 2,000 千円 = 6,081 千円
　二女　亜紀子　　 40,405 千円 × 20% − 2,000 千円 = 6,081 千円

⑥ 相続税の総額（相続税の総額に 100 円未満の端数があるときは切り捨て）．

　31,486 千円 + 6,081 千円 × 3 人 = 49,729 千円

5．各相続税人等の相続税額

　各相続人または受遺者の相続税額は，上記の相続税の総額をそれらの者が相続等によって取得した財産の価額により按分（あんぶん）して算出した金額とする（相続税法第17条）．これを設例 4 によって計算すると以下の通りである．

設例 4

設例 3 の課税価格の合計額　33,243 万円　　相続税の総額　49,729 千円
（内訳）　妻　雅　子　16,635 万円　　長男　春雄　8,873 万円

　　　　　長女　奈津子　　6,535万円　　孫　進一　　1,200万円

《各人の算出税額の計算》

① 按分割合（按分割合は合計で1.00になるように調整する必要がある）

　　妻　　$\dfrac{166,353千円}{332,430千円}=0.5004\cdots\to\ 0.50$

　　春　雄　$\dfrac{88,730千円}{332,430千円}=0.2669\cdots\to\ 0.27$

　　奈津子　$\dfrac{65,350千円}{332,430千円}=0.1965\cdots\to\ 0.20$

　　進　一　$\dfrac{12,000千円}{332,430千円}=0.0360\cdots\to\ 0.03$

② 各人別の算出税額

　　妻　　雅　子　　49,729千円× 0.50％ ＝ 24,864,500円
　　長男　春　雄　　49,729千円× 0.27％ ＝ 13,426,830円
　　長女　奈津子　　49,729千円× 0.20％ ＝ 9,945,800円
　　孫　　進　一　　49,729千円× 0.03％ ＝ 1,491,870円

6．相続税の2割加算

　なお，相続または遺贈により財産を取得した者が，被相続人の一親等の血族（その者の代襲相続人を含む）および配偶者以外の者である場合には，その者の相続税額にさらにその算出税額の20％相当額を加算する．また，孫・養子の場合には，同じく20％相当額が加算される（相続税法第18条）．このため，上記の各人別の算出税額のうち法定相続人ではない孫は算出税額の2割加算の対象者となりその税額は，1,491,870円× 20％ ＝ 298,374円が加算されるため，負担すべき税額は1,790,244円になる．

7．相続時精算課税適用者の課税価格

　相続時精算課税適用者が，相続または遺贈により財産を取得した場合には，相続税の課税価格に相続時精算課税で得た贈与財産の価額を加えたものを課税価格

とする．この場合に，相続時精算課税に係る贈与財産については課税された贈与税額は，相続税額から控除され，控除しきれない部分は還付される（相続税法第21条5，21条16，33条2）．ただし，相続または遺贈により財産を取得した者が，相続開始前3年以内に被相続人から贈与により財産を取得した場合には，相続の課税価格に贈与財産の価額を加えたものを課税価格とする．その贈与財産について課税された贈与税額は相続税額から控除される（相続税法第19条）．しかし，贈与税の配偶者控除の適用を受けた部分等は課税されない（相続税法第19条②令4）．このケースを設例5にそって計算すると以下の通りである．

《3年以内の贈与税の加算と贈与税額控除の計算例》

設 例 5

$$贈与税額控除額 = 贈与を受けた年分の贈与税額 \times \frac{相続税の課税価格に加算された贈与財産価額}{贈与を受けた年分の贈与財産の合計額}$$

① 設例3の長男春雄は，平成〇年中に父から250万円，母から50万円，合計300万円を贈与された場合の贈与税額は下の算式より19万円となる．

算式：(250万円 + 50万円) − 110万円（贈与税控除額）× 10% = 19万円

② 2年後に父が死亡したため相続税の課税価格に父からの贈与分250万円が加算され，その250万円の加算分に対応する金額は下の算式より158,333円となる．

$$算式：19万円 \times \frac{250万円}{300万円} = 158,333円$$

春雄の控除後の税額は 13,426,830円 − 158,333円 = 13,268,497円となる．

③ 控除する贈与税額が相続税額を超える場合は超えた贈与税は還付されない．

8．小規模宅地等についての課税価格の計算の特例

被相続等の事業用または居住用または国の事業用地として使用されている宅地のうち，特定事業用宅地で400m^{2}までの部分，特定居住用宅地では240m^{2}までの部分，その他の宅地では200m^{2}までの部分については，その宅地を取得した者の相続税額の課税価格に算入すべきその宅地の価額は，その宅地の価格に次に掲げる宅地の区分に応じて次に掲げる割合を乗じて計算した金額を控除した金

額とする（措置法第64条4項）．特定事業用宅地，特定供居住用宅地およびその他の宅地がある場合には，次の要件を満たす必要がある．

$$\left\{\begin{array}{l}\text{特定事業用・宅地等}\\ \text{の面積の合計額}\end{array}\right\}+\left\{\begin{array}{l}\text{特定居住用宅地等}\\ \text{の面積の合計額}\end{array}\times\frac{5}{3}\right\}+\left\{\begin{array}{l}\text{その他の宅地等}\\ \text{の面積の合計額}\end{array}\times2\right\}\leq400\text{m}^2$$

① 特定事業用宅地，特定居住用宅地，国営事業用宅地および特定同族会社の事業宅地当に該当するもの……80%

② 上記以外のもの……50%

(5) 税額控除

1. 配偶者に対する相続税額の軽減

① 被相続人の配偶者が，その被相続人からの相続または遺贈により実際に取得した財産に対する相続税額については，次の算式により計算した税額が軽減される（相続税法第19条の2）その配偶者の税額軽減額は次の算式で算出された金額

(ア) 相続税の課税 $\times \dfrac{\text{配偶者の法定相続分}^{(※)}}{\text{相続税の課税価格の合計額}}$

(イ) 相続税の総額 $\times \dfrac{\text{配偶者の課税価格の合計額}}{\text{相続税の課税価格の合計額}}$

(ア) と（イ）のうちいずれか少ない方の金額である．

(※) この金額が1億6千万円未満の場合1億6千万円．

設例1～2より軽減額を計算すると設例6のようになる．

設 例 6

財産取得者全員の課税価格の合計額	3億3,243万円
配偶者の課税価格	1億6,635万円
相続税の総額	49,729,000円
配偶者の算出税額	24,864,500円

◎（軽減額の計算）

3億3,243万円×1/2＝1億6,621万5千円＞1億6,000万円

1億6,635万円＞1億6,621万5千円

これにより軽減額は

$$49,729,000円 \times \frac{1億6,621万5千円}{3億3,243万円} = 24,864,500円$$

24,864,500 円 － 24,864,500 円 ＝ 0 円
　算出税額　　　　軽減額　　　納付額

この結果各人の納付税額を整理してみると（100円未満切り捨て）

　妻　　雅　子　　　　　0 円
　長男　春　雄　　　13,268,900 円
　長女　奈津子　　　　9,945,800 円
　孫　　進　一　　　　1,790,200 円　となる．

② 遺産が未分割の場合は，申告期限から3年以内に分割し，配偶者が実際に遺産を取得した場合のみ，この軽減の対象になる．なお，相続に関する訴えの提起などがあり，やむを得ない事情で分割できないときは税務署長の承認を受けることにより，配偶者軽減対象が認められる．

2．未成年者控除

法定相続人である財産の取得者が，20歳未満である場合には次の算式によって計算した額が控除される（相続税法第19条の3）．この場合1年に満たない端数がある場合は切り上げて1年とみなす．

　6万円×｛20歳－相続開始時の年齢｝＝控除限度額

このケースを設例7によって計算すると以下の通りである．

<u>設　例　7</u>

相続時の年齢が12歳5ヵ月と仮定した場合，

　20歳－12歳5ヵ月＝7年7ヵ月→8年と考える

　6万円×8（年）＝48万円　になるので控除額は48万円となる．

なお，控除額が未成年者本人の相続税額を超える場合には，その控除しきれない金額は，未成年者の親や兄弟などの扶養義務者の相続税から控除される．

3. 障害者控除

法定相続人が心身障害者で，相続または遺贈により財産を取得した場合には，次の算式により計算した金額が，その者またはその扶養義務者の相続税額から控除される（相続税法第19条の4）．

$$6万円（特別障害者の場合には12万円）\times \left\{70歳-相続開始の障害者の年齢\right\}=控除限度額$$

ここでいう障害者とは，心身喪失の状況にある人，失明者やその他精神又は身体に障害のある人をいう．この障害者が70歳に達するまで1年につき6万円で計算した金額が本人の相続税額から控除される．この場合，1年未満の端数月は1年と見なすのは未成年者控除と同じである．

4. 相次相続控除

被相続人が，その死亡前10年以内に相続により財産を取得している場合に前回の相続税額の一定割合相当額に前の相続から次の相続までの期間を10年から差し引いた年数の10年に対する割合を乗じた額を今回の相続税額から控除する（相続税法第20条）．これは短期間に祖父の死亡と父の死亡があると相続税が2回課される場合が生じる．そこで，この相続税の負担額を救済する制度が相次相続控除制度なのである．すなわち，前の相続（第1次相続）と後の相続（第2次相続）の間が10年以内の場合で，第2次相続における相続人の相続税額から第1次相続における税額の一部が控除されるのである．

控除額は次の算式による．

$$相次相続控除 = A \times \frac{C}{B-A} \times \frac{D}{C} \times \frac{10-E}{10}$$

（注）：$\frac{C}{B-A}$が$\frac{100}{100}$を超えるときは$\frac{100}{100}$とする．

A＝第2次相続の相続人が，第1次相続で取得した財産に課せられた相続税額
B＝第2次相続の被相続人が，第1次相続で取得した財産の価額
C＝第2次相続で相続人，受遺者の全員が取得した財産の価額の合計額

D＝控除対象者であるその相続人が，第2次相続で取得した財産の価額

E＝第1次相続から第2次相続までの経過年数（1年未満の端数は切り捨て）

このケースを設例8によって計算すると以下のようになる．

<u>設 例 8</u>

① 祖父「山田一郎」の死亡（第1次相続）により，父「新二郎」が取得した財産は価額 5,500 万円（算式 B の金額）で「山田新二郎」に課された相続税額 980 万円（算式 A の金額）

② 父「新二郎」の死亡（第2次相続）により財産を取得した者全員の取得財産の合計額 1 億 5,000 万円（算式 C）

父の相続人である子供「太郎」が取得した財産の価額 4,800 万円（算式 D）

③ 祖父「山田一郎」から父「山田新二郎」の死亡までの機関 6 年 11 ヵ月 → 6 年（端数月切り捨て，算式 E）

④ 子「山田太郎」の相次相続控除額＝ 1,254,400 円

$$980\text{万円} \times \underbrace{\frac{1\text{億}5{,}000\text{万円}}{5{,}500\text{万円} - 980\text{万円}}}_{(B)\quad(A)} \overset{(C)}{\left(= \frac{100}{100}\right)} \times \underbrace{\frac{4{,}800\text{万円}}{1\text{億}5{,}000\text{万円}}}_{(D)} \times \frac{10\text{年} - 6\text{年}}{10\text{年}} = 1{,}254{,}400\text{円}$$

5．在外財産に対する相続税額の控除

相続または遺贈により国外にある財産を取得した場合にその財産に対してわが国の相続税に相当する税が課されたときは，その課された相続税に相当する税額を控除する（相続税法第 20 条の 2）．

（6）申告納付

1．相続税の申告

① 同一人から相続や遺贈または相続時精算課税により贈与財産を取得したすべての者のその財産の総合計額が，前述の遺産の基礎控除額（5 千万円＋1 千万円×法定相続人数）を超える場合には，その財産の取得者は申告をしなければならない．

② 申告期限

　　相続の開始があったことを知った日の翌日から 10 ヵ月以内.

③ 期限後申告

　　申告期限内に申告しなかった者でも，税務署長の決定通知があるまでは，期限後においても申告することができる.

④ 修正申告

　　期限内申告書または期限後申告書の課税価額，相続税額または贈与税額について不足額がある場合または相続時精算課税による特別控除額が過大であったときには，更正の請求の通知があるまでは，修正申告ができる.

2．相続税の延納

相続税額が 10 万円を超え，納期限までに金銭で納付することが困難な場合には，納期限までの申請により，担保の提供を条件として，年賦延納が認められる（相続税法第 38，39，52 条）

① 延納期限の原則は 5 年以内で年利 6.0% である.

② 不動産等（不動産・立木・償却資産・同族非の株式）の合計額が相続財産の 50 ～ 75% 未満の場合は，

　　ア）不動産等による延納相続税額は 15 年以内，年利 3.6%.

　　イ）その他の部分の延納相続税額は 10 年以内，年利 5.4%.

③ 不動産等の合計額が相続財産の 75% 以上の場合,

　　ア）不動産等による延納相続税額は 20 年以内，年利 3.6%.

　　イ）その他の部分の延納相続税額は 10 年以内，年利 5.4%.

3．相続税の物納

相続税の納付が，延納によっても金銭により納付することが困難な場合には納期限までの申請により，納付を困難とする金額を限度として物納が認められる．物納財産は，課税価格の計算の基礎となった財産のうち，次の財産でなければならない．① 国債および地方債．② 不動産および船舶．③ 社債および株式ならび

に証券投資信託または貸付信託の受益証券．④ 動産．

なお，賃借権等のある不動産については，物納許可後1年以内に限り物納の撤回を申請することが認められている（相続税法第41～43条）．

第2節　贈与税

(1) 贈与税の意味と課税範囲

贈与税は個人から贈与（遺贈，死因贈与以外）を受けた者（受贈者）に課税されるものである．贈与税は生前贈与による相続の回避防止という意味で，相続税の補完的役割を果たすもので，暦年（1月1日～12月31日）単位で受贈者に課税される．扶養義務者相互間で，通常必要と認められる生活費や教育費に充てるための贈与（大学の授業料や仕送りなど），社会通念上相当と認められる範囲内での香典や見舞い金などについては，贈与税は課税されない．なお，特別障害者に対する贈与は6,000万円まで非課税になっている．

親の土地を無償で借り受け，子が家を建てる場合（使用貸借）は，その土地の使用権の価格はゼロとして取り扱うことになっているので，贈与税は課税されない．

親の土地を無償で借り受け，子が家を建てる場合（使用貸借）は，その土地の価額は，ゼロとして取り扱うことになっているので，贈与税は課税されない．また，住宅取得資金の贈与の場合は550万円まで非課税となっている．その条件は，① 贈与者が住宅取得者の父母・または祖父母からの金銭贈であること（義理の父母等からの贈与はだめ）．② 贈与財産は住宅取得のための金銭であること（土地または家屋等の不動産物件は不可）．③ 受贈者の年分の所得が1,200万円以下であること．④ 過去5年間に本人またはその配偶者が所有する住宅に居宅したことがないこと．⑤ すでにこの特例の適用を受けていないこと．⑥ 新築住宅の場合は床面積が$50m^2$以上であること．⑦ 中古住宅の場合は床面積が$50m^2$以上240m^2以下であること．取得日前20年以内（耐火建築は25年以内）に建築されたものである．なお，特別障害者に対する贈与は6,000万円まで非課

税になっている.

(2) 贈与税の計算

贈与税の税率は相続税のものと比べて重くなっており，その基礎控除額は年間1人110万円である．贈与税の計算方法は次の算式で計算され，設例1により計算すると以下の通りである.

$$\underset{(A)}{\boxed{\begin{array}{c}\text{年間の受贈財産}\\\text{の価額の合計額}\end{array}}} - \underset{(B)}{\boxed{\begin{array}{c}\text{基礎控除額}\\\text{110万円}\end{array}}} = \underset{(C)}{\boxed{\begin{array}{c}\text{基礎控除後}\\\text{の課税価額}\end{array}}} \times \underset{(D)}{\boxed{\text{税率}}} = \underset{(E)}{\boxed{\begin{array}{c}\text{贈与}\\\text{税額}\end{array}}}$$

設例 1

Aは父親から株式800万円を贈与され，同年に母親からも預金150万円を贈与された場合は,

$$\underset{(A)}{\boxed{(800万円+150万円)}} - \underset{(B)}{\boxed{110万円}} = \underset{(C)}{\boxed{840万円}} \times \underset{(D)}{\boxed{40\%-125万円}} = \underset{(E)}{\boxed{211万円}}$$

◎贈与税の税率（速算表）

基礎控除後の課税価格	税率	控除額
200万円以下	10%	—
200万円超～　300万円以下	15%	10万円
300万円超～　400万円以下	20%	25万円
400万円超～　600万円以下	30%	65万円
600万円超～1,000万円以下	40%	125万円
1,000万円超	50%	225万円

※）相続時精算課税制度を選択した場合の税率は一律20%

(3) 親からの住宅資金贈与は軽減される

政府の住宅建設促進の政策として，親から子供へ住宅取得資金の贈与があった場合には，その資金が550万円までならば無税，1,500万円までの部分に税額軽減の特例を認めるという制度である．この特例制度は年間の基礎控除額である110万円を5年分（550万円）前倒しして行なう税額計算方式で一般には5分5乗方式（贈与される金額を5で割り，その金額に対する税額を求め，それを5倍する）と呼ばれている．

《5分5乗方式による税額計算方式》＝

Aの金額…$\left\{\dfrac{住宅取得資金}{(最高1,500万円)}(a) \times \dfrac{1}{5} + その年の(a)以外の贈与財産 - 110万円\right\} \times 税率$

Bの金額…$\left\{(a) \times \dfrac{1}{5} - 110万円\right\} \times 税率$

贈与税額＝（A－B）＋B×5

設例 2 住宅取得資金の贈与の計算例

① Aは父から850万円の住宅資金を受けた場合の贈与税
　{850万円×1/5－110万円}×10%×5＝30万円

② Aは父から1,800万円の住宅資金を受けた場合の贈与税
　Aの金額：1,500万円×1/5＋(1,800万円－1,500万円)－110万円
　　　　　×30%－65万円＝82万円
　Bの金額：(1,500万円×1/5－110万円)×10%＝19万円
　贈与税額：(82万円－19万円)＋19万円×5＝158万円

（4）配偶者への贈与

1．配偶者控除の条件

　次の条件を満たしている場合には，最高2,000万円までの配偶者除が受けられる．① 婚姻期間が20年以上であること．② 贈与財産は居住用不動産または居住用不動産取得のための金銭であること．③ 贈与を受けた年の翌年の3月15日までに，贈与を受けた居住用不動産に実際に居住しているか，その日までに贈与を受けた金銭で居住用不動産を取得すること．④ その後も引き続き，居住する見込みのあること．⑤ 前5年以前のいずれかの年にその配偶者からの贈与について，すでに配偶者控除の適用を受けていないこと．⑥ 一定の書類を添付し，贈与税の申告をすること．

2．添付書類

　添付書類として必要なものは　① 戸籍謄本または抄本，および戸籍の附票（贈

与を受けた日から10日以降作成されたものに限定), ② 取得した居住用不動産に関する登記簿謄本, または抄本, ③ 住民票の写し (贈与を受けた配偶者がその居住用不動産を居住の用に供した日以降に作成されたものに限る.

《配偶者控除の計算方法》

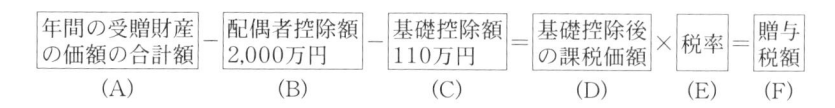

年間の受贈財産の価額の合計額	−	配偶者控除額 2,000万円	−	基礎控除額 110万円	=	基礎控除後の課税価額	×	税率	=	贈与税額
(A)		(B)		(C)		(D)		(E)		(F)

配偶者控除のケースを設例3によって計算すると以下の通りである.

設例 3

① 婚姻期間27年になる妻が夫から, 居住用の土地2,600万円と400万円の家屋を贈与された場合.

$$\underset{(A)}{(2,600万円+400万円)} - \underset{(B)}{2,000万円} - \underset{(C)}{110万円} = 890万円$$

$$\underset{(D)}{890万円 \times 40\%} - \underset{(E)}{125万円} = 231万円$$

② 婚姻期間26年になる妻が夫から, 居住用マンション1,830万円を贈与された場合.

$$\underset{(A)}{1,830万円} - \underset{(B)}{1,830万円} = \underset{(E)}{0円}$$

$$\underset{(A)}{2,110万円} - \underset{(B)}{2,000万円} - \underset{(C)}{110万円} = \underset{(F)}{0円}$$

この設例から, 配偶者控除は実際には2,110万円まで無税 (基礎控除110万円加算) であることが分かる. 次に配偶者控除の節税としての効果はどれぐらいあるかを財産2億円の場合について考えてみたい. 資産がある者はできるだけこの制度を利用すべきであると思う. 例えば, 配偶者特別控除を受けた場合と, 受けなかった場合の相続税額について, 課税相続財産を相続人が妻と子供1人が相続した場合を例に考えてみると以下のようになる.

ア) 基礎控除額は, 70,000千円 (50,000千円+10,000千円×2人=70,000千円)

イ) 200,000千円−70,000千円÷2人×0.3−7,000千円=12,500千円 (各人の

取得額)

ウ) 200,000 千円 − 20,000 千円 − 70,000 千円 ÷ 2 × 0.3 − 7,000 千円 ＝ 9,500 千円

イ) − ウ) ＝ 3,000 千円

これにより配偶者特別控除を生前に受けた方が得であることが分かる．

評価額1億円の土地を贈与税を支払わないで，婚姻期間28年の配偶者に贈与したい場合には，2,110万円の持ち分贈与をすること．よって，2,110万円÷10,000万円＝211/1,000が配偶者の持ち分となり，100％−21.1％＝78.9％が相続税の課税対象となる．

以上のように配偶者特別控除の2,000千円を利用した方がその分相続財産が少なくなるのでこの制度を利用すべきである．

(5) 底地を子供が買うケース

地主AからBが長期にわたって借地をしているBはAから底地買取の要求があった場合に，Bは相続のことを考えて，その底地をBの子供が買った場合には，親が借地人で子供が地主ということになる．この場合に，それまでBがAに対してもっていた借地権は，上述のように親子間では使用賃貸借に変化してしまう．そのため借地権が子供に贈与されたことになり贈与税がかかる．

◎底地を子供が買う場合の注意（底地を子供に移転）

(イ)

建物	家屋（親）(B)
土地	借地権（親）(B)
	底地（地主）(A)

(ロ)

建物	家屋（親）(B)
土地	借地権（親）(B)
	底地（子）(C)

(ハ) 子供に贈与税がかかる

建物	家屋（親）(B)
土地	自用地（子）(C)

前述のように，使用借地権の評価は，ゼロであるので，子供はその土地を100％所有していることになる．そこで，今まで親がもっていた借地権が子供に贈与されたものと見なす．このため，この場合の贈与税を免れるには親子連名による「借地権者の地位に変更のない旨の申出書」を所轄の税務署に提出すれば課税は免れる．しかし，相続の時には親の借地権は課税の対象になる．

(6) 毎年110万円ずつの贈与（金融資産の名義は証明力なし）

親が子供の将来のために，子供（A）名義の預金通帳に10年間毎年110万円の金額を贈与してきたので通帳には1,100万円の残高がある．この金を元に（A）が不動産を購入した場合，その不動産を購入した年に親から1,100万円の贈与があったものとみなされ，（A）に贈与税が課される．すなわち，税務署は，この10年間親の財産を子供の名義を使って毎年110万円ずつ預金したのだと考えるのである．このように，毎年110万円ずつの贈与方法には問題がある．そこで毎年111千円を贈与して贈与税の申告をし，わずか100円の税金を支払うことを勧めたい．

1,101,000円 － 1,100,000円 ＝ 1,000円 × 10％ ＝ 100円
（贈与額）　　（控除額）　　　　　　　　　（課税額）

このケースのように贈与は証明が大切なので，次の点に注意する．

① 贈与者の口座から受贈者の口座に贈与金額を振り替える．
② 受贈者は贈与金額をできるだけ引き出さない．
③ 通帳や印鑑は受贈者自身が贈与者と別の場所に保管する．
④ 年間110万円を超えた場合には必ず贈与税の申告をする．

(7) みなし贈与に注意する

贈与税には，通常の金銭，不動産等の贈与の他に5つのみなし贈与がある．みなし贈与財産の種類には，① 信託受益権，② 生命保険金，③ 定期金（年金），④ 低額譲受，⑤ 債務免除益

① 信託受益権とは，土地を信託銀行等に預け，有利に運用してもらうのが信託で，委託者（財産を預ける者）と受益者（利益や元本をもらう者）が同一の場合には問題はないが，異なる場合に委託者からの贈与があったものとみなされ課税される．

② 生命保険金については，保険金受取人以外の者が保険料を負担していた保険金を取得した場合に，保険金受取人は保険料負担者からの贈与があったとみなされる．

◎生命保険の課税方法

被保険者	保険料負担者	受取人	課税関係
夫	夫	妻	妻に相続税
夫	妻	子	子に贈与税
夫	妻	妻	妻に一時所得

③ 定期金では，私的年金を一定期間掛け，年金受給事由が発生した場合に掛け金と年金受給者が同一であれば贈与税がかからないが，異なる場合にみなし贈与が発生する．

④ 低額譲受とは，時価よりいちじるしく低い価額で財産を譲り受けた場合には，時価との差額は贈与があったものとみなすこと．

⑤ 債務免除益は，子供の借金を親が肩代わりした場合，子供はその負債の金額分の利益を得た者として，贈与税が課される．しかし，債務者の子供が扶養義務者であったり，資力を喪失している場合にはこの適用はない．

注）1. 従来は子供に土地を譲渡する際の価格を相続税の評価額で行えばよかったが，平成元年3月29日付けの通達により，「通常の取引価額」により評価をすることになり，通常の取引価額よりいちじるしく低い価額で譲渡すれば，みなし贈与課税の対象になる．

注）2. いちじるしく低い価額とは，（ア）親の取得価額以下で譲渡した場合，（イ）親の取得価額以上でも，通常の取引価額に比べて20％以上低い価額で譲渡した場合

(8) 金融資産は毎年小額ずつ贈与する（年1回ずつとする）

① 1,000万円を贈与する場合に1回に贈与すると贈与税が231万円
② 1,000万円を贈与する場合に2回に分け贈与すると贈与税が53万円
③ 1,000万円を贈与する場合に5回に分け贈与すると贈与税が9万円

(9) 相続時精算課税制度について

この制度は贈与時に贈与財産に対する贈与税を申告・納付し，その贈与者の相続時にすべての贈与財産の価額を相続税の課税価格に加算して計算した相続税からすでに納付した贈与税額を控除して納付すべき相続税とする制度である．

この贈与税には2,500万円の特別控除があり，この額を超えた贈与財産がある場合には，通常の超過累進課税ではなく，一律20％の税率ですむことになる．

　また，この相続時の清算課税で相続税額から控除しきれない贈与税額がある場合には，その控除しきれない額の還付を受けられるのがこの制度の特徴で，相続開始前9年以内の贈与財産の加算制度についての贈与税額控除では，控除税額が相続税額を超えても還付されないのでこの点とは大きく違うのである．

(10) 申告納付

1. 贈与税の申告

① その年中に贈与により取得した財産につき国に納付すべき贈与税があるときは，中間申告しなければならない．

② 贈与を受けた年の翌年の2月1日から3月15日まで．

2. 贈与税の延納（贈与税法第38，39，52条）

　贈与税額が10万円を超え，しかも，納期限までに金銭で納付することが困難な場合には，納期限までの申請により，その困難とする金額を限度として，5年以内の年賦延納が認められている．利子税は年6.6％である．

参考文献

小池正明『相続・贈与かしこい節税の実際』日本実業出版社　2004年
小池正明『わかりやすい相続税贈与税』税務研究会出版局　2003年
渡辺光男・有賀喜政著・監修『見てわかる相続・贈与と結い遺言』池田書店　2000年
海老原薫監修『相続・贈与のことがよくわかる辞典』西東社　2004年
満渕賢孝『相続税の節税戦略』清文社　2004年
緑川正博・大森正嘉『相続・贈与税の節税対策』ぎょうせい　2004年
法律研究会編『相続贈与の法律相談』髙橋書店　1989年
友弘公認会計士事務所編『物納・延納による相続税対策』清文社　2004年
神蔵勉『相続税法の要点整理』中央経済社　2004年

橋本守次『宅地評価の実務』財経詳報社　2000 年
自由国民社編『財産相続の法律相談』自由国民社　2004 年
佐藤慎一編『図説　日本の税制』（平成 16 年度版）財経詳報社　2004 年

第10章 法人税

第1節　法人税の課税の根拠

(1) 概　観

　法人税とは，第3章で説明したように法人の企業活動により得られる所得（利益）に対して課される租税である．法人税の課税の根拠については，古典的には，法人という企業の形態で事業活動を行うことが認められているという一種の特権に対する租税であるという説，あるいは法人がその事業活動において政府から受ける利益に対する租税であると解釈する説があった．前者の説においては，今日では法人が事業活動を行うことが特権である，あるいは仮に特権であるとしても，22%または30%の法人税率を正当化することにおいては，無理がある．また，後者の説においては，法人に限らず他の個人事業などにおいても，政府から受ける利益はあるので，法人のみが受ける利益というものを特定することはできない[1]．

　法人は，株主の意思とは別に，独立した経済取引の主体となり経済活動を営み利益を追求している．しかし一方では，経済活動の結果得られた利益は，配当として株主等である個人に帰属することになる．こうした点で法人は，2面性を有していると考えられている．つまり，法人税の課税の根拠について，そのとらえ方には2つの考え方があり，ひとつには法人擬制説があり，もうひとつは法人実在説がある．

(2) 法人擬制説と法人実在説

　まず，法人擬制説の考え方は，法人税は所得税の前取りであるとする考え方である．すなわちわが国では，法人税という租税がかかるが，その根拠は，法人税は法人の構成員である各個人が負担するものであり，法人の段階で，株主等に対する個人所得税を一部前取りしているという考え方による．つまり法人は，法人自体が独立した実体ではなく個人としての株主の集合体であるから，法人が獲得した所得に課される租税は各個人に帰属する．よって，法人が納付する法人税は，個人が負担すべき所得税の前払い分であると考える．

この考え方に立てば，法人税と個人所得税との2重課税の問題が生ずる．すなわち，法人の所得（もうけ）に対して法人税を課し，法人課税後の所得から支払われた配当を受け取った株主等に所得税をかければ，その個人株主からみれば，同じ所得に対して2度の課税を支払うことになる．そこで，この2重課税を排除[2]するため，法人税法には受取配当等の益金不算入の規定（法人税法第23条）がある．

　もうひとつの考え方に，法人実在説がある．この考え方は，法人税は，法人の担税力に対する独自の租税である．つまり，法人と，法人の出資者である株主とは，別個の独立した存在であると考えることにより，法人税と受取配当に課される所得税とは調整を必要としない[3]とする考え方である．すなわち，法人実在説は，法人それ自体が，経済取引をする権利能力をもっているという考え方である．したがって，法人に利益が出たらそれに対して課税し，その利益の一部を株主等である個人に配当して，その株主の配当所得に課税するというものである．こうした法人実在説の考え方によれば，そもそも2重課税という問題は生じないのである．

　以上の2つの考え方の相違点をまとめると，次のようになる．すなわち，法人擬制説によれば法人税は，法人の出資者である株主の受取配当に対して，法人税と個人所得税との2重課税を排除すべきという観点で，租税の調整を行なわなければならないと考える．一方，法人実在説によれば，法人とその法人の株主とは別個独立した存在である．よって，法人税と配当に係る所得税とを調整する必要はないと考える．

(3) 今日の議論

　今日わが国の法人税の議論は，租税原則やより機能的な観点から行なわれるようになっている．特に，法人実在説を前提とした議論の支持者は少なくなっており，多くは，法人擬制説の立場をとっている．この点で，現在では法人税の中心的論議は，いわゆる法人税と所得税の統合における議論である．そこで第2節では，法人税と所得税との統合を中心に，その基礎となる考え方について述べる．

第2節　法人税と所得税の統合(2重課税排除の問題)[4]

(1) 概　観

　法人税改革における大きな論点のひとつに，法人の支払う配当に対して法人利益として法人税を課し，さらにその配当を受け取った株主に所得税を課す（two-tier tax）か，あるいは，法人税と所得税を統合して1回のみ課す（one-tier tax）という議論がある．前述のように，その骨子は，有価証券などの配当には法人の利益として法人税が課される．その上でさらに配当所得として個人所得税が課される．つまり，同一の所得に対して2度課税されている．しかし一方，個人企業や組合形態の企業においては，一般に個人の段階で1回のみの課税で済んでいる．

　また，法人の借入資本の利子として分配されるものは，支払利子が控除されることから，貸主に対しては1回のみの課税となる．しかし自己資本としての出資の分配である配当には，再び課税されるということがある[5]．こうした点で，これでよいのかという議論がある．

(2) 2重課税の排除

　ここで誤解を避けるための重要な点は，2重課税の排除という問題は，単に2重課税を排除すること自体を政策目的とするということではなく，2重課税を排除することによる経済活動の活発化，つまり，投資の促進および株式市場の活発化を図ることが重要なのである．

(3) 法人税と所得税の統合の目標

　「法人税と所得税を統合する目標は，租税以外の基本的な経済的考慮により投資，企業組織，財務等の決定がなされるべきである[6]」ということである．伝統的には，法人所得を分配される株主の税率で1回限りの課税をするということである．この点で，「法人税を所得税とは独立して課税することには，つぎの3つの経済的な攪乱が生ずるとされる．すなわち，① 企業形態の選択，② 自己資

本ないし借入資本による資金調達の選択，③配当ないし内部留保の選択に対して影響を及ぼし，経済的中立性を損ねる[7]」ということである．つまり，法人税と所得税の税率が異なることから，法人税と所得税の統合を行わずに法人税と所得税がおのおの独立して課税することは，本来，経済的には個人事業であるのが適当であるが，課税上の理由から，法人形態が選択されることがあるということである．

(4) 法人税と経済的中立性

租税は，財貨およびサービスを選択するにあたり，中立的に作用するよう課税されなければならないとされているが，法人税に対しては経済的中立性からみて，法人と法人以外の企業形態との間の資本の適正な配分を損ねているという批判がある．すなわち，法人形態をとることの利点として，①事業主に有限責任が認められる，②経営の集中がなされる，③株式の持ち分が自由に移転される，④企業の継続性が維持される等がある．しかし，法人税と所得税との税率が相違するということは，事業上の利益を法人に留保することが，税率上有利となることもある．また事業上，法人では報酬の控除が可能となる等の利点も多い．したがって，経済的には個人事業が適当であるにもかかわらず，課税上の都合から，法人の形態が選択されることが少なくない．こうしたことから，法人税は配当政策に対して中立性を損ねているといわれる．しかし，所得税と独立した法人税の仕組みのもとでは，例えば，借入資本の利子は控除が認められるが，法人の支払配当は控除が認められない．このことから，借入資本を選択する傾向があるという点で，中立性を損ねているといわれる．

(5) 統合の方式[8]

理論的には，法人税と所得税の統合により，法人の所得に対して1回限りの課税が行われ，その結果，経済的中立性が維持される．法人所得が株主の税率で株主に対して，1回限りの課税が行われる方式として，法人税と所得税とを完全に統合させる「組合方式」がある．この方式は，法人を組合であるかのように考

え，法人所得をその法人の構成員に分配されたものとして課税する方式である．しかし組合方式は，課税のたびに株式の取得価額の調整を行わなければならない．さらに，実際には受け取っていない法人の所得に対する租税を株主が負担しなければならない等の問題点があり，現実には採用されていない．

また，わが国の採用する方式には，株主の受取配当を非課税とする「株主の受取配当非課税方式」がある．この方式においては，法人税は従来通り計算されるが，株主の受け取る配当については非課税となる．この方式の利点は，簡素性にあるが，経済的中立性の点ではあまり改善されたものではない．

今日，ヨーロッパ諸国において採用され，最も進んでいると考えられるものに，「法人税株主帰属方式（インピュテーション：imputation，またはグロス・アップ：gross-up method）」がある．この方式は，法人所得のうち，内部留保される金額については，所得税との統合は行われないという問題があるが，配当2重課税が軽減されるため，個人所得税率に統一されて課税される．その特色は，株主の受取配当に係る法人税額部分を株主の所得税の前取りとみて，株主の所得に算入することにある．

今後，法人税と所得税との統合が世界的に進められるなかでわが国の統合方式の方向として一橋大学の水野忠恒教授は，法人税株主帰属方式を採用する国が増加するなかにあって「わが国において，株主の受取配当税額控除方式にグロス・アップを採用することにするか，今後，論議を呼ぶものと思われる[9]」と指摘している．

第3節　法人税の納税義務者

(1) 法人税の納税義務者

わが国の法人数および所得金額は表10－1のごとくであるが．法人税法では内国法人と外国法人に分けており，法人税の納税義務者について，内国法人は法人税を納める義務がある（法人税法第4条1項）と規定している．一方，外国法人については，国内源泉所得[10] を有するとき，または退職年金業務等を行うと

表 10 − 1　わが国の平成 14 年度の法人数および所得金額

区　分	法人数	所得金額（単位：万円）
内国法人		
普通法人	2,806,347	32,818,306
人格のない社団等	11,261	13,506
協同組合等	53,613	1,338,108
公益法人等	30,397	235,655
外国法人	4,532	419,080

出所）国税庁統計〔法人税申告書及び決議書に基づく〕により作成

きは，法人税を納める義務があると規定している（法人税法第 4 条 2 項）．

(2) 納税義務者としての新たな事業体

　内国法人の納税義務による区分は第 3 章で説明したが，経済社会の変化に対応し，さまざまな法人の形態が発展してきている．例えば，
　① ボランティアによる社会活動を促進する NPO，NGO など，
　② 不良債権の処理や資産の流動化を図る目的で考案された特定目的会社（SPC：Special Purpose Company），
　③ 個人金融資産の，より効率的な運用や貯蓄から投資への移行を目的とした会社型投資信託と呼ばれる証券投資法人．
　以上は法人税の納税義務がある事業体ないしは事業媒体（SPV：Special Purpose Vehicle）である．

(3) 組合・信託における事業体の課税

　わが国ではこれまであまり存在を重視されなかった組合も，匿名組合等とともに，海外投資および海外からの投資においても無視できないものとなった．こうした動向に対応し，組合や信託等の事業体の課税に関する論議が重要になりつつある．具体的には，特定目的会社（SPC），集団信託，投資法人などの事業体は，その形態上，法人税の対象となる事業体と認定されるかどうか，また，法人と同様の課税を行うか，あるいは組合や信託として独自の課税の仕組みを整えていくのか等，わが国における課税のあり方を検討する必要がある．

第4節　法人税の計算の仕組み

(1) 企業会計と税務会計

　企業会計において，法人利益の計算式は「収益－(費用・損失)＝利益」で表される．企業会計の目的は，適正な期間損益計算を行い，株主に対して真実な法人の経営成績（損益計算書）および財政状態（貸借対照表）を報告し，株主への配当金額を算定することである．その計算の仕組みは，法人が得た収益（売上および利息収益など）から，その収益を得るために要した費用（売上原価，販売費，一般管理費など）や損失（貸倒など）を差し引いた残額が利益である．

　一方，税務会計の所得金額の計算式は「益金の額－損金の額＝所得金額」で表される．税務会計は，「一般に公正妥当と認められる会計処理の基準」によって，計算する旨を規定している（法人税法第22条4項）．さらに，税務会計には，租税法の基本原則である租税公平主義[11]（公平負担の原則）に基づき，また社会政策を盛り込む必要等がある．

(2) 当期利益と所得金額

　一般に，企業会計計算の利益（当期利益）の額と税務計算における所得金額とは，一致しない．その理由は前述のように，企業会計計算と税務計算では，その目的が異なるため，別段の定めの金額だけ異なる．すなわち，別表四（法人税申告書のひとつで，所得の金額の計算に関する明細書）において，所得金額の算定は，会計計算上（損益計算書）の当期利益に，「収益と益金の差異部分」および「費用と損金の差異部分」を加算（プラス）または減算（マイナス）して算出する（図10－1参照）．

(3) 益金の額および別段の定め

1. 益金の額

　法人税法第22条2項は，「内国法人の各事業年度の所得の金額の計算上当該事業年度の益金の額に算入すべき金額は，別段の定めがあるものを除き，資産の

図 10 − 1　損益計算書と別表四

損益計算書		別表四		
売上原価×××	売上　×××	当期利益		×××
減価償却費××	受取配当××	加	損金不算入	××
交際費　×××		算	益金算入	××
当期利益×××		減	損金算入	××
		算	益金不算入	××
		所得金額		×××

出所) 損益計算書および別表四をもとに作成

販売，有償又は無償による資産の譲渡又は役務の提供，無償による資産の譲受けその他の取引で資本等取引以外のものに係る当該事業年度の収益の額とする」と規定している．すなわちこの規定は，益金の額には原則として資本等取引以外の取引によるすべての収益を含むものと定めている．さらに，この規定の当該事業年度の収益の額は，一般に公正妥当と認められる会計処理の基準にしたがって計算されると規定されている．したがって，実現した利益のみが課税の対象であり，未実現利益は課税の対象から除外していると解されている．

またこの規定は，資産の無償譲渡，役務の無償の提供，その他の無償の取引から生じる収益も益金であると解する．この点において企業会計では，無償で資産を譲渡した場合にその原価相当額（帳簿価額）だけの損失が生じるが，法人税では，通常もらうであろう金額（時価）で益金に計上することになる．ただ，無償取引が，法人税法第37条の寄附金に該当するかどうかという点が問題となる．寄附金について規定する法人税法第37条においては，無償で資産の譲渡や経済的利益の供与があった場合に，その譲渡や経済的利益の供与の対価の額が，当該資産の譲渡時における価額や経済的利益の供与時の価額より低い時には，その価額との差額のうち，実質的に贈与または無償の供与をしたと認められる金額については，寄附金の額に含まれるとされる[12]．

2. 益金の別段の定め

　受取配当等の益金不算入は，法人税を所得税の前取りとみる考え方によるもので，昭和25年のシャウプ勧告により創設された．株主である会社が受け取った配当金は，支払法人ですでに法人税が課されており，法人所得に何度も課税することを避けるため法人が受取配当等を受け取った段階で，法人税の対象から除外する必要があるというものである．法人が内国法人から受ける受取配当等（利益の配当および剰余金の分配等）は，その全部または一部を益金の額に算入しない．受取配当が100％益金不算入となるのは，法人がその25％以上を所有している子会社から利益配当を受け取ったときに限られる．一般の受取配当については，その80％が益金不算入となる．

　資産の評価益については，企業会計上原則として収益には含まれないと解されている．その趣旨は，商法上では債権者保護の立場から原則として評価益は，各事業年度の所得の金額には計上しないことと定めている（商法第34条）．また，企業会計上も，評価益は外部取引による実現利益ではないため，計上しないという趣旨である．しかし，つぎの場合による評価換えは，評価益を益金に算入すべきであるとしている．会社更生法の適用を受ける場合，法人の組織変更の場合，および保険会社の所有する株式の場合である．法人税においても，所有資産の評価益は未実現利益であることから担税力がないと考えられ，益金に算入しないこととしている（法人税法第25条1項）．なお平成12年の改正で，売買目的有価証券やデリバティブ，運用目的の金銭信託は，期末において時価評価を行い，評価益・評価損を計上することになった．そのため評価益については，益金に算入されることになる．

　還付金等について法人税法は，法人が，還付を受けた金額は，益金の額に算入されないと定めている．有価証券の譲渡益については，法人が有価証券を譲渡し，その譲渡の対価が原価の額を超えるときは，その超えた部分の金額を譲渡利益として益金に算入される．

(4) 損金の額および別段の定め

1. 損金の額

　法人税法第22条3項は，損金の額には，原則としてすべての原価・費用および損失の額が含まれると定めている．すなわち損金の額は，その事業年度の収益に係わる売上原価，完成工事原価，販売費，一般管理費，災害等による損失など，企業会計における費用や損失に該当する．

2. 損金の別段の定め

　売上原価は，損金の主要な項目のひとつである．この売上原価は，つぎの算式で求められる．「期首棚卸高＋当期仕入高－期末棚卸高＝売上原価」となる．

　ここで期首棚卸高と当期仕入高は，すでに客観的なものとしての認識がある．したがって売上原価の額は，期末棚卸資産の評価によって左右されることから，期末棚卸資産の評価額は重要である．この期末棚卸資産の評価にはいくつかの方法があるが，広く用いられている方法に，先入先出法および後入先出法がある．まず先入先出法は，最初に仕入れた棚卸資産から順に販売していく方法であり，物の流れに合致している．後入先出法は，最後に仕入れた棚卸資産から順次販売していく方法である．

　減価償却も損金の主要な項目である．減価償却費として損金の額に算入できる金額は，その法人が損金経理した金額のうち償却限度額までの金額と定められている（法人税法第31条1項）．建物や機械などの固定資産を取得した場合，その固定資産は，法人に長期にわたり収益を生み出す源泉となる．したがって，費用収益対応の原則上，取得原価を取得した年度に一括で費用化するのではなく，その使用可能期間に応じて徐々に費用計上し，収益に対応させていくことが適当である．固定資産のうち，時の経過とともに価値が減少するものを減価償却資産という．この点で各事業年度の減価償却費の損金算入の条件として，「企業が減価償却資産の償却費を各事業年度の必要経費ないし損金の額に算入するためには，その事業年度の終了より前にそれを取得していることが必要であり，機械設備の完成・設置の請負契約の場合であれば，その引渡を受けていることが必要であ

る[13)]」という解釈がなされている．

　減価償却の方法には定額法，定率法，生産高比例法および随意償却法の4種類があるが，税務署長の承認を得て使用が認められる，級数法などの特別償却方法もある．法人税（法人税法施行令第48条）は，償却方法については納税者の選択を認めているが，有形減価償却資産のうち建物は定額法，その他の有形減価償却資産については定額法あるいは定率法が認められている．上記の償却方法のうち，多くの法人が選定していると考えられる定額法と定率法について，その償却限度額の算式を示しておく．

　まず，定額法による場合は，「(取得価額－残存価額)×耐用年数に応じた償却率＝償却限度額」の式で計算される．この方法による場合は，償却額が毎期同額になる．ここで残存価額とは，償却資産の耐用年数が経過（終了）したときに他に売却できる金額をいう．有形減価償却資産の残存価額は，取得価額の10％である．耐用年数とは，資産等の使用可能期間をいう．耐用年数は，「減価償却資産の耐用年数等に関する省令」（次頁参照）で細かく区分されている．したがって，省令で決められた耐用年数と異なる耐用年数で償却することは認められていない．

　次に，定率法による場合は，「未償却残高（期首帳簿価額）×耐用年数に応じた定率法の償却率＝償却限度額」の式で計算される．この方法による場合は，初年度の償却費が最も多く，毎年償却額が減少していくことになる．

　繰延資産は創業費，開業費などのように，法人が実際に所有している資産でなくても個人あるいは法人が支出した費用で，支出の効果が支出の日以降1年以上におよぶものをいう．法人税法は，繰延資産の範囲や償却費の計算方法を定めている．また，商法では繰延資産は資産性が弱く，債権者および株主の利益の保護の観点から繰延資産の計上を積極的に認めていない．また，計上した場合であっても均等額以上の早期償却を定めている．

　資産の評価損については，損金の額に算入されないことを定めている（法人税法第33条1項）．すなわち法人税法は，実現した収益のみを益金に算入すること，および実現した損失のみを損金に算入することを原則としている．したがって，法人が資産の評価換えによって帳簿価額を減額したとしても，評価損は損金には

別表第一　機械及び装置以外の有形減価償却資産の耐用年数表

種類	構造又は用途	細目	耐用年数
建物	鉄骨鉄筋コンクリート造又は鉄筋コンクリート造のもの	事務所用又は美術館用のもの及び左記以外のもの	五〇年
		住宅用、寄宿舎用、宿泊所用、学校用又は体育館用のもの	四七
		飲食店用、貸席用、劇場用、演奏場用、映画館用又は舞踏場用のもの	
		飲食店用又は貸席用のもので、延べ面積のうちに占める木造内装部分の面積が三割を超えるもの	三四
		その他のもの	四一
		旅館用又はホテル用のもの	
		延べ面積のうちに占める木造内装部分の面積が三割を超えるもの	三一
		その他のもの	三九
		店舗用のもの	三九
		病院用のもの	三九
		変電所用、発電所用、送受信所用、停車場用、車庫用、格納庫用、荷扱所用、映画製作ステージ用、屋内スケート場用、魚市場用又はと畜場用のもの	三八
		公衆浴場用のもの	三一
		工場（作業場を含む。）用又は倉庫用のもの	
		塩素、塩酸、硫酸、硝酸その他の著しい腐食性を有する液体又は気体の影響を直接全面的に受けるもの、冷蔵倉庫用のもの（倉庫事業の倉庫用のものを除く。）及び放射性同位元素の放射線を直接受けるもの	二四
		塩、チリ硝石その他の著しい潮解性を有する固体を常時蔵置するためのもの及び著しい蒸気の影響を直接全面的に受けるもの	三一
		その他のもの	
		倉庫事業の倉庫用のもの	
		冷蔵倉庫用のもの	二一
		その他のもの	三一
		その他のもの	三八
建物	れんが造、石造又はブロック造のもの	事務所用又は美術館用のもの及び左記以外のもの	四一
		店舗用、住宅用、寄宿舎用、宿泊所用、学校用又は体育館用のもの	三八
		飲食店用、貸席用、劇場用、演奏場用、映画館用又は舞踏場用のもの	三八
		旅館用、ホテル用又は病院用のもの	三六
		変電所用、発電所用、送受信所用、停車場用、車庫用、格納庫用、荷扱所用、映画製作ステージ用、屋内スケート場用、魚市場用又はと畜場用のもの	三四
		公衆浴場用のもの	三〇
		工場（作業場を含む。）用又は倉庫用のもの	
		塩素、塩酸、硫酸、硝酸その他の著しい腐食性を有する液体又は気体の影響を直接全面的に受けるもの及び冷蔵倉庫用のもの（倉庫事業の倉庫用のものを除く。）	二二
		塩、チリ硝石その他の著しい潮解性を有する固体を常時蔵置するためのもの及び著しい蒸気の影響を直接全面的に受けるもの	二八
		その他のもの	
		倉庫事業の倉庫用のもの	
		冷蔵倉庫用のもの	二〇
		その他のもの	三〇
		その他のもの	三四
建物	金属造のもの（骨格材の肉厚が四ミリメートルを超えるものに限る。）	事務所用又は美術館用のもの及び左記以外のもの	三八
		店舗用、住宅用、寄宿舎用、宿泊所用、学校用又は体育館用のもの	三四
		飲食店用、貸席用、劇場用、演奏場用、映画館用又は舞踏場用のもの	三一
		変電所用、発電所用、送受信所用、停車場用、車庫用、格納庫用、荷扱所用、映画製作ステージ用、屋内スケート場用、魚市場用又はと畜場用のもの	三一
		旅館用、ホテル用又は病院用のもの	二九
		公衆浴場用のもの	二七
		工場（作業場を含む。）用又は倉庫用のもの	
		塩素、塩酸、硫酸、硝酸その他の著しい腐食性を有する液体又は気体の影響を直接全面的に受けるもの、冷蔵倉庫用のもの（倉庫事業の倉庫用のものを除く。）及び放射性同位元素の放射線を直接受けるもの	二〇
		塩、チリ硝石その他の著しい潮解性を有する固体を常時蔵置するためのもの及び著しい蒸気の影響を直接全面的に受けるもの	二五
		その他のもの	
		倉庫事業の倉庫用のもの	
		冷蔵倉庫用のもの	一九
		その他のもの	二六
		その他のもの	三一
		事務所用又は美術館用のもの及び左記以外のもの	三〇
		店舗用、住宅用、寄宿舎用、宿泊所用、学校用又は体育館用のもの	二七
		飲食店用、貸席用、劇場用、演奏場用、映画館用又は舞踏場用のもの	二五
建物	金属造のもの（骨格材の肉厚が三ミリメートルを超え四ミリメートル以下のものに限る。）	変電所用、発電所用、送受信所用、停車場用、車庫用、格納庫用、荷扱所用、映画製作ステージ用、屋内スケート場用、魚市場用又はと畜場用のもの	二五
		旅館用、ホテル用又は病院用のもの	二四
		公衆浴場用のもの	一九
		工場（作業場を含む。）用又は倉庫用のもの	
		塩素、塩酸、硫酸、硝酸その他の著しい腐食性を有する液体又は気体の影響を直接全面的に受けるもの及び冷蔵倉庫用のもの	一五
		塩、チリ硝石その他の著しい潮解性を有する固体を常時蔵置するためのもの及び著しい蒸気の影響を直接全面的に受けるもの	一九
		その他のもの	二四
	金属造のもの（骨格材の肉厚が三ミリメートル以下のものに限る。）	事務所用又は美術館用のもの及び左記以外のもの	二二
		店舗用、住宅用、寄宿舎用、宿泊所用、学校用又は体育館用のもの	一九
		飲食店用、貸席用、劇場用、演奏場用、映画館用又は舞踏場用のもの	一九
		変電所用、発電所用、送受信所用、停車場用、車庫用、格納庫用、荷扱所用、映画製作ステージ用、屋内スケート場用、魚市場用又はと畜場用のもの	一九
		旅館用、ホテル用又は病院用のもの	一七
		公衆浴場用のもの	一五
		工場（作業場を含む。）用又は倉庫用のもの	
		塩素、塩酸、硫酸、硝酸その他の著しい腐食性を有する液体又は気体の影響を直接全面的に受けるもの及び冷蔵倉庫用のもの	一二
		塩、チリ硝石その他の著しい潮解性を有する固体を常時蔵置するための	

減価償却資産の耐用年数等に関する省令　別表

ならないのである．しかし，災害等による資産のいちじるしい損傷等により帳簿価額が減額したときは，その減額分を損金に算入できる．

　役員給与は報酬，賞与，退職所得の3つに区分され，この区分により法人税法上の取扱いが異なる．特に，役員報酬と役員賞与の区分は重要である．役員報酬は，株主から委任された職務を行うための対価という性格から，法人の損金の額に算入される．すなわち法人が使用人に支給する給与は，原則としてすべて損金に算入される．一方役員賞与はいわゆるボーナスであり，一般に役員の役務の対価というより，役員の経営努力の結果によるものであり，法人の収益の分配という性質のものである．すなわち，役員賞与は利益処分であり損金には算入されない．しかし実際は，役務の対価か利益処分であるかの判断は難しい．役員報酬や役員賞与が問題となるのは，役員と法人との間に特殊な関係，たとえば同族会社等の関係が認められる場合が多い．役員退職所得の性質は，役員報酬の後払いという性質もあり，利益の分配という性質もある．その判断は，法人に一任されている．法人が，役員報酬の後払いと判断する場合は，役員退職所得は損金に算入される．一方，利益の分配と判断された場合は，損金不算入となる．

　寄附金について法人税法第37条1項は，一定の限度額を超える寄附金の額は損金に算入しないことを定めている．しかし，寄附金には事業活動の円滑化やある種の広報活動の必要性および慈善事業等に対する寄付など，社会通念上その目的により，損金性を認めるべき寄附金もあると考えられる．そこで，平成13年度改正では，法人が支出した寄附金のうち，認定NPO法人の行う特定非営利活動に関する寄附金がある場合は，一般の寄附金の損金算入とは別枠で，特定公益増進法人に対する寄附金と合わせて，一般の寄附金の損金算入限度額を限度として，損金の額に算入することとする特例制度が創設（法人税法第37条4項）された．ここで，認定NPO法人とは，特定非営利活動促進法に則り設立許可特定非営利活動法人のうち，一定の要件を満たすものとして国税庁長官の認定を受けたNPO法人をいう．

　交際費とは，販売の促進や取引の円滑化のため，取引の交渉相手方等を接待するために利用されるものである．交際費としては，接待，慰安，贈答，その他こ

れに類する行為のため支出するものとされている．しかし，従業員の慰安のための運動会，演芸会，旅行等の費用は交際費から除くとされている（租税特別措置法第61条の4第3項）．また，裁判例では，交際費の要件として，第1に支出の相手方が事業に関係のある者であること，第2に，当該支出が接待，供応，慰安，贈答その他これに類する行為のために支出するものであることを必要とするとしている．さらに，その費用が高額であるか否かおよび濫費性を帯びていることを要件とすべきものとは解されないとしている（東京高裁昭和52年11月30日判決）．

また交際費は，企業会計上は費用として扱われるが，法人税の算定では損金算入に一定の制限がある．期末資本金を1億円以下，1億円超の2つに区分し，期末資本金が1億円以下の場合には，交際費の金額の10%が損金不算入となる．例えば支出した交際費が500万円で，期末資本金が1億円以下の法人の場合の損金不算入の額は，（500万円 − 400万円）+ 400万円 × 10% = 140万円となる．また期末資本金1億円超の法人の場合は，全額損金不算入とする．

(5) 申告調整

1. 申告調整と別表四（所得金額の計算に関する明細書）

上記で示した，法人の当期利益に加算・減算する計算は，確定申告書に記載して行われるのである．法人税の申告書は，多くの明細書から成り立っており，「所得の金額の計算に関する明細書」である別表四（次頁参照）において，当期利益に加算あるいは減算を行うことにより所得金額を算出するのである．そして，このことを申告調整と呼んでいる．別表四は，所得金額算定までの過程を表にしたもので，法人税の申告書の中でも最も重要な明細書といえる．

2. 申告調整の必要な事項

申告書で必ず調整しなければならない事項には，減価償却超過額，各種引当金の限度超過額，寄附金や交際費の損金不算入額，法人税等の損金不算入額，前5年以内の青色欠損金の損金算入額および還付金等の益金不算入額がある．これらを必要的申告調整事項という．

所得の金額の計算に関する明細書

事業年度 ・ ・ 　法人名

別表四　平十六・四・一以後終了事業年度分

区　分		総　額	処　分		
			留保	社外流出	
		①	②	③	
当期利益又は当期欠損の額	1	円	円	配　当	円
				賞　与	
				その他	
加算	損金の額に算入した法人税(附帯税を除く。)	2			
	損金の額に算入した道府県民税(利子割を除く。)及び市町村民税	3			
	損金の額に算入した道府県民税利子割額	4			
	損金の額に算入した納税充当金	5			
	損金の額に算入した附帯税(利子税を除く。)、加算金、延滞金(延納分を除く。)及び過怠税	6			その他
	減価償却の償却超過額	7			
	交際費等の損金不算入額	8			その他
		9			
		10			
	小　計	11			
減算	減価償却超過額の当期認容額	12			
	納税充当金から支出した事業税等の金額	13			
	受取配当等の益金不算入額(別表八「12」又は「24」)	14			※
	法人税等の中間納付額及び過誤納に係る還付金額	15			
	所得税額等及び欠損金の繰戻しによる還付金額等	16			※
		17			
		18			
		19			
		20			
	小　計	21		外※	
仮　計 (1)+(11)-(21)		22		外※	
寄附金の損金不算入額(別表十四(一)「23」又は「39」)		23		その他	
沖縄の認定法人の所得の特別控除額(別表十(一)「9」又は「12」)		24	△	※	
法人税額から控除される所得税額(別表六(一)「6の③」)		25		その他	
税額控除の対象となる外国法人税の額等(別表六(二の二)「10」+別表十七(二の二)「36の計」)		26		その他	
合　計 ((22)から(26)までの計)		27		外※	
新鉱床探鉱費又は海外新鉱床探鉱費の特別控除額(別表十(二)「42」)		28	△	※	
総　計 (27)+(28)		29		外※	
契約者配当の益金算入額(別表九(一)「13」)		30		※	
漁業協同組合等の留保所得の特別控除額(別表十(三)「44」、「51」、「57」、「61」又は「62」)		31	△		
漁業協同組合等の社外流出による益金算入額(別表十(四)「35」)		32		※	
特定目的会社又は投資法人の支払配当の損金算入額(別表十(七)「12」又は「37」)		33	△		△
非適格合併又は非適格分割型分割による移転資産等の譲渡利益額又は譲渡損失額		34			
差引計 ((29)から(34)までの計)		35		外※	
欠損金又は災害損失金の当期控除額(別表七「2の計」)		36	△	※	△
私財提供等があった場合の欠損金の当期控除額(別表七「20」)		37	△	※	△
所得金額又は欠損金額		38		外※	

御注意

1　利益処分による賞与のうち受給者ごとに債務の確定していない額がある場合は、その額は、「3」の①欄の金額は、②欄の金額に③欄の本書の金額を加算し、これから「※」の②欄の金額を加減算した額と符合することになりますので、「賞与」欄の金額に含めないで記載します。

2　「38」の①欄の金額は、②欄の金額に③欄の本書の金額を加算することとなりますので留意してください。

法　0301-0401

3. 申告調整により認められるもの

　上記のように，申告書で必ず調整しなければならない必要的申告調整事項に対し，申告調整をした方が法人に有利な項目として，つぎの項目がある．受取配当等の益金不算入額（益金不算入額の対象となるものは，受け取った法人側で2重課税となるものに限定される．よって，支払った法人側ですでに課税されたものであること．また，受取配当金のうち，一定の金額が益金不算入の取扱いを受ける），収用等での資産譲渡の場合の各種特別控除，所得税額控除および外国税額控除等は，任意的申告調整事項といい，申告書において調整しなければ認められないものである．

(6) 法人税額の計算の仕組み

　法人税額は，別表四で算出した所得金額を基礎に，別表一（一）（次頁参照）で計算する．別表一（一）は，差引確定の納付すべき法人税額を計算する明細書である．すなわち納付すべき法人税額は，別表一（一）において課税所得に税率を乗じて算定した税額に，特別控除，特別税額等を加算あるいは減算して算定する．下の表，別表一（一）で納付すべき法人税額の計算の流れを図示する（別表一（一）の概略参照）．

【別表一（一）の概略】

```
    課税標準である所得金額（別表四の最終値）
×   税率（比例税率）
＝   法人税額
－   法人税額の特別控除（国の政策促進のため，税金の一部を免除する制度）
＝   差引法人税額
＋   特別税額（通常の税金の他に特別の税金を重課，例：同族会社の留保金課税）
＝   法人税額計
－   控除税額（2重課税を調整するための制度，例：外国税額控除）
＝   差引所得に対する法人税額
－   中間申告分（前払い分）
＝   納付すべき法人税額
```

FB0103

別表一(一) 普通法人(特定の医療法人を除く。)及び人格のない社団等の分……平十六・四・一以後終了事業年度分

税務署受付印	平成　年　月　日 税務署長殿	所管 / 業種目 / 概況書 / 要否 / 別表等	※税務署処理欄
納税地	電話(　　)　－	事業種目	青色申告　一連番号
(フリガナ) 法人名		期末現在の資本の金額又は出資金額　円	整理番号
(フリガナ) 代表者自署押印	㊞	同非区分：同族会社 / 非同族の同族会社 / 非同族会社	事業年度(至)　年　月　日
代表者住所		経理責任者自署押印　㊞	売上金額　兆　十億　百万
		旧納税地及び旧法人名等	申告年月日　年　月　日
		添付書類：貸借対照表、損益計算書、損益金処分表、勘定科目内訳明細書、組織再編成に係る契約書等の写し、組織再編成に係る移転資産等の明細書	申告区分 / 庁指定 / 局指定 / 指導等 / 区分
			通信日付印　年　月　日 / 確認印 / 省略　年　月　日 / 年度処理直前事業　年　月　日

平成　　年　　月　　日

事業年度分の　　　　申告書

平成　　年　　月　　日　(中間申告の場合の計算期間　平成　年　月　日／平成　年　月　日)

別表等送付要否	要 ○	否 ○
税理士法第30条の書面提出有 ○	税理士法第33条の2の書面提出有 ○	

項目	番号	金額(十億・百万・千・円)
所得金額又は欠損金額(別表四「38の①」)	1	
法人税額 (36)又は(37)	2	
法人税額の特別控除額(別表六(六)「11」+別表六(七)「18」+別表六(八)「9」+別表六(九)「19」+別表六(十)「28」+別表六(十三)「27」+別表六(十六)「20」+別表六(十七)「28」+別表六(二十)「30」)	3	
差引法人税額 (2)－(3)	4	
リース特別控除取戻税額(別表六(十一)「30」+別表六(十四)「30」+別表六(十八)「30」+別表六(二十一)「31」+別表六(二十三)「30」)	5	
土地譲渡利益金：課税土地譲渡利益金額(別表三(二)「24」+別表三(二の二)「25」+別表三(三)「20」+別表三(四)「14」)	6	000
土地譲渡利益金：同上に対する税額 (38)+(39)+(40)+(41)	7	
留保金：課税留保金額(別表三(一)「27」)	8	000
留保金：同上に対する税額(別表三(一)「35」)	9	
		00
法人税額計 (4)+(5)+(7)+(9)	10	
仮装経理に基づく過大申告の更正に伴う控除法人税額	11	
控除税額(((10)－(11))と(44)のうち少ない金額)	12	
差引所得に対する法人税額 (10)－(11)－(12)	13	00
中間申告分の法人税額	14	00
差引確定法人税額 (13)－(14)(中間申告の場合はその税額とし、マイナスの場合は、(17)へ記入)	15	00
この申告による還付金額：所得税額等の還付金額 (46)	16	
この申告による還付金額：中間納付額 (14)－(13)	17	
この申告による還付金額：欠損金の繰戻しによる還付請求税額	18	外
この申告による還付金額：計 (16)+(17)+(18)	19	外
この申告が修正申告である場合：この申告前の所得金額又は欠損金額	20	
この申告が修正申告である場合：この申告前の課税土地譲渡利益金額	21	
この申告が修正申告である場合：この申告前の課税留保金額	22	
この申告が修正申告である場合：この申告前の法人税額	23	
この申告が修正申告である場合：この申告前の還付金額	24	外
この申告が修正申告である場合：この申告により納付すべき法人税額又は減少する還付請求税額(((15)－(23))若しくは((15)+(24))又は((24)－(19)))	25	外　00
欠損金又は災害損失金等の当期控除額(別表七「2の計」及び「20」)	26	
翌期へ繰り越す欠損金又は災害損失金(別表七「3の合計」)	27	
この申告が修正申告である場合のこの申告前の：欠損金又は災害損失金等の当期控除額	28	
この申告が修正申告である場合のこの申告前の：翌期へ繰り越す欠損金又は災害損失金	29	
法人税額の計算：中小法人の場合：(1)の金額又は800万円×$\frac{}{12}$相当額のうち少ない金額	30	000
法人税額の計算：中小法人の場合：(1)のうち年800万円相当額を超える金額 (1)－(30)	31	000
法人税額の計算：中小法人の場合：所得金額(1) (30)+(31)	32	000
法人税額の計算：その他の法人の場合：所得金額(1)	33	000
(30)の22％相当額	34	
(31)の30％相当額	35	
法人税額 (34)+(35)	36	
法人税額 ((33)の30％相当額)	37	
土地譲渡税額の内訳：土地譲渡税額(別表三(二)「27」)	38	0
土地譲渡税額の内訳：同上(別表三(二の二)「28」)	39	0
土地譲渡税額の内訳：土地譲渡税額(別表三(三)「23」)	40	00
土地譲渡税額の内訳：同上(別表三(四)「15」)	41	
控除税額の計算：所得税の額等(別表六(一)「23の計」+別表六(一)「6の③」)	42	
控除税額の計算：外国税額(別表六(二)「19」)	43	
控除税額の計算：計 (42)+(43)	44	
控除税額の計算：控除した金額 (12)	45	
控除税額の計算：控除しきれなかった金額 (44)－(45)	46	
中間配当の金額	47	
利益の配当(剰余金の分配)の金額(中間配当の金額を除く。)	48	
利益又は剰余金処分による賞与の額	49	

中間配当の効力発生の日	平成　年　月　日	決算確定の日	平成　年　月　日

還付を受けようとする金融機関等	銀行　支店　預金	郵便局
	口座番号	貯金記号番号(郵便貯金振込みの場合)　－
	※税務署処理欄	

法 0301-0101

税理士署名押印	㊞

第5節 同族会社の課税問題

(1) 同族会社の定義

　同族会社とは，法人税法上（法人税法第2条10項），株主，その他会社の出資者の3人以下およびこれらと特殊の関係のある個人・法人が有する株式総数，または出資の金額の合計額が，その法人の発行済株式総数，または出資額がその法人の発行済株式の総数または出資金額の100分の50以上に相当する会社をいう（法人税法第2条10項）．

　特殊の関係者とは，個人株主等において，（a）株主の親族，（b）株主等と事実上婚姻関係と同様の事情にある者，（c）個人株主等の使用人，（d）上述以外の者で，株主等から受ける金銭その他の資産によって生計を維持している者，（e）上に掲げる者と生計を一にするこれらの者の親族である．

　わが国の法人には，その実体は個人企業と異ならない法人が多い．例えば，家族構成員を役員およびその一族などを従業員として，これらに報酬，給与を支払い所得を分割するという傾向がある．これらの法人は一般に，一人あるいは少数の株主で構成されており，所有と経営とが結合しているために，同族会社でなければできないような取引をして法人税の負担を不当に減少させるという問題が少なくない．こうした点に対処するため，法人税法は，その他の法人とは異なる特別の規定を定めている．すなわち，同族会社の留保金課税（法人税法第67条），および同族会社の行為・計算の否認（法人税法第132条第1項）を規定している．

(2) 同族会社の留保金課税制度（同族会社の特別税率）

　法人は利益が出れば株主や出資者に対して，一定の配当を支払うことが通常である．2重課税の排除の項でも述べたが，法人から配当を受けた株主等には配当所得として所得税が課される．そしてこの配当所得と他の所得とが合算されて，累進税率のもとで高額所得者ほど租税負担は大きくなる．同族会社は，少数株主のみで絶対多数の議決権を有するために，会社がいくら利益が出ても株主等への配当は行わないとする決議が容易にできる．そこで株主等は，同族会社の性質を

利用して株主等への配当を行わないといった決議をすれば，配当を行わなくてよいので株主等に配当所得は生じない．このため，個人所得税の課税が半永久的に繰り延べられることになる．この点で，通常の配当を行う法人と比較すると税負担においては，公平性の観点から問題が生じることになる．そのため，同族会社が利益を不当に社内に留保した場合は，その留保金に対して特別に課税されることになる（法人税法第67条第1項）．

すなわち，同族会社の各事業年度の留保金額が留保控除額を超える場合には，その同族会社の各事業年度の所得に対する法人税の額は，通常課される各事業年度の所得に対する法人税額に加え，その超える部分の留保金額の区分に応じて，10〜20％の累進税率による課税が行われる．ここで，留保金額とは，（a）当該事業年度の所得金額，（b）益金不算入とされた受取配当および還付金等，（c）損金算入された繰越欠損金等の合計額を所得等の金額とし，そこに留保した金額から法人税の額および税額控除を控除したものである．

一般に企業は，受入れた資本に対して利益が生じた場合，その利益に応じた分配が行われることが経済的に要請されている．そのため，適正な配当が行われることになる．会社と株主の意思決定が同一であるような同族会社においては，少数の特定の株主が自由に配当額を決定したり，自己の都合に合わせて配当を行うことが可能である．その結果，利益を内部留保する傾向が強くなっている．一方，個人企業の形態の場合には，利益を得た次期に個人所得税が課される．そして，その所得金額に応じて累進税率が適用され，税額が算出される．したがって，同族会社において一定の限度額を超えて所得の留保を行ったときは，通常の法人税額の他に特別の税率により税額が加算される制度がとられているのである．

(3) 同族会社の行為・計算の否認規定 [14]

法人税法第132条第1項は，「同族会社の行為または計算で，これを容認した場合に法人税の負担を不当に減少させる結果となると認められるものがあるときは，税務署長はその行為または計算にかかわらず，その認めるところにより，法人税額を計算することができる」旨を定めている．ここで法人税法第132条第

1項にいう，税負担を不当に減少させる結果となると認められる同族会社の行為，計算の意義あるいは考え方については，2つの見解がある．

第1は，非同族会社では通常なし得ないような行為・計算，換言すれば，同族会社であるがゆえに容易になし得る行為・計算がこれに当たるとする見解．

第2は，「合理性基準説」である．すなわち，純経済人の行為として不合理・不自然な行為・計算がこれに当たるとする見解である．

この点で，金子宏教授は，非同族会社の中には，同族会社にきわめて近いものから所有と経営の分離した巨大会社に至るまで種々の段階のものがあり，何が同族会社であるがゆえに容易になし得る行為・計算に当たるかを判断することが困難であると主張している．抽象的な基準としては，第2の見解をとり，ある行為または計算が経済的合理性を欠いている場合に否認が認められると解すべきであろうと論じ，さらに，行為・計算が経済的合理性を欠いている場合，その否認要件として，それが租税回避の意図あるいは税負担を減少させる意図の存在は必要ではなく，経済的合理性を欠いた行為または計算の結果，税負担が減少すれば，否認の要件を満たすに十分であることを指摘している．

さらに，租税回避の否認規定に同族会社という枠をはめたことについて水野忠恒教授は，「同族会社においては閉鎖的，家族的な事業が行われており，役員・事業主と会社の利害の対立がなく，役員（株主）の都合により，法人が操作されることが容易であるというところに問題の本質があるのであり，その当事者の特殊関係を無視することは適当ではないと考えられる[15]」と論じている．

(4) 総 括

本章では，法人税の基本的事項および法人所得の計算，また，法人税改革の大きな論点として，法人税と所得税の統合に関する問題，さらに，同族会社の課税問題を採り上げた．そのなかでも，とりわけ世界的に法人税と所得税の統合が進む状況にあるといえるわが国では，従来より株主の受取配当に対する税額控除が認められており，統合方式として株主受取配当税額控除方式を採用してきている．しかし現行では，配当税額控除の割合は引き下げられ，2重課税を排除する意味

が薄れてきている．こうしたことから，今後わが国の方向として，法人税株主帰属方式[16](現行の統合方式では最も優れた方式と考えられ，ヨーロッパ諸国で採用されている)に移行していくのか，法人税改革において，大きな論点であると思われる．

また，本章では採り上げなかったが，法人の設立，合併，分割等の法人組織の税制および国際課税に関連する法人課税の仕組みなど，さらなる経済のグローバル化が進む中で，今後ますます詳細な検討が必要であると思われる．

――注)――
1) 水野忠恒『現代法の諸相』pp.10〜11
2) 2重課税の排除という制度の基礎をなしたのはシャウプ勧告である．シャウプ勧告は，「法人は，与えられた事業を遂行するために作られた個人の集合である」という法人観のもとで2重課税を排除するために，配当控除制度を提案した．
3) 水野忠恒『租税法』p.287
4) 法人税と所得税との統合に関する文献は数多くあるが，その代表として，租税原則を重視し，租税の中立性を配慮することを重要視する観点から論じた文献として，水野忠恒『租税法』有斐閣 2003年 p.288以下がある．なお，本稿第2節の法人税と所得税の統合は，その記述の多くを，水野忠恒『租税法』によるところが大きい．
5) 水野忠恒，前掲書，p.288
6) 水野忠恒，前掲書，p.288
7) 水野忠恒『現代法の諸相』pp.13〜14
8) 法人税と所得税の統合の方式については，水野忠恒『租税法』p.291以下にその詳細がある．
9) 水野忠恒，前掲書，p.299
10) 国内源泉所得については，法人税法第138条および所得税法第161条にその規定がある．
11) 租税公平主義の法律上の根拠は，憲法第14条の「法の下の平等原則」に求められる．公平には2種類の意味がある．ひとつは，水平的公平（horizontal equity）といわれ，同様な状況にある者は，同様に課税されなければならないという原則である．もうひとつは，垂直的公平（vertical equity）といわれ，異なった状況にある者は，異なる課税をされなければならないという原則である．いわゆる累進課税を意味する．問題は，何が同様な状況であり，何が異なった状況であるのかが難しい問題である．なお，租税公平主義に関する詳細は，水野忠恒『租税法』p.10以下，金子宏『租税法』p.87以下参照．

12) 水野忠恒，前掲書，p.347．法人税法第37条第8項．
13) 金子宏『租税法』pp.291〜292．『名古屋高判平成4年10月29日行政事件裁判例集』43巻10号p.1385
14) 同族会社の行為・計算の否認については，概略と沿革，否認規定の性格，否認規定の適用基準，否認規定と外国法人等の詳細は，水野忠恒『租税法』「同族会社の課税」p.482以下参照．金子宏『租税法』「同族会社と所得課税」p.380以下．『別冊ジュリスト』「同族会社の行為計算の否認」pp.80〜81にその詳細がある．
15) 水野忠恒，前掲書，p.489
16) 法人税株主帰属方式（インピュテーション，または，グロス・アップ）方式の「最大の利点は，重要な論点に関するさまざまのポリシーに答えうるその柔軟性にあるとされる．例えば，インピュテーション方式は，配当2重課税排除の利益を非課税株主や外国の株主に及ぼすことが可能であるし，逆に，税額控除を否認して税額還付を認めないことにすることもできる」（水野忠恒著『租税法』p.297）．

参考文献

水野忠恒『租税法』有斐閣　2003年
金子宏『租税法』（第9版）弘文堂　2003年
永長正士編『日本の税制』財経詳報社　2003年
水野忠恒『現代法の諸相』（改訂版）放送大学教育振興会　2002年
小池敏範『わかりやすい法人税』税務研究会出版局　1998年
金子宏・水野忠恒・中里実編「租税判例百選（第三版）」『別冊ジュリスト』有斐閣　1992年

第11章

消費税

第1節　消費税法の概要

　消費税は，昭和63年12月の税制の抜本改革のひとつとして創設され，平成元年4月1日より3％の税率で実施された．この税制改革は，高齢化社会を展望し，来るべき社会に対応できる，公平・中立・簡素な税制，および所得・消費・資産等の間でバランスのとれた税制の構築という目的で行われたものである．その一環として創設された消費税は，それまでの垂直的公平の観点からの所得税中心の税制から，人口の少子・高齢化による租税負担の世代間の平準化の必要性や応益負担による水平的公平の観点から，さまざまな財やサービスの消費に広く公平に負担を求めるというものである．

　従来の消費課税である物品税中心の個別間接税では，物品間の課税のアンバランス，サービスおよび多様な消費への対応の不備，また諸外国との貿易摩擦の一因などの問題が生じていた．消費税は，これらの問題の解決や人口構造の変化の中での安定的歳入確保等のために導入されたものである．

　平成6年11月の税制改革では，消費税については税率の1％の引き上げ，地方消費税（税率1％）の創設，中小事業者に対する特例措置の見直しなどの改正が行われ，平成9年4月1日から施行されている．また，平成15年改正では，事業者免税制度の免税点の引下げ，簡易課税制度の適用上限の引下げ，総額表示方式の採用等の改正が行われ，平成16年4月1日から実施された．

第2節　消費税の仕組み

　消費税は，消費一般に広く公平に負担を求めるという観点から，消費全般（非課税取引等を除く）を課税対象として取引の各段階ごとに税金を徴収する間接税である．わが国の消費税は，EU諸国を中心に普及している付加価値税と同様に，消費税が事業者の販売する物品やサービスの価格に上乗せされ，転嫁され，最終的には消費者に負担を求める間接税であるが，生産，流通の各段階で二重，三重に課税されるといった税の累積を排除している．

図11-1 消費税の仕組み

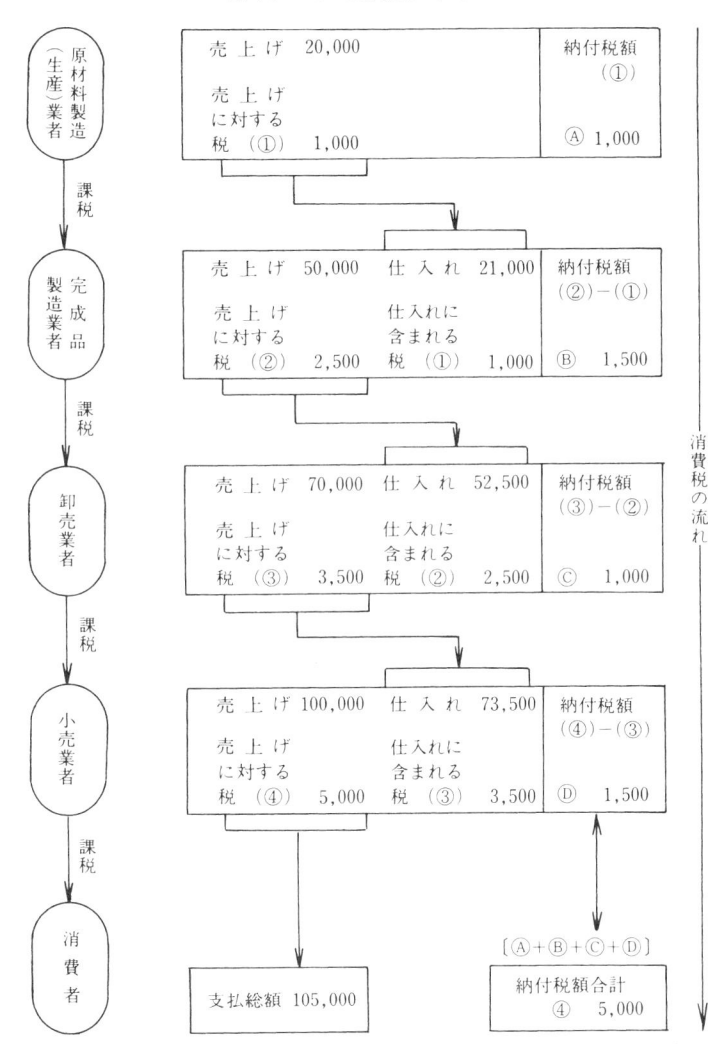

段階	売上げ	売上げに対する税	仕入れ	仕入れに含まれる税	納付税額
原材料製造（生産）業者	20,000	（①）1,000	—	—	（①） Ⓐ 1,000
完成品製造業者	50,000	（②）2,500	21,000	（①）1,000	（②）−（①） Ⓑ 1,500
卸売業者	70,000	（③）3,500	52,500	（②）2,500	（③）−（②） Ⓒ 1,000
小売業者	100,000	（④）5,000	73,500	（③）3,500	（④）−（③） Ⓓ 1,500

消費者：支払総額 105,000

[Ⓐ＋Ⓑ＋Ⓒ＋Ⓓ] 納付税額合計 ④ 5,000

課税の流れ：原材料製造（生産）業者 → 完成品製造業者 → 卸売業者 → 小売業者 → 消費者（消費税の流れ）

出所）佐藤慎一編『図説　日本の税制』（平成16年度版）財経詳報社　2004年

すなわち，売上げに係る消費税額から仕入れ・経費等に係る税額を控除し，その差額を申告・納付する仕組みになっている（図11－1参照）．

第3節　消費税の課税対象

(1) 課税対象取引

消費税は，原則として国内における事業者が行った資産の譲渡等（資産の譲渡，資産の貸付け，役務の提供）と保税地域から引き取られる外国貨物（輸入取引）を課税対象としている．しかし，消費税は，国内において消費される資産，サービスについて負担を求めるものなので国外で消費されるもの，すなわち輸出取引は免税としている．

1．国内取引

国内取引の課税対象は，具体的には，次の4つの要件に該当するものをいう．

すなわち，①国内において行うものであること．②事業者が事業として行うものであること．③対価を得て行うものであること．④資産の譲渡・資産の貸付けまたは役務の提供であること．それぞれの内容は以下の通り．

①国内において行うものであること

消費税は，国内で消費される財貨やサービスに対して負担を求めるものであり，国外で行われる取引は課税の対象とはならない．国内取引かどうかは，次の基準に応じて，判定することとなる．

イ．資産の譲渡・貸付けの場合

資産の譲渡・貸付けについては，原則として，その譲渡・貸付けが行われた時に，その資産が所在していた場所が国内にあるかどうかにより判定する．

また，船舶，航空機・無体財産権等，一定の資産は，資産の譲渡・貸付が行われた時における登録機関の所在地その他一定の場所を基準として判定する．

ロ．役務の提供の場合

役務の提供については，原則として，役務の提供が行われた場所が国内であ

るかどうかにより判定する．また，役務の提供が，運輸・通信等，国内外にわたるものは，出発地・発送地または到着地，差出地，配達地等，一定の場所を基準として判定する．

② **事業者が事業として行うものであること**

消費税は，事業者が事業として行うものに課税されるが，「事業者」とは個人事業者および法人をいい，また，「事業」とは，対価を得て行われる資産の譲渡等が独立の立場で反復，継続して行われることをいう．よって，個人事業者が生活用資産を譲渡しても課税対象とはならない．

なお，個人事業者が，事業に付随して行う行為，たとえば，事業の用に供している建物，機械等の売却などは，事業として行われたものとして資産の譲渡等に該当する．

③ **対価を得て行うものであること**

消費税は，対価を得て行われる取引に限られている．したがって，無償による資産の譲渡・貸付け並びに役務の提供は，原則として課税の対象とはならない．

例外として，個人事業者が，棚卸資産または事業用の資産を家事のために消費または使用した場合，および法人が資産をその役員に贈与した場合には，対価を得て資産の譲渡が行われたとみなして課税される（みなし譲渡）．

④ **資産の譲渡・貸付けまたは役務の提供であること**

資産の譲渡とは，棚卸資産，固定資産のような有形資産に限定されず，権利その他の無形資産等，取引の対象となる資産を，他人に移転させることをいう．したがって，移転の原因を問わないことから，保証債務の履行のための資産の譲渡等も資産の譲渡に該当する．資産の貸付けとは，資産に係る権利の設定，その他，賃貸借，消費貸借のほか，特許権等の無体財産権などの使用等，他の者に資産を使用させる一切の行為を含む．役務の提供とは，各種のサービスの提供をいい，弁護士，税理士，作家等の役務の提供も含まれる．

2．輸入取引

保税地域から引き取られる外国貨物は，原則として，消費税の対象となる．こ

の「保税地域から引き取られる外国貨物」とは，外国から本邦に到着した貨物で輸入が許可される前のものおよび輸出の許可を受けた貨物で，保税地域から引き取られるものをいう．輸入取引の場合，「事業者が事業として」とか「対価を得て」といった国内取引におけるような要件がないため，保税地域から引き取られる外国貨物に係る対価が無償であっても，また事業として行われないものであっても課税対象となる．したがって，個人輸入でも，関税が免税されるもの，課税価格の合計額が1万円以下の外国貨物等，免税規定があるものを除いて課税対象となる．

3. 非課税取引

消費税は，原則として国内におけるすべての取引および貨物の輸入を課税対象としているが，消費税の税としての性格からみて課税の対象にならないものや，社会政策的な配慮から課税が適当でないものがある．消費税法ではこれらを非課税取引としている（消費税法第6条第1項別表第1）．この非課税取引には，次のようなものがある．

（ⅰ）消費税の性格から非課税とされるもの
　① 土地の譲渡および貸付け
　② 有価証券（株式・社債等），支払手段等の譲渡
　③ 金融・保険取引
　④ 郵便切手，印紙・証紙等の譲渡
　⑤ 商品券，プリペイドカード等の譲渡
　⑥ 住民票，戸籍謄本等の行政手数料
　⑦ 国際郵便為替，国際郵便振替，外国為替取引

（ⅱ）社会政策的な配慮から非課税とされるもの
　① 各種公的な医療保障制度に基づく療養，医療，施設医療等
　② 社会福祉事業・更正保護事業
　③ 助産に係る資産の譲渡等
　④ 埋葬料，火葬料

⑤ 身体障害者用物品の譲渡

⑥ 一定の学校の，入学金，授業料等

⑦ 教科用図書の譲渡

⑧ 住宅の貸付け

4. 免税取引

　消費税の課税対象は，国内で消費される財・サービスに限られるため，事業者が国内において行う課税資産の譲渡等のうち輸出取引や国際輸送等の輸出類似取引については，消費税が免除される．これは，消費税は物品等の消費された国で課税されるべきであるという仕向地主義（消費地課税主義）に基づく国際慣行によっている．また，この輸出免税取引は，売上には課税されないという点では前出の非課税取引と同様であるが，その売上に対応する仕入税額の控除が認められている点で両者の性格は基本的に異なる．なお，この輸出免税を受けるには，輸出許可書，税関長の証明等により，その取引が輸出取引であるということの証明が必要である．この輸出免税の対象となる取引には次のようなものがある．

① 国内からの輸出として行われる資産の譲渡または貸付け

② 外国貨物の譲渡または貸付け

③ 国内と国外との間の旅客，貨物の輸送，通信または郵便

④ 国際運送事業者等に対する船舶または航空機の譲渡・貸付けまたは修理

⑤ 外国貨物の荷役，運送，保管，検数または鑑定等の役務の提供

⑥ 非居住者に対する無形固定資産等の譲渡または貸付け

　また，輸出物品販売場（免税ショップ）を営む事業者が，外国人旅行者などの非居住者に対して，所定の免税販売の手続きにより輸出携帯品を販売する場合には，消費税が免除される．ただし，輸出物品販売場では対価の額の合計額が1万円を超える場合に限り免除の対象となる．

第4節 消費税の納税義務者

(1) 納税義務者

1. 国内取引の納税義務者

国内取引については，課税資産の譲渡を行った事業者である．事業者とは個人事業者および法人をいい，国，地方公共団体，公共法人，公益法人および人格のない社団または財団などの事業者も含まれる．また，ここでいう事業者には，国内で課税資産の譲渡等を行う非居住者および外国法人も含まれる．

2. 輸入取引の納税義務者

外国貨物については，その課税貨物を保税地域から引き取る者が納税義務者となる．なお，国内取引の納税義務者のように事業者に限定されていないため，免税事業者や消費者たる個人が輸入する場合でも納税義務者となる．

(2) 免税事業者

事業者は，原則として納税義務者であるが，小規模零細事業者については，納税事務負担や税務執行面に配慮して，納税義務が免除される．

消費税の納税義務が免除される小規模事業者とは，基準期間における課税売上高が1,000万円以下の個人事業者または法人であるが，この基準期間の年間売上とは，個人事業者については，その課税年度（課税期間）の前々年をいい，法人については，その事業年度（課税期間）の前々事業年度をいう．

したがって，新規開業した個人事業者または新規設立された法人は，事業開始後2年間は基準期間がないため，原則として，納税義務が免除される．

ただし，その事業年度の基準期間がない法人のうち，その事業年度開始の日における資本または出資の金額が1,000万円以上である法人については，その新設法人の設立当初2年間の納税義務は免除されない．

また，課税事業者選択の届出書を所轄税務署長に提出して，納税義務者になることを選択することができる．これは，輸出業者のように仕入税額控除により経

常的に還付が生じる場合，免税業者のままでは還付が受けられないためである．ただし，これを選択して，この届出書を提出した事業者は，2年間の継続適用が必要となる．

第5節　納税義務の成立時期

消費税の納税義務の成立する時期は，国内取引については，課税資産の譲渡・貸付け，および役務の提供を行った時である．また，輸入取引については，課税貨物を保税地域からの引取時とされている．この課税資産の譲渡等を行った時は，基本的には，所得税，法人税の課税所得の計算において，総収入金額または益金の額に算入すべき時期と同じであり，引渡基準を原則としている．

第6節　課税標準

(1) 国内取引

国内取引に係る消費税の課税標準は，課税資産の譲渡等の対価の額である．課税資産の譲渡等の対価の額は，課税資産の譲渡等の対価として収受し，または収受すべき一切の金銭または金銭以外の物もしくは権利その他経済的な利益の額である．ただし，課税資産の譲渡等により課される消費税相当額を含まないものとされている．

また，個人事業者が事業用の資産を家事消費した場合や，法人が資産をその役員に対して贈与した場合などのいわゆる「みなし譲渡」も課税対象となるが，この場合は，それぞれの資産の価額に相当する金額（時価）を対価の額とみなす．

さらに，法人が資産を役員に対して著しく低い対価により譲渡した場合においても，その資産の価額に相当する金額をその対価の額とみなす．

(2) 輸入取引

保税地域から引き取られる課税貨物に係る消費税の課税標準は，その貨物につ

き関税課税価格（通常は CIF 価格），関税額および消費税以外の個別消費税額の合計額である．

第7節　消費税額の計算

(1) 税率と納付税額の計算

消費税の税率は 4% の単一税率である．地方消費税は，消費税額を課税標準とし，その税率は 25%（消費税率 1% 相当）であり，消費税と地方消費税とを合わせた税率は 5% となる．納付税額の計算は基本的に以下の方法による．

　　納付税額＝課税標準額 × 4% － 仕入れに係る消費税額等

課税標準額は，その課税期間における課税資産の譲渡等の対価の額（税抜き）の合計額をいうが，それは，原則として，税込みの課税売上高の合計額に 105 分の 100 を乗じて算定する（1,000 円未満の端数切り捨て）．また，税抜き経理をしている場合，すなわち，事業者がその取引において，課税資産の譲渡等の対価の額（本体価格）と，それに係る消費税額とを区分して代金を領収している場合には，その対価の額の合計額が課税標準額であり，消費税額の合計額をもって，その課税期間の課税標準額に対する消費税額（売上げに係る消費税額）とすることができる．

(2) 仕入に係る消費税額の控除

1. 原則的方法

消費税の納付すべき税額は，課税期間の売上げに係る消費税額から課税仕入れに係る消費税額を控除して計算される．この課税仕入れに係る消費税額は当該課税仕入れに係る支払対価の額を基礎として算出したもので課税仕入れに係る消費税額に 105 分の 4 を乗じて求める．これを仕入税額控除という．

売上の中に非課税売上がある場合，基本的に，これに対応する仕入れに係る消費税を控除することはできない．どれだけ仕入税額控除の対象になるかは課税期間における課税売上の割合が 95% 以上の場合と 95% 未満の場合とで異なる．

$$課税売上割合 = \frac{その課税期間中の課税売上の額}{その課税期間中の課税売上の額＋その課税期間中の非課税売上の額}$$

① 課税売上の割合が95%以上の場合

この場合には，その課税期間の課税仕入れ等に係る消費税額は事務処理の簡便化のため全額を控除することとされている．

② 課税売上割合が95%未満の場合

この場合の仕入税額控除の対象となる消費税額は，課税売上に対応する課税仕入れ等に係る消費税額とされ，次の2つの方法のいずれかによって計算することとされている．

イ．個別対応方式

課税仕入れ等に係る消費税額を，① 課税売上のみに対応するもの，② 非課税売上のみに対応するもの，③ 共通の売上に対応するものとの区分が明らかな場合については，次の計算式により算出する．

控除対象の消費税額＝①＋③×課税売上割合

ロ．一括比例配分方式

その課税期間の課税仕入れ等に係る消費税額を課税売上割合で一括して按分する方法であり，次の計算式により算出する．

控除する消費税額＝課税仕入れに係る消費税額×課税売上割合

この方式は，上記の個別対応方式に比べ簡便な方式といえるが，この方式を選択した場合は，2年間継続適用することとされている．

2. 帳簿等の記帳と保存

以上のような原則的方法による課税仕入等に係る税額の控除を受けるためには，課税仕入れ等の事実を記載した帳簿および課税仕入れ等の事実を証する請求書等を保存しなければならない．これらの帳簿および請求書等は，課税期間の末日の翌日から2ヵ月を経過した日から7年間保存しなければならない．

平成9年から請求書等の保存も必要になった背景には，従来の帳簿方式からインボイス（送り状）方式への移行が検討されているからで，このインボイス方

式の採用は，計算精度の高さから益税問題等の緩和に役立つと考えられている．

3. 簡易課税制度による仕入税額控除

簡易課税制度は，前述の仕入税額控除の原則的な計算方法に代えて，その課税期間における課税標準額に対する消費税額に「みなし仕入率」を乗じて計算した金額が，控除する課税仕入れ等に係る消費税額とみなされる制度である．

仕入税額控除の税額＝課税標準額に対する消費税額×みなし仕入率

「みなし仕入率」は，表11－1のように業種ごとに法定されている．

表11－1　みなし仕入れ率

事業区分	具体的業種	みなし仕入率
第1種事業	卸売業	90%
第2種事業	小売業	80%
第3種事業	農業，林業，漁業，鉱業，建設業，製造業等（第1種事業，第2種事業，又は第5種事業に該当するもの及び加工賃その他これに類する料金を対価とする役務の提供を行う事業を除く）	70%
第4種事業	第1種事業から第3種事業及び第5種事業以外の事業	60%
第5種事業	不動産業，運輸通信業，サービス業（飲食店業を除く）	50%

また，事業者が2種類以上の事業を行っている場合には，原則として，それぞれの事業区分ごとの売上げに係る消費税額に，それぞれのみなし仕入率を乗じたものの加重平均値であるが，計算の簡便化のために次のような特例がある．

第1に，2種類以上の事業を営む場合において，例えば，第1種事業の課税売上高が全体の75％以上である場合には，みなし仕入率90％を全体の課税売上高に対して適用することができる．第2に，3種類以上の事業を営む場合において，例えば，そのうちの第1種事業と第2種事業の課税売上高の合計額が全体の課税売上高の75％以上となる場合，みなし仕入率80％を第1種事業以外の課税売上高に適用することができる．

簡易課税制度の適用を受けるためには，次の要件を満たしている必要がある．

① 課税事業者の基準期間における課税売上高が5,000万円以下であること．
② 適用を受ける旨の届出書を所轄税務署長に提出していること．

4. 簡易課税制度における計算

① 消費税額の計算

$$\text{納付税額} = \text{課税売上に係る消費税額} - \left(\text{課税仕入れに係る消費税額} + \text{売上対価の返還等に係る消費税額} + \text{貸倒れに係る消費税額}\right)$$

② 1種類の事業のみを営む事業者の場合の控除対象仕入れ税額

$$\text{課税仕入れに係る消費税額} = \left(\text{課税売上に係る消費税額} - \text{売上対価の返還等に係る消費税額} + \text{貸倒回収に係る消費税額}\right) \times \text{みなし仕入率}$$

③ 2種類以上の事業を営む事業者の場合の控除対象仕入税額（原則）

$$\text{課税仕入れに係る消費税額} = \left(\text{課税売上に係る消費税額} - \text{売上対価の返還等に係る消費税額} + \text{貸倒回収に係る消費税額}\right) \times$$

$$\frac{\text{第1種事業に係る消費税額} \times 90\% + \text{第2種事業に係る消費税額} \times 80\% + \text{第3種事業に係る消費税額} \times 70\% + \text{第4種事業に係る消費税額} \times 60\% + \text{第5種事業に係る消費税額} \times 50\%}{\text{第1種事業に係る消費税額} + \text{第2種事業に係る消費税額} + \text{第3種事業に係る消費税額} + \text{第4種事業に係る消費税額} + \text{第5種事業に係る消費税額}}$$

なお，2種類以上の事業を営む事業者が，売上の内容を事業ごとに区分していない場合には，その事業者が行っている事業のうち最も低い事業に係るみなし仕入率を適用しなければならない．例えば，第1種と第2種の事業を営んでいて，売上の区分をしていない場合，みなし仕入率は，80%を全体に適用する．

なお，簡易課税制度を選択した場合は，2年間継続適用しなければならない．

第8節　消費税の申告と納付

　事業者（免税事業者を除く）は，課税期間（個人事業者は暦年の1月1日から12月31日，法人は法人税法上の事業年度）ごとに，課税期間の終了後2ヵ月（個人事業者は，当分の間翌年3月末日）以内に所轄税務署長に確定申告書（図11－2を参照：簡易課税のケース）を提出するとともに，その申告書に係る消費税額をその日までに納付しなければならない．また，課税資産の譲渡等に係る消費税額より仕入れに係る消費税額の金額の方が大きい場合や中間申告の税額が確定申告の税額を上回る場合には，確定申告により還付を受けることができるが，免税事業者の場合には還付を受けることはできない．

　なお，中間申告・中間納付の制度があり，直前の課税期間の確定消費税額により申告・納付方法が次のようになっている．

① 課税期間が6ヵ月超える事業者で，直前の課税期間の確定消費税額の年換算が48万円を超え400万円以下である場合は，課税期間開始後6ヵ月を経過したところで（年1回），その2分の1の金額の中間申告・納付をしなければならない．

② 課税期間が3ヵ月超える事業者で，直前の課税期間の確定消費税額の年換算が400万円を超える場合，課税期間開始後3ヵ月ごとに（年3回），その4分の1の金額の中間申告・納付をしなければならない．

③ 直前の課税期間の確定消費税額の年換算が4,800円を超える場合は，毎月（年11回），原則として，その12分の1の金額の中間申告・納付をしなければならない．

　また，輸入取引の場合には，課税貨物を保税地域から引き取ろうとする者は，申告書を所轄税関長に提出して，その貨物を引き取る時までに課税貨物に課される消費税額を納付する必要がある．

第11章 消費税

第27-(2)号様式

課税期間分の消費税及び地方消費税の( )申告書

第9節 消費税の届出書

消費税では，一定の事実の発生や簡易課税制度の選択などの場合に，表11－2，11－3のように所定の届出書を提出しなければならない．また，期限までに提出しないと課税の特例等が受けられず，課税に影響を及ぼす場合がある．

表11－2　課税に直接影響する届出書

届出が必要な場合	届出書名	提出期限等
① 免税事業者が課税事業者になることを選択しようとするとき	消費税課税事業者選択届出書	選択しようとする課税期間の初日の前日まで
② 課税事業者を選択していた事業者が課税事業者の選択をやめようとするとき	消費税課税事業者選択不適用届出書	選択をやめようとする課税期間の初日の前日まで
③ 簡易課税制度を選択しようとするとき	消費税簡易課税制度選択届出書	選択しようとする課税期間の初日の前日まで
④ 簡易課税制度の選択をやめようとするとき	消費税簡易課税制度選択不適用届出書	選択をやめようとする課税期間の初日の前日まで
⑤ 課税期間の特例（短縮）を選択しようとするとき	消費税課税期間特例選択届出書	特例（短縮）に係る課税期間の初日の前日まで
⑥ 課税期間の特例（短縮）の適用をやめようとするとき	消費税課税期間特例選択不適用届出書	適用をやめようとする課税期間の初日の前日まで

表11－3　その他の届出書

届出が必要な場合	届出書名	提出期限等
基準期間における課税売上高が1,000万円超となったとき	消費税課税事業者届出書	事由が生じた場合，速やかに提出する
基準期間における課税売上高が1,000万円以下となったとき	消費税の納税義務者でなくなった旨の届出書	事由が生じた場合，速やかに提出する
課税事業者が事業を廃止したとき	事業廃止届出書	事由が生じた場合，速やかに提出する
個人の課税事業者が死亡したとき	個人事業者の死亡届出書	事由が生じた場合，速やかに提出する
納税地等に異動があったとき（納税地の場合は，異動前と異動後の納税地を所轄する税務署長に提出する）	消費税異動届出書	異動事項が発生した後遅滞なく提出する

参考文献

金子宏『租税法』(第9版増補版) 弘文社　2004年
新井益太郎監修『現代税法の基礎知識』(五訂版) ぎょうせい　2004年
桜井四郎『税の基礎』(2004年度版) 経済法令研究会　2004年
小池敏範『消費税の常識』(第7版) 税務経理協会　2003年
大淵博義『国税の常識』(第7版) 税務経理協会　2004年
井堀利宏『要説：日本の財政・税制』改訂版　税務経理協会　2003年
速水昇『要説財政学』(第3版) 学文社　2002年
佐藤慎一編『図説　日本の税制　平成16年度版』財経詳報社　2004年

第12章
地方税

第1節　地方税原則

　税の基本原則としては，第6章で説明したように，租税利益説に基づくアダム・スミスの租税4原則，租税義務説に基づくアドルフ・ワーグナーの租税9原則が知られている．近年ではこれらの基本原則を追究してさらに新たな理論を包含し，現代の税制に適応する形でアレンジしたものが示されている．地方税も租税である以上，こうした基準に合致することが望ましい．しかしこれらの基本原則をもとに，地方税原則についてはさらにさまざまな諸説がある．

　自治省税務局編『地方税の現状とその運営の実態』（地方財務協会，1992年）においては，以下の7つの地方税原則が明示されている．① 収入が十分なものであること（十分性）．② すべての地方公共団体が普遍的に収入をあげていること（普遍性）．③ 収入に安定性があること．④ 収入に伸張性があること．⑤ 地方税収入を地方公共団体が自主的に増減できるような税であること（伸縮性）．⑥ 住民が必要な行政経費を負担し合うような税であること．⑦ 住民が受益に応じて負担する税であること．このうち①～④は財政収支からみた原則，⑤は地方自治の財政基盤からみた原則，⑥⑦は住民負担を表す原則といえる．これらの地方税原則から導かれる地方税目は，①②は住民税，固定資産税等，③は固定資産税，たばこ税，自動車税等，④は住民税，事業税，不動産取得税，軽油取引税等，⑤は法定外普通税等，⑥は住民税等である．このような租税原則を考慮しながら地方財政の概要を考察する．

第2節　地方収入の概要

(1) 地方税体系

　地方税の構成が表12－1と表12－3に示されている．地方税の税率は，地方税法（昭和25，法律226）に基づき各地方公共団体が条例で定めるが，その種類として標準税率，制限税率，一定税率，任意税率がある．標準税率とは，地方公共団体が課税する場合に，特別な理由がない限りこれによることが地方税法上

第12章　地方税

表12－1　道府県税収入の構成の累年比較

区分	昭和30年度		40		50		60		平成12年度		13		14		15 (計画)		16 (計画)	
	金額	構成比	金額	構成比	金額	構成比	金額	構成比	金額	構成比	金額	構成比	金額	構成比	金額	構成比	金額	構成比
	億円	%	億円	%	億円	%	億円	%	億円	%	億円	%	億円	%	億円	%	億円	%
普通税	1,468	99.8	7,171	91.7	34,987	90.4	92,991	91.1	139,120	89.3	138,889	89.4	122,301	88.6	118,497	88.2	121,558	88.8
道府県民税	237	16.1	1,758	22.5	9,890	25.6	29,513	28.9	45,004	28.9	43,824	28.2	34,528	25.0	31,389	23.4	32,534	23.8
個人	140	9.5	1,229	15.7	7,393	19.1	21,003	20.6	23,863	15.3	23,693	15.3	23,237	16.8	22,503	16.8	21,789	15.9
法人	97	6.6	529	6.8	2,497	6.5	8,510	8.3	8,246	5.3	8,367	5.4	7,265	5.3	6,295	4.7	6,778	5.0
利子割	—	—	—	—	—	—	—	—	12,895	8.3	11,764	7.6	4,026	2.9	2,576	1.9	2,883	2.1
配当割	—	—	—	—	—	—	—	—	—	—	—	—	—	—	15	0.0	720	0.5
株式等譲渡所得割	—	—	—	—	—	—	—	—	—	—	—	—	—	—	—	—	414	0.3
事業税	806	54.8	3,299	42.2	15,016	38.8	39,370	38.6	41,410	26.6	43,282	27.9	36,751	26.6	36,983	27.5	37,901	27.7
個人	202	13.7	253	3.2	480	1.2	1,298	1.3	2,230	1.4	2,264	1.5	2,224	1.6	2,167	1.6	2,100	1.5
法人	604	41.1	3,046	38.9	14,536	37.6	38,072	37.3	39,180	25.1	41,018	26.4	34,527	25.0	34,816	25.9	35,801	26.2
地方消費税	—	—	—	—	—	—	—	—	25,282	16.2	24,745	15.9	24,245	17.6	23,972	17.8	25,001	18.3
不動産取得税	52	3.5	414	5.3	1,813	4.7	4,346	4.3	5,667	3.6	5,375	3.5	5,240	3.8	4,402	3.3	4,540	3.3
道府県たばこ(消費)税	96	6.5	440	5.6	1,356	3.5	3,130	3.1	2,815	1.8	2,768	1.8	2,705	2.0	2,828	2.1	2,790	2.0
ゴルフ場利用税	15	1.0	95	1.2	500	1.3	1,083	1.1	814	0.5	789	0.5	744	0.5	660	0.5	655	0.5
特別地方消費税	—	—	—	—	—	—	4,757	4.7	116	0.0	11	0.0	4	0.0	—	—	—	—
食料理飲食等消費税	151	10.3	559	7.1	2,674	6.9	10,380	10.2	17,645	11.3	17,713	11.4	17,737	12.8	18,109	13.5	17,969	13.1
自動車税	78	5.3	549	7.0	3,689	9.5	9	0.0	5	0.0	5	0.0	—	—	—	—	—	—
鉱区税	5	0.3	8	0.1	6	0.0	27	0.0	17	0.0	17	0.0	16	0.0	15	0.0	4	0.0
狩猟者登録(狩猟免許)税	3	0.2	4	0.1	21	0.1	123	0.1	112	0.1	78	0.1	95	0.1	135	0.1	164	0.1
固定資産税(特例)	22	1.5	39	0.5	2	0.0	253	0.2	233	0.1	282	0.2	232	0.2	—	—	—	—
法定外普通税・その他	3	0.2	6	0.1	—	—	—	—	—	—	—	—	—	—	—	—	—	—
目的税	0	0.0	652	8.3	3,705	9.6	9,049	8.9	16,729	10.7	16,413	10.6	15,733	11.4	15,842	11.8	15,348	11.2
自動車取得税	—	—	—	—	1,750	4.5	3,471	3.4	4,641	3.0	4,496	2.9	4,191	3.0	4,548	3.4	4,572	3.3
軽油引取税	—	—	649	8.3	1,940	5.0	5,558	5.4	12,076	7.7	11,905	7.7	11,525	8.3	11,283	8.4	10,750	7.9
その他	0	0.0	3	0.0	15	0.0	20	0.0	12	0.0	12	0.0	17	0.0	11	0.0	26	0.0
旧法による税収入	3	0.2	—	—	—	—	—	—	1	0.0	1	0.0	—	—	—	—	—	—
合計	1,471	100.0	7,823	100.0	38,692	100.0	102,040	100.0	155,850	100.0	155,303	100.0	138,035	100.0	134,339	100.0	136,906	100.0

出所）佐藤慎一編『図説 日本の税制』（平成16年度版）財経詳報社 2004年

定められた税率である．これは地方負担について，国として標準的な目安を示す趣旨で定められたものであり，現在，大多数の地方公共団体が標準税率で課税している．しかし，財政上特別な理由がある場合には，条例によって標準税率を超えた税率で課税することも可能である．その場合の最高限度額を定めたものが制限税率である．制限税率が定められている税は，道府県税では，道府県民税，事業税，自動車税等であり，市町村税では，市町村民税，軽自動車税，鉱山税等である．

　一定税率とは，地方公共団体が必ずそれによって課税しなければならない税率である．ゆえに，全国一律にすべての地方公共団体がこの税率を採用しなければならない．任意税率とは，地方税法に税率を定めないで，地方公共団体が独自に定めることができる税率である．現在，任意税率である税は法定外税，水利地益税，宅地開発税，国民健康保険税等である．

第3節　地方税の仕組み

(1) 地方税

　所得に対して国が課税する税金が所得税であり，都道府県や市町村が課税する税金が道府県民税と市町村民税である．この2つを合わせて通常住民税と呼んでいる．東京都の場合は，特別区内について地方自治法により特別の地位を与えられており，特別区（23区）に住所のある個人が納める税金は，道府県に相当する税は都民税として，市町村民税に相当する税は特別区民税として課税される．このことから一般に，道府県税と明記されている場合は，東京都も含まれている．地方税は表12－1・表12－3にみられるように道府県税と市町村税の普通税（道府県税は地方税法第23条～291条，市町村税は地方税法第292条～698条）と目的税（地方税法第699条～733条）から構成されている．普通税はその使途が制限されていない税であり，目的税はその使途が制限されている税である．道府県税は道府県民税，事業税，地方消費税，不動産取得税，道府県たばこ税，ゴルフ場利用税，自動車税，鉱区税，法定外普通税等から構成されているので，これ

らの平成16年度当初における概要を説明する．

1. 道府県税の普通税
① 個人道府県民税

住民税は個人住民税と法人住民税に分けられる．個人住民税は個人道府県民税と個人市町村民税とに分けられる．個人住民税は道府県民税を含めて市町村に納税し，市町村が都道府県に送金することになっている．個人道府県民税の納税義務者は，ⅰ 都道府県内に住所をもつ個人，ⅱ 都道府県には住所はないが，事務所，事業所，家屋敷がある人とされている．ただし，生活保護法によって生活保護を受けている人，障害者，未成年者，老年者，寡婦，寡夫で前年度の所得が125万円以下の人には住民税はかからない．個人道府県民税は前年の1月1日現在で給与の支払を受けている人が対象で，前年度の所得をもとに計算されているので，1年遅れで税金がかかってくる．しかし，1年未満の短期就労者（パートやフリーター等）から個人道府県民税が徴収できない状態になっているので，総務省は2007年からこれらの短期就業者からも個人道府県民税を徴収する方針を示している．

個人道府県民税は所得割，均等割，配当割，株式等譲渡所得割に分けられる．所得割は前年の所得に応じて課税されるもので，所得が多い人ほど多くの負担をすることになる．所得割の課税標準は，総所得金額（配当所得，不動産所得，事業所得，給与所得，譲渡所得，雑所得等の金額の合計額），退職所得金額及び山林所得金額に区分して算定し，これに各種控除を適応して求められる．この算定は，国税の所得税の場合と同様の方法により算定される．表12-2は住民税の主な税率改正の推移であるが，現在，都道府県の所得割の標準税率については，課税標準の金額700万円以下の部分については2%，700万円超の部分については3%という2段階になっている．

均等割は，いわばその自治体に所属する者からとる「会費」的なものであり，その自治体に事務所，事業所，家屋敷を有する者から，一律に徴収する税金で，所得の多い人も少ない人も同じ額を負担する．税額の推移は表12-2の如くで

表12－2　住民税の主な税率改正の推移

	昭和55年	60年	63年	平成元年	7年	11年
所得割	(1) 道府県 （標準税率） 150万円以下　2% 150万円～　4% (2) 市町村 （標準税率） 30万円以下　2% 30万円～　3% 45万円～　4% 70万円～　5% 100万円～　6% 130万円～　7% 230万円～　8% 370万円～　9% 570万円～　10% 950万円～　11% 1,900万円～　12% 2,900万円～　13% 4,900万円～　14%	(1) 道府県 （標準税率） 同左 (2) 市町村 （標準税率） 20万円以下　2.5% 20万円～　3% 45万円～　4% 70万円～　5% 95万円～　6% 120万円～　7% 220万円～　8% 370万円～　9% 570万円～　10% 950万円～　11% 1,900万円～　12% 2,900万円～　13% 4,900万円～　14%	(1) 道府県 （標準税率） 130万円以下　2% 130万円～　3% (2) 市町村 （標準税率） 26万円以下　3% 60万円～　4% 60万円～　5% 130万円～　6% 260万円～　7% 260万円～　8% 460万円～　9% 950万円～　10% 1,900万円～　11% ～　12%	(1) 道府県 （標準税率） 500万円以下　2% 500万円～　4% (2) 市町村 （標準税率） 120万円以下　3% 120万円～　8% 500万円～　11%	(1) 道府県 （標準税率） 700万円以下　2% 700万円～　4% (2) 市町村 （標準税率） 200万円以下　3% 220万円～　8% 700万円～　11%	(1) 道府県 （標準税率） 770万円以下　2% 770万円～　3% (2) 市町村 （標準税率） 200万円以下　3% 200万円～　8% 700万円～　10%
均等割	(1) 道府県 （標準税率）　500円 (2) 市町村 （標準税率） 人口50万人以上の市 2,000円 人口5万～ 50万人未満の市 1,500円 その他の市町村 1,000円	(1) 道府県 （標準税率）　700円 (2) 市町村 （標準税率） 人口50万人以上の市 2,500円 人口5万～ 50万人未満の市 2,000円 その他の市町村 1,500円	同左	同左	(1) 道府県 （標準税率）　700円 (2) 市町村 （標準税率） 人口50万人以上の市 2,500円 人口5万～ 50万人未満の市 2,000円 その他の市町村 1,500円	(1) 道府県 （標準税率）　1,000円 (2) 市町村 （標準税率） 人口50万人以上の市 3,000円 人口5万～ 50万人未満の市 2,500円 その他の市町村 2,000円

出所　財務省　財務総合政策研究会編『財政金融統計月報』各年度租税特集より作成

あるが，現在，都道府県の場合は年額一律1,000円である．

配当割は，株式会社等から受け取る特定配当等について，支払の際に課税するものである．特定配当とは，①上場株式等の配当等，②証券投資信託の収益の分配に係る配当等，③特定投資法人の投資口の配当等である．株式会社等が，特定配当等の支払いの際に県民税配当割を徴収し，都道府県に納めることになっている．税額は特定配当等の額の5%だが，平成16年1月1日から平成20年3月31日までの間の県民配当割は3%になっている．道府県に納められた県民配当割のうち30分の19（平成20年4月1日からは64.6%）が県内の市町村に交付される．

株式等譲渡所得割は，証券会社等から受け取る特定口座（源泉徴収あり）における上場株式等の譲渡に係わる所得等の金額（特定株式等譲渡所得割金額）について，支払の際に課税する税金である．税額は配当割と同じである．

2. 法人道府県民税

法人道府県民税は均等割，法人税割，利子割に分けられる．均等割の課税方法は個人の場合と同様である．ただし，法人に対する均等割の場合には，その法人の資本金等の額や従業員数によって支払う額が異なる．都道府県では，①1千万円以下である法人及び一定の公益法人等は2万円，②1千万円を超え1億円以下の法人は5万円，③1億円を超え10億円以下の法人は13万円，④10億円を超え50億円以下の法人は54万円，⑤50億円を超える法人は80万円の5段階になっている．

法人税割は，国税の法人税額（法人税額から控除される各種税額控除がある場合はその控除前の額）を課税標準としているので，現実に納付される国税の法人税額とまったく等しいわけではない．また法人が，2つ以上の地方公共団体にわたって事務所・事業所を有する場合は，従業者数に応じて，関係地方公共団体に納税額が分割されることになる．標準税率は，都道府県税は5%であるが，制限税率は6%に定められている．

利子割は，利子等の支払いを行う金融機関等の所在地において，その利子等の

支払いを受ける者に対し，利子額に応じた負担を求めるものである．納税義務者は個人，法人の双方である．法人に対しては法人税割の課税で，いったん課税された利子割相当額を控除（控除しきれない場合は還付）するので，実質的には個人の利子所得についてのみ課税されることになる．利子割は，納税義務者（利子を得るもの）の住所地にかかわらず，利子を支払う金融機関の所在地の都道府県が課税するものである．また，前年課税の所得割とは異なり，現年課税とするところにも特徴がある．税率は 5% であり，国税所得税の利子所得課税の税率が 15% であることから，合わせて 20% が課税される．

法人道府県民税の納税義務者は，① 都道府県内に事務所，事業所を有する法人，② 都道府県内に寮等を有する法人，③ 都道府県内に事務所，事業所，寮等を有し，収益事業を営んでいない社団・財団等である．① の法人は均等割および法人税割の合計額，② の法人および ③ の社団等は均等割のみが課税され，国・地方公共団体等は非課税である．

3. 事業税

① 個人事業税

個人事業税は，個人が行う第 1 種事業（物品販売業，保険業，製造業等の 40 近くの事業），第 2 種事業（畜産業，水産業，薪炭製造業），第 3 種事業（医業，歯科医業，弁護士業等および助産婦業，あんま，マッサージ，指圧，針灸などのおよそ 30 の事業がある）に対し，その事業から生じた所得にかかる税金である．個人事業税の標準税率は，第 1 種事業は 5%，第 2 種事業は 4%，第 3 種事業は 5% であるが，助産婦業，あんま，マッサージ，指圧，針灸等は 3% となっている．なお，制限税率は，個人については標準税率の 1.1 倍と定められている．

② 法人事業税

法人事業税は，内国法人・外国法人の区別なく法人の行う事業を課税対象にしている．ただし，林業，鉱物の掘採事業，特定の農業組合法人が行う事業に対しては，法人事業税は課税されない．

法人事業税の標準税率は，収入金額を課税標準とする電気，ガス供給業と保険

業については，1.3%である．他の法人は，法人の所得を課税標準として，所得のうち400万円以下の金額については5%，400万円超から800万円以下の金額については7.3%，800万円超の金額については9.6%の3段階の累進課税となっている．制限税率は標準税率の1.2倍である．なお，規模の大きい法人においては，2以上の都道府県に事務所，事業所が設けられていることが多い．その場合には，従業者数等に応じて，課税標準が関係都道府県に分割され，それぞれの所属する都道府県に事業税を納めることとなる．

また，平成15年度税制改正において，資本金1億円超の法人を対象として，外形基準を4分の1とする外形標準課税（法人の所得だけではなく，給与額，資本金など客観的に簡単に把握できる外形基準に税金をかける方法）を創設し，平成16年4月1日以降に開始する事業年度部分から適用されることになった．課税標準には，所得割，付加価値割，資本割がある．所得割は，所得および清算所得である．付加価値割は，報酬給与額，純支払利子などで，資本割は，資本金，出資金等である．標準税率は，所得割が従来の税率の4分の3で，付加価値割は0.48%，資本割は0.2%である．制限税率は標準税率の1.2倍である．

③ 地方消費税

地方消費税は地方分権の推進，地域福祉の充実等のため，地方税源の充実を図る観点から平成9年4月1日から施行された地方税である．地方消費税には，譲渡割と貨物割がある．譲渡割は，国内の商品・サービスの販売・提供を行った事業者に賦課されるもので，消費税の課税標準額に対する消費税額から課税仕入等に係る消費税額を控除した後の消費税額の25%となる．貨物割は外国貨物を保税地域から引取る法人または個人に賦課されるもので，輸入される貨物に係る消費税額の25%となる．この25%というのは消費税の税率に換算すると1%相当の税率となり，消費税4%と地方消費税1%の合計5%により転嫁する税額の計算を行うことになる．地方消費税は，地方税だが納税者の事務負担の軽減を考慮して，当分の間，国が消費税と合わせて集めることになっている．このため，譲渡割は税務署に申告し，貨物割は税関に申告する．国は納付された地方消費税を都道府県に払い込むことになっている．都道府県に払い込まれた地方消費税は，

「都道府県ごとの消費に相当する額」（商業統計に基づく小売年間販売額とサービス業のうち対個人事業収入額の合計額，国勢調査に基づく人口，事業所・企業統計に基づく従業者数）に応じて按分され，各都道府県間で清算を行う．都道府県間の清算を終えた地方消費税の2分の1に相当する金額については，人口と従業者数で按分して，都道府県内の市町村に交付される．

4. 不動産取得税

不動産取得税は，取得時の不動産の価格（家屋の改築の場合には増加した価格）に対して課される税である．不動産の取得者（改築も含む）は，この税を所在する都道府県に支払わねばならない．標準税率は4%である．なお，国，地方公共団体は非課税であり，住宅等の取得に対しては軽減措置が設けられている．

5. 道府県たばこ税

道府県のたばこ税は，たばこ製造者（日本たばこ産業株式会社，たばこ輸入業者等）が，たばこを小売業者に売り渡す段階で課税され，たばこ製造者が納税する．しかし，課税額はたばこの販売価格に転嫁され，その最終的な負担はたばこの消費者に帰着する．道府県たばこ税の税率は，紙巻たばこについては1,000本につき都道府県分969円，旧3級品の紙巻たばこについては1,000本につき461円である．この税率は一定税率であって，これ以外の税率によることは許されない．

6. ゴルフ場利用税

ゴルフ場の利用に対して，利用の日ごとに定額によって，そのゴルフ場所在の都道府県において，その利用者に賦課される．標準税率は，1日につき800円で，制限税率は1,200円である．

7. 自動車税

　自動車税は，自動車の主たる定置場所が所在する都道府県が，その自動車の所有者に課する税である．ここでいう自動車は，軽自動車（軽自動車税が課される）と大型特殊自動車（固定資産税が課される）および国，地方公共団体の所有する自動車を除くものである．標準税率は車種，営業用自家用の別，排気量等によって異なる．例えば，自家用の乗用車で，排気量1.5リットルのものは，年額34,500円であり（積雪地ではさらに低い税率を適用可能），制限税率は標準税率の1.2倍とされている．

8. 鉱区税

　鉱区税は地下の埋蔵鉱物（石炭・石油等）を採掘するという権利（鉱業権）を与えられていることに対する負担として課税されるものである．税率は，一定税率であり，砂鉱を目的としない鉱区と目的とする鉱区で異なる．砂鉱を目的としない鉱区における税率は，試掘鉱区で面積100アールごとに年額200円，採掘鉱区で面積100アールごとに年額400円と定められている．

9. 法定外普通税

　地方税法の規定にない税であり，法定外普通税を新設する場合は，総務大臣と協議しその合意を得なければならないとされている（地方税法第261条，第671条，第733条）．これには沖縄県の石油価格調整税，福井県・福島県等の核燃料税，茨城県の核燃料等取扱税，青森県の核燃料物質等取扱税などがある．

(2) 道府県税の目的税

1. 自動車取得税

　自動車取得税は，市町村の道路整備を目的とする税であり，中古，新車にかかわらず自動車（3輪以上のもの）の取得価格に対する3％（平成17年度より営業用自動車及び軽自動車以外は5％）を都道府県が徴収する税である．一部の非課税者を除き，取得する自動車の主たる定置場所在の都道府県に対し自動車の取得者は納

税義務を負う．しかしその大半が，徴収した都道府県から市町村に交付されている．

2．軽油引取税
軽油引取税は都道府県，指定市の道路整備を目的とする税であり，軽油引取税の一部は指定市に交付されている．この税は，卸売段階の業者および元売業者（石油の精製，輸入業者）からの軽油の納入に際し，その引取量に応じて引取者に課される税である．軽油の引取者は，所在する都道府県に納税する．税率は一定税率で，1キロリットルにつき，32,100円である．

3．その他
その他の目的税として狩猟税，水利地益税がある．狩猟税は，鳥獣保護，狩猟に関する行政に充てるために徴収する税で，一部の例外を除き当該都道府県知事の狩猟者登録を受ける者に課税される．税率は一定税率で，網・わな猟免許または第1種銃猟免許に係る狩猟者の登録を受ける者で特定のケースを除き，16,500円である．

水利地益税は，水利に関する事業・都市計画法に基づいて行う事業・林道事業等の費用に充てるため，その事業により特に利益を受ける土地・家屋に対して課する目的税であり，都道府県，市町村いずれも課税できるが，実例は少ない．

(3) 市町村税の普通税
市町村税は表12-3にみられるように，普通税として市町村民税，固定資産税，軽自動車税，市町村たばこ税，鉱産税，法定外普通税があり，目的税として入湯税，事業所税，都市計画税，その他がある．これらの平成16年度当初における概要を説明する．

1．市町村民税
① 個人市町村民税
市町村の行政事務に要する経費を，身近な住民に分担させるため，その市町村

第12章 地方税

表12-3 市町村税収入の構成の累年比較

区　分	昭和30年度		40		50		60		平成12年度		13		14		15		16(計画)	
	金額	構成比	金額	構成比	金額	構成比	金額	構成比	金額	構成比	金額	構成比	金額	構成比	金額	構成比	金額	構成比
	億円	%	億円	%	億円	%	億円	%	億円	%	億円	%	億円	%	億円	%	億円	%
普通税	2,334	99.6	7,273	94.8	40,100	93.6	120,404	91.8	182,103	91.2	182,679	91.3	178,342	91.1	170,837	91.2	169,860	91.2
市町村民税	740	31.6	3,046	39.7	19,804	46.2	66,454	50.7	82,206	41.2	81,846	40.9	77,709	39.7	73,977	39.5	73,082	39.2
個人	576	24.6	2,200	28.7	13,597	31.7	45,028	34.3	60,444	30.3	59,962	30.0	58,896	30.1	56,683	30.2	54,760	29.4
法人	164	7.0	846	11.0	6,207	14.5	21,426	16.3	21,762	10.9	21,884	10.9	18,813	9.6	17,294	9.2	18,322	9.8
固定資産税	1,104	47.1	2,773	36.1	14,900	34.8	41,747	31.8	89,551	44.9	90,651	45.3	90,685	46.3	86,713	46.3	86,725	46.5
土地	433	18.5	655	8.5	6,539	15.3	17,898	13.6	37,469	18.8	37,266	18.6	36,157	18.5	35,360	18.9	34,610	18.6
家屋	465	19.8	1,210	15.8	5,068	11.8	16,028	12.2	34,686	17.4	36,206	18.1	37,587	19.2	34,694	18.5	35,953	19.3
償却資産	206	8.8	908	11.8	3,293	7.7	7,821	6.0	17,396	8.7	17,179	8.6	16,941	8.7	16,659	8.9	16,162	8.7
市町村たばこ(消費)税	46	2.0	125	1.6	275	0.6	698	0.5	1,249	0.6	1,301	0.6	1,352	0.7	1,415	0.8	1,444	0.8
軽自動車税	192	8.2	732	9.5	2,381	5.6	5,515	4.2	8,652	4.3	8,509	4.3	8,313	4.2	8,689	4.6	8,571	4.6
電気税・ガス税	215	9.2	540	7.0	1,613	3.8	5,270	4.0	—	—	—	—	—	—	—	—	—	—
鉱産税	17	0.7	24	0.3	28	0.1	46	0.0	15	0.0	15	0.0	14	0.0	14	0.0	13	0.0
木材引取税	15	0.6	25	0.3	29	0.1	21	0.0	—	—	—	—	—	—	—	—	—	—
特別土地保有税	—	—	—	—	1,028	2.4	552	0.4	425	0.2	351	0.2	263	0.1	29	0.0	25	0.0
法定外普通税・その他	—	—	8	0.1	42	0.1	101	0.1	5	0.0	6	0.0	6	0.0	—	—	—	—
目的税	5	0.2	207	2.7	2,181	5.1	9,316	7.1	16,653	8.3	16,625	8.3	16,542	8.5	15,652	8.4	15,466	8.3
入湯税	6	0.3	14	0.2	71	0.2	140	0.1	234	0.1	241	0.1	248	0.1	266	0.1	271	0.1
事業所税	—	—	—	—	152	0.4	1,972	1.5	3,238	1.6	3,181	1.6	3,242	1.7	2,815	1.5	2,837	1.5
都市計画税	3	0.1	190	2.5	1,955	4.6	7,201	5.5	13,180	6.6	13,202	6.6	13,050	6.7	12,570	6.7	12,357	6.6
その他	—	—	3	0.0	3	0.0	3	0.0	1	0.0	1	0.0	2	0.0	1	—	1	0.0
旧法による税収入	4	0.2	—	—	—	—	—	—	—	—	—	—	—	—	—	—	—	—
国有資産等所在市町村交付金納付金	—	—	164	2.1	439	1.0	1,037	0.8	858	0.4	881	0.4	866	0.4	897	0.5	999	0.5
合計	2,344	100.0	7,671	100.0	42,856	100.0	131,125	100.0	199,614	100.0	200,185	100.0	195,750	100.0	187,386	100.0	186,325	100.0

出所　佐藤慎一編『図説　日本の税制』(平成16年度版) 財経詳報社　2004年
備考　1. 平成14年度以前は決算額、平成15年度及び平成16年度は地方財政計画額である。
　　　2. 昭和31年度以前の入湯税は法定外普通税に含まれる。

259

内に住所や事務所を有するものが応分の負担をしようとする趣旨から設けられた税金である．個人市町村民税の納税義務者は，ⅰ 市町村に住所をもつ個人，ⅱ 市町村には住所はないが，事業所，事務所，家屋敷がある人とされている．表12－2のように所得割の標準税率は，昭和60年には13段階の累進になっていたが，現在は課税所得が200万円以下の金額については3%，200万円を超え700万円以下の金額は8%，700万円を超える金額は，10%という3段階になっている．また，均等割は年額3,000円である．

② **法人市町村民税**

法人市町村住民税には，法人税割と均等割がある．法人税割の課税標準は，法人道府県民税同様の国税の法人税額である．法人に対して課される均等割の課税方法は個人の場合と同様である．ただし，法人に対する均等割の場合には，その法人の資本金等の額や従業員数によって支払う額が異なる．市町村では，ⅰ 1千万円以下である法人および一定の公益法人等で従業員数が50人以下の事務所等は5万円，50人を超える事務所等は12万円，ⅱ 1千万円を超え1億円以下の法人で50人以下の事務所等は13万円，50人を超える事務所等は15万円，ⅲ 1億円を超え10億円以下の法人で50人以下の事務所等は16万円，50人を超える事務所等は40万円，ⅳ 10億円を超え50億円以下の法人で50人以下の事務所等は41万円，50人を超える事務所等は175万円，ⅴ 50億円を超える法人で50人以下の事務所等は41万円，50人を超える事務所等は300万円となっている．なお，この標準税率の1.2倍が制限税率として定められている．そして法人税割の標準税率は12.3%であるが，制限税率は14.7%に定められている．

法人市町村民税の納税義務者は，市町村内に事務所，事業所を有する法人，市町村内に寮等を有する法人，市町村内に事務所，事業所，寮等を有する社団・財団等である．

2. 固定資産税

固定資産税（地方税法第341条～441条）は，市町村税中の基幹税目であり，

個人または法人の所有する固定資産，すなわち土地，家屋，償却資産の適正な時価に課税される．標準税率は地方税法第350条により1.4%になっているが，宗教法人，学校法人，社会福祉法人，農業協同組合等の組合，日本郵政公社等は非課税になっている（地方税法第348条）．固定資産税は土地，家屋，償却資産に分けられる．

　土地は土地登記簿または土地補充課税台帳に登記されている所有者に課税され，地目別に定められた評価方式により評価する．地目は宅地，田及び畑（農地），鉱泉地，池沼，山林，牧場，原野及び雑種地をいい，土地の面積（地積）は原則として土地登記簿謄本に登記されているものとする．価格は課税台帳に登記された課税標準額となる．これは，売買実例価格や付近の土地の評価額に基づいて評価する．ただし，宅地用地については，税負担を軽減するために課税標準の特例措置を設けており，課税標準額が30万円に満たない場合は課税されない．土地の評価額は3年ごとに見直す制度がとられているが，バブル崩壊後は地価の急激な下落が起こったことから，評価額を据え置くことが適当でないときは，評価額を修正できることになっている．特に平成6年度の評価替えから，宅地の評価は地価公示価格の7割を目処に評価の適正化を図っている．

　家屋は建物登記簿または家屋補充課税台帳に登記されている所有者に課税され，固定資産評価基準に基づき，「評価額＝再建築価格×終年減点補正率」で計算される．再建築価格とは評価の対象となった家屋と同一のものを，評価の時点（その年の1月1日）で，その場所に新築するとした場合に必要とされる固定資産評価基準上の建築費（建築業者に支払った金額ではない）である．終年減点補正率とは，家屋建築後の年数の経過により生ずる消耗の減価率をいう．

　住宅を新築したときは，一定の要件を備えたものについて，新築後3年の間の固定資産税額が2分の1に減額される．また，家屋の評価額が20万円に満たない場合は固定資産税は課税されない．評価額は土地と同様に3年ごとに評価替えを行うが，新築でない家屋の場合は建築年度からの物価の上昇や経過年数等を考慮して評価する．

　償却資産とは，事業のために用いることができる機械・器具，備品等をいう．

具体的には，① 構築物（煙突，鉄塔，舗装路面等），② 機械及び装置（旋盤，ポンプ，動力配線設備，土木建築機械等），③ 航空機（ヘリコプター等），④ 船舶（モーターボート等），⑤ 車両及び運搬具（大型特殊自動車，貨物，客車等），⑥ 工具，器具，備品（測定器具，机，いす，ロッカー，パソコン等）等の事業用資産である．ただし，車両のうち自動車税・軽自動車税の対象となるものは除かれる．償却資産は毎年評価を行うこととなっているが，前年中に取得されたものにあっては，主にその取得価格，前年前に取得されたものにあっては，前年の評価額を基準とし，国の税務会計の取扱いにならい，当該償却資産の耐用年数に応ずる減価を考慮して求めた価格が，評価額となる．なお課税標準額が150万円に満たない場合は課税されない．

3. 軽自動車税

軽自動車は，原動機付き自転車，軽自動車，二輪の小型自動車等の主たる定置場所が所在する市町村が，毎年4月1日におけるその所有者に課税する財産税である．標準税率は，車種，営業用自家用の別，排気量等によって異なる．例えば，四輪自家用の軽自動車は年額7,200円であり，制限税率は標準税率の1.2倍とされている．

4. 市町村たばこ税

税率は紙巻たばこについては1,000本につき2,977円，旧3級品の紙巻たばこについては1,000本につき1,412円である．税率のほかは，道府県たばこ税と同じである．

5. 鉱産税

鉱物の堀採事業に対し，その堀採した鉱物の価格を課税標準として課税される収益税の一種である．税率は標準税率が掘採された鉱物価格の100分の1であり，制限税率が100分の1.2である．

6. 法定外普通税

道府県税の法定外普通税の設立趣旨と同じである．これには神奈川県中井町の砂利採掘税，静岡県熱海市の別荘等所有税，京都府城陽市の山砂利採取税などがある．

(4) 市町村民税の目的税

1. 入湯税

入湯税は，鉱泉浴場における入湯客の入湯行為に対して課する税であり，その収入は，鉱泉浴場所在市町村において特に要請される環境衛生施設，その他観光施設，消防施設の整備に要する費用に充てられる．税額は，入湯客1人1日について150円を標準としている．

2. 事業所税

事業所税は，指定都市，首都圏の既成市街地・近畿圏の既成都市地域を有する市及びこれら以外の人口30万以上の市が課す税である．事業所税は，都市環境の整備と改善に関する事業に使われるものである．これは市内で事務所・事業所で事業を行う事業主に対して課税されるもので，事務所や事業所の延べ面積が1,000m^2，従業員が100人を一方でも超える場合に課税され，税率（一定税率）は，床面積1m^2につき600円，従業員給与額の0.25%となっている．

3. 都市計画税

都市計画税は，都市計画法に基づいて行う都市計画事業または土地区画整理法に基づいて行う土地区画整理事業に必要な費用に充てるための税金である．具体的には道路，公園，下水道などまちづくりのための基盤や環境整備などの経費に充てられる．納税義務者は，都市計画区域に指定された地域内にある土地，家屋の所有者であり，国，地方団体は非課税である．都市計画税の算定に用いられる土地，家屋の価格は，固定資産税を算定する際に用いられる土地，家屋の価格とほぼ同様であり，税率については，制限税率のみが法定され0.3%とされており，

市はこの範囲内で税率を定め，原則として固定資産税と合わせて徴収する．

4．その他

国民健康保険税は，国民健康保険に要する費用に充てるための目的税である．この税の実質は保険料であり，地方税の中では特異な存在である．これは，保険料の徴収が良好でないところから税の形式によって徴収することができるとされたものであり，国民健康保険税としてではなく，保険料として徴収している団体も実際にある．

宅地開発税は，宅地開発に伴い必要となる道路，排水路，公園等当該宅地の利用価値を高めるために直接役立つような施設を整備するために必要な経費にあてるための税であり，これによって恩恵を受ける宅地開発を行う者に対して課することができる税であるが，現在課税している団体はない．

水利地益税については，都道府県のところで述べた通りである．さらに共同施設税という目的税があるが，最近では課税の実績はみられない．

(5) 国有資産等所在市町村交付金

国有資産等所在市町村交付金は，地方税法の中で非課税団体とされている固定資産のうち，貸付資産等に使用される固定資産について固定資産税相当額の負担を求めるもので，「国有資産等所在市町村交付金及び納付金に関する法律」によって規定されている．国等が固定資産の価格を決定し，交付金という形で市に交付する．

(6) 地方交付税

地方交付税は，その使途が地方団体の判断に委ねられている一般財源である．地方交付税の果たすべき主な機能は，地方公共団体間の財政力格差の調整である．つまり税収入の格差を是正し，どの地方公共団体も，ある程度の行政水準を実施し得るように国から地方公共団体に交付されるのが地方交付税である．

この地方交付税は，普通交付税と特別交付税の2つに分けられるが，普通交

付税が96%を占める．特別交付税は，普通交付税では配慮し得ない特殊な地域事情（最近では鳥インフルエンザ防止への対応など）に対して交付されるものである．普通交付税は，各地域の財源不足額の大きさに応じて配分されている．財源不足額は第4章でも説明したように，「財源不足額＝基準財政需要－基準財政収入」で計算される．つまり，財源不足額とは，基準財政需要が基準財政収入を上回る額のことである．基準財政需要とは，現行地方税財政制度の下で，地方公共団体のあるべき最低限の財政需要を指すものである．なお，この基準財政需要の全地方公共団体の合計額は，全地方公共団体の地方歳出合計額の約4割である．基準財政収入は，地方公共団体における，標準的な地方税，地方譲与税収入の合計額を指す．

しかし，地方交付税制度は，限りある財源を各地方公共団体へ配分するものなので，必ずしも地方公共団体における財源不足額が，完全に地方交付税によって補　されるわけではない．しかし，国家予算の作成に際して，地方交付税として地方へ配付することが決まっている各国税の一定率の総額には，さまざまな調整が加えられ，実際には，各地方公共団体ともに，およそ財源不足額に相当する財源が普通交付税として交付される傾向にある．そのため，「交付税及び譲与税配付金特別会計」は毎年大幅な赤字になっている．

(7) 地方譲与税

地方譲与税は，地方税として地方が徴収して用いるべきだが，実務的理由などにより，地方自治体が徴収しにくいため国が国税として徴収し，地方に配分するものである．さらに地方交付税と異なる点は，その財源の使い道が特定されている点である．

地方譲与税としては，第3章の特定財源税のところで説明したように道路財源として用いられるものとして，石油ガス譲与税，航空機騒音により生じる障害の防止，空港およびその周辺の整備等に充てるものとして，航空機燃料譲与税などがある．また，平成18年度までに所得税から個人住民税への本格的な税源移譲を実施するまでの間の暫定措置として，すべての都道府県，市町村（特別区を

含む)に対し，人口に応じて所得税を譲与する所得譲与税が，平成16年度予算より計上されている．

(8) 国庫支出金

　国庫支出金は，地方行政の一定水準を確保したり，特定の行政の普及を推進させるために，国が使途を特定して地方公共団体に交付するもので，地方公共団体の特定財源である．国庫支出金はほとんどの場合，当該行政への支出の一定率を国が負担する形式である．例えば，生活保護費中の生活保護対象者への給付については4分の3を国が負担することになっている．

　この国庫支出金は，「負担金」「委託金」「補助金」の3つに分類されている．「負担金」は，国庫支出金の中でも，国家的な利害との関係が特に強いと考えられる行政執行の費用の全部または一部を国が負担するケースである．「委託金」は，国の利害のみに関係する傾向が強い行政の執行を，地方公共団体が委託されて行っている場合にその費用を国が負担するケースである．「補助金」は，社会経済状況に応じて施策を行う必要性が特に認められる場合に，その施策の費用を国が負担するケースである．

(9) 地方債

　地方債は，長期債務による収入である．地方財政法（昭和23，法律109）第5条においては，本来，地方公共団体の歳出は，地方債以外の歳入をもって，賄われなければならないとされており，非募債主義が原則とされている．しかし，その但し書きにおいて，公営事業に関する費用，出資金，貸付金，地方債の借り換え，災害復旧事業，特定の条件を満たしている地方団体が行う公共事業などいくつかの目的に対してのみ，例外として起債が認められている．

　国の財政とともに，地方財政が巨額の財政赤字に陥った昭和51年度，52年度においては，国の特例国債と同じく，特例法に基づいた財政赤字補填のための地方債の起債も行われたが，それ以降は，上述の地方財政法に従った目的に対してのみ起債が行われる傾向にある．

第4節　三位一体改革

　小泉内閣は，地方分権改革をさらに進めるため，2003年6月に「三位一体改革」をとりまとめた．三位一体とは，地方税，地方交付税，国庫支出金を一体として，地方分権化を進めることを意味する．「経済財政運営と構造改革に関する基本方針」（経済財政諮問会議，2003年6月）において取りまとめられた具体的な改革案としては，① 補助金を4兆円削減した上で，② 義務的事業費の削減分については全額，その他の事業費の削減分は8割程度に相当する財源を国から地方に税源移譲すること，③ 税源移譲にあてる税源は「基幹税」とし，④ 地方交付税の総額の抑制をはかるものとした．削減対象になる補助金としては，義務教育費国庫負担金などがあげられている．

　「経済財政運営と構造改革に関する基本方針」では，地方交付税への依存を低下させるべく，財源保障機能を全般的に見直して縮小することが明記された．特に，基準財政需要に対する地方債元利償還金の後年度算入措置を見直すことが明記されている．これは，財・サービスの供給が自らの負担に基づかないことにより生じる資源配分上の無駄を抑制するという意図をもつ．特に地方債の元利償還金を地方交付税で補填する場合には，安易な地方債の発行による財・サービスの供給が助長され，効率的な資源配分を達成する上で弊害となる可能性が高い．また，地方税の充実確保のために，課税自主権の拡大を図ることが明記された点も重要である．さらに，国庫支出金については，明確に削減の方向が打ち出されている．国庫支出金は，中央政府が使い道を決めて交付する特定財源であることから，地方の自主性や個性を阻害し，厚生水準を低下させる性格をもつ．戦後において，明らかに財・サービスが全国的に不足する状況では，国がリーダーシップを発揮し一律に供給を進めることが，供給コストの削減を進めることにもなり有効であった．しかし最近は，社会資本基盤がある程度整備されてきたため，住民の選択によって社会資本の利用を決定する行政サービスの割合が増加している．このような状況の下，行政サービスにおける財・サービスの供給が画一的であることによる住民の厚生ロスはきわめて大きくなることが予想される．今後さらに

具体策を詰める必要があるが，三位一体改革は方向性として望ましい．

第5節　地方税の現状

　ここでは，平成景気から平成不況へと経済が変化する状況下での地方税の性格について考察する．分析期間における都道府県，市町村の税収入の特徴を一言で示すならば，道府県税は景気動向に応じ激しい変動を示しているのに対し，市町村税は比較的確実に増大している．この状況下での安定性と伸張性を追究していく．

　まず，表12－1の主要な税目の収入状況として，道府県税の合計額と，道府県民税，事業税，自動車税，目的税を取り上げ，表12－4を使って具体的に検討する．道府県税は，元年度の14兆7,541億円から，14年度の13兆8,035億円へと推移している点に留意が必要である．つまり，平成景気と平成不況の下での税収入の変動が示されている．道府県税の最大税目が事業税で，道府県民税がこれに続く．両者の比率は3分の2程度で分析期間を通してこの関係はおおむね保たれた．そして，地方消費税採用に伴う税制改革後も，おおむね5分の3を占め常に5割以上の比率を保っている．道府県税の動向は，この両税の大きさに左右されると考えられる．収入の変動は，基本的に事業税によるところが大

表12－4　都道府県各税の状況推移

(単位：億円)

年度	A 合計	B 道府県民税	C 事業税	D 自動車税	E 目的税	地方消費税	総額増加率	B/A (%)	C/A (%)	D/A (%)	E/A (%)
元	147,541	43,369	65,480	11,963	13,457		6.3	29.4	44.4	8.1	9.1
2	156,463	50,887	65,413	12,762	14,482		6.0	32.5	41.8	8.2	9.3
5	138,779	47,997	48,239	14,667	15,244		-11.4	34.6	34.8	10.6	11.0
7	139,090	44,604	44,856	15,873	19,448		0.2	32.1	32.2	11.4	14.0
10	153,195	36,516	44,825	17,369	17,827	25,504	10.1	23.8	29.3	11.3	11.6
12	155,850	45,004	41,410	17,644	16,729	25,282	1.7	28.9	26.6	11.3	10.7
14	138,035	34,528	36,751	17,737	15,732	24,245	-11.4	25.0	26.6	12.8	11.4

出所）地方財政調査研究会，前掲書，各年度版より作成
備考）平成元年度の増加率は前年度に対するものである

きいが，近年の増加傾向については道府県民税が支える部分も大きい．

この両税は明らかに「所得課税」であって，地方税原則における安定性の観点から，地方税として適性をもつ「収益課税」ではない．シャウプ勧告が示したように，事業税を付加価値税とすることで，収益課税に近づけることは可能であるが，現行では，国税の法人税にほぼ等しい課税標準である．個人事業税収入の比率は微少で，課税対象からはずれる事業もある．したがって，事業税は，法人税同様に，経済変動に即して大きく変動することになる．昭和62年度，63年度の収入の増加が，事業税の構成比率を高め，構成比率は4割を超えていた．しかし平成2年度以降は減少傾向に転じている．この事業税の動向が，道府県税収入変動の主因となった．

道府県民税は，法人よりも個人の負担に頼る部分が大きく，それが収入変動を小さくする主因となっている．一方で道府県民税は，所得課税の性格が強い点から国税所得税に類する性格を示している．ゆえに，留意すべきは，所得の増加を上回る税収の増加を期待できる，という点であろう．税率の累進度から考えて，国税所得税よりは，増加率が低い点は明らかであるが，所得弾力性が1を超えることは明らかであり，収入の安定性とともに伸張性もある程度期待できる．表12－4でみられるように事業税収入不振の下でも，道府県民税は事業税ほどに減少率が高くはなく，着実な収入を保持していた．

さらに，道府県税で注目すべきは，自動車税と目的税である．自動車税については，急激に自動車を所有する人が増加するという状況は考え難く，高い増加率は期待できない．目的税は，その目的の妥当性と達成の程度が問題となる税であり，収入の安定性と伸張性を問題とすべきものではない．それにもかかわらず目的税をみるのは，目的税を合計した時の収入比率が，自動車税に匹敵する高い比率となっているためである．目的税，自動車税ともに収入が増加傾向にある点と，平成景気が終わりを告げた3年度以降も10%前後の高い税収比率をあげている点から高い安定性を確認できる．

次に市町村の状況をみよう．市町村税の合計額と主要税である市町村民税，固定資産税を表12－5を使ってさらに具体的に説明しよう．両税の全体に占める

表 12 − 5 市町村各税の状況推移

(単位：億円)

年度	A 合計	B 市町村民税	内)所得割	C 固定資産税	内)土地	内)家屋	内)償却資産	総額増加率(%)	B／A(%)	C／A(%)
元	170,410	92,750	58,418	56,877	23,209	21,708	11,517	4.9	54.4	33.4
2	178,040	96,724	63,916	60,225	23,710	23,503	12,532	4.5	54.3	33.8
5	197,134	97,024	72,424	75,807	29,767	29,529	15,921	10.7	49.2	38.5
7	197,660	88,061	64,409	84,295	34,892	32,218	16,517	0.3	44.6	42.6
10	197,673	80,606	56,621	90,952	37,543	35,112	17,542	0.0	40.8	46.0
12	199,614	80,662	58,156	88,752	36,791	34,048	17,069	1.0	40.4	44.5
14	195,750	77,709	57,725	91,551	36,157	37,587	16,941	−1.9	39.7	46.8

出所）地方財政調査研究会，前掲書，各年度版より作成
備考）平成元年度の増加率は前年度に対するものである

比率は，全体の8割を超える．市町村税は元年度の17兆410億円から，14年度の19兆5,750億円へと推移している．道府県税が平成になってから，増加率が減少したのに対して，市町村税は緩やかではあるが，道府県ほど急変する状況ではない．この状況は固定資産税の状況によるところが大きい．

市町村税で，市町村民税と固定資産税が，シャウプ勧告による税制改革が行われた25年度以降一貫して主要項目となっている．市町村民税と固定資産税の性格が市町村税収入の安定性と伸張性を支えている．市町村民税が所得課税を軸とするものであるのに対して，固定資産税は対象資産の価格を課税標準として課する税であり，両者の性格は大きく異なる．市町村民税の収入状況は，道府県民税に類似する面もあるが，収入額は2倍を超え（表12−4，表12−5参照），税率についても多くの刻みをもつので，弾力性が大きく収入変動も大きい．これに対して，固定資産税は変動の影響を緩和する措置をとることもあって，景気の変動を敏感に反映するものにはなっておらず，年々の収入は着実に増大している．平成景気の際に急増することもなく，その後の平成不況の下でも着実な増大を示し，安定性の観点からみてきわめて高い評価を与えることができる．

市町村民税と固定資産税の安定性をさらにみてみよう．市町村民税では約3分の2を占める所得割を，固定資産税では土地，家屋，償却資産を取り上げる．所得割は，平成景気の下でも市町村民税ほど増加傾向を示さない．その後の経済不振の間も市町村民税に比べて安定した推移を示している．つまり市町村民税の

収入変動は，法人税割によるところが大きいのである．一方，固定資産税収入の安定性は，内訳においても表れている．構成比率は，分析期間を通して土地，家屋，償却資産の順で，収入変動の最も小さいのが家屋であり，土地は評価額の変動を主因に，増加率に差が生じている．その結果として，14年度にかけては，両者の比率が接近している．償却資産の収入はおおむね安定しているが，増加率という点では，平成景気の下での投資急増期に伸びが示されないという特異な現象を確認でき，総じて収入変動の少ない状況である．

以上，主要税の総額について，安定性と伸張性の状況を概観してきた．しかしさらに考慮しなければならないのは，これらの総額でみた状況が，個々の団体においてどのような状況にあるかである．もちろん，総額でみた状況が多くの団体に対して反映される傾向はあるが，総額の状況は，全団体が同方向へ一律に変動した結果ではない．団体間での格差は確実に存在している．地方税が真に十分性を満たすためには，総額状況として安定性と伸張性が満たされることに加え，各地域の状況においてもそれが達成されることが重要であり，そのためには収入の地域間格差のより少ない税が求められる．

参考文献

西村紀三郎『財政学新論』（第3増補版）税務経理協会　1989年
橋本徹編『地方税の理論と課題』税務経理協会　1995年
矢野浩一郎『地方税財政制度』（第7次改訂版）学陽書房　2003年
和田八束・星野泉・青木宗明編『現代の地方財政』（第3版）有斐閣ブックス　2004年
西村紀三郎「地方税分析－地方税収入からみる地方税制の問題点－」『経済学論集』（駒澤大学経済学会）第26巻第3号　1994年12月
総務省編『平成16年度地方財政計画－平成16年度地方団体の歳入歳出総額の見込額－』国立印刷局　2004年2月
地方交付税制度研究会編『地方交付税制度解説（単位費用篇）』地方財務協会　各年度版
地方交付税制度研究会編『地方交付税制度解説（補正係数，基準財政収入額篇）』地方財務協会　各年度版

索　引

【あ行】
アウトカム（成果）　42, 43
アウトプット（産出）　42
青色事業専従者給与　170
青色申告　173
　　――の特典　176
青色申告（特別）控除　176
青色申告者　51
青色申告制度　148, 173
アダム・スミス　76
　　――の租税4原則　125
後入先出法　215
アドルフ・ワグナーの租税9原則　76, 126, 248
安定性　248, 268, 269
EU型付加価値税　64
遺産税　146
遺産相続　146
遺贈　185, 195
遺留分　183
遺留分減殺申請書　184
医療費控除　166
医療扶助　81
育英事業費　89, 90
一括比例配分方式　239
一時所得　51, 163, 164
一定税率　248, 250
一般会計　35
　　――税収　48
一般歳出　77, 80
一般財産　178
一般税　130
一般物件費　91, 92
印紙収入　46, 48
印紙税　68
インプット（投入）　42
インボイス方式　239
営業税　143
益金算入　213
益金の額　212, 213
益金不算入　207, 213, 214, 221, 224
益税　66
SACO　91, 92
エネルギー対策費　75, 96
応益原則　101

応能原則　101
応能負担原則　52, 156, 158
親からの住宅資金の贈与　197
織物消費税　143
恩給関係費　75, 91

【か行】
介護扶助　81
回収金等収入　48
改革推進公共投資事業償還時補助等　97
海岸事業　85
開発援助委員会（DAC）　94
開発利益　10
外形標準課税　255
外国税額控除　173
外国法人　56, 157, 210
外部経済　9
外部性　9
外部不経済　9
概算要求　24
科学技術振興費　89
各種所得
　　――の課税方法　159
　　――の計算　159
　　――の内容　159
確実の原則　125
確定申告　54
学校教育振興費　90
貸付金等回収金収入　48
課税
　　――の便宜性　127
　　――の明確性　127
　　――最低限　54
　　――所得　52
　　――総所得金額　166
　　――総所得金額の計算　166
　　――売上高　236
　　――売上割合　239
化石燃料　11
家庭用財産　178
家督相続　146
寡婦（寡夫）控除　169
株式等譲渡所得割　253
株主
　　――受取配当税額控除方式　210, 225

273

──受取配当非課税方式　210
貨物割　255
借入金償還　78
完全性の原則　32, 35
官業収入　48
官業益金　48
官庁会計　42
環境税　2, 3, 12
監査機能　28
管理会計　23, 36, 37
簡易課税制度　63, 66, 150, 240
　　──における計算　241
関税　68, 129
間接税　48, 62, 129, 145
企業会計　42, 212, 213
基準期間　236
基準財政
　　──収入　79
　　──需要額　79
基礎控除　171
寄附金　218
寄付金控除　168
寄与分　182
揮発油税　69, 85
期末資本金　219
機関委任事務　115
技術協力　94
犠牲説　123
義務教育国庫負担金　89
給与所得　51, 161
　　──控除額　161
居住者　156
教育振興助成費　89, 90
教育扶助　81
供給曲線　4, 5
協同組合等　57
強制消費　8
均等割　251, 252, 253, 260
勤労学生控除　169
勤労所得控除　143, 146
組合方式　209, 210
繰越控除　165
繰延資産　216
クラブ財（共同財）　9
9・6・4（クロヨン）　54
軍事費　138, 140
景気調整機能　52
経済の安定化　46

　　──機能　13, 18
経済協力開発機構（OECD）　94
経済協力費　75, 93
経済的厚生の損失（死荷重）　5, 11
経常的歳出　77
継続費　26
軽減税率　64, 65
軽自動車税　262
軽油取引税　258
下水道水道廃棄物処理等施設整備費　85
決算　26
　　──報告書　27
建設国債　49
憲法第25条　80, 166
権利確定主義　160
原則課税　150
厳密性の原則　31, 35
減価償却　215, 216
　　──資産　217
源泉徴収　146
　　──制度　54
　　──方式　51
現金主義　160
　　──会計　42
毛織物消費税　143
限界
　　──収益率　42
　　──費用　5, 7
限定性　33
　　──の原則　33
公益法人等　56
公開性　30
　　──の原則　30
公共経営　14, 39
公共財　5, 14, 17
公共事業関係費　75, 85
　　──の変遷　88
公共投資　10
公共法人　56
公債　22
　　──金収入　46, 49
　　──費　108
鉱産税　262
公示機能　27, 28
公的供給財　6, 7
公的年金等控除額　164
公平の原則　125, 126
厚生保険国庫負担金　82, 83

274

索　引

更転　132
港湾空港鉄道等整備事業費　86
航空燃料税　70, 86
個人所得　54
個人市町村税　258, 259
個人所得課税　52
個人道府県民税　251
個別対応方式　239
固定資産税　260, 261
雇用保険　84
　　——国庫負担金　84
後転　132
交際費　218, 219
交付基準額　79
交付税及び譲与税配布金特別会計　78
行政管理　39
行政評価　42
鉱産税　262
国庫債務負担行為　26
国庫支出金　111, 266
国債事務取扱費　78
国債償還　78
国債整理基金特別会計　49, 78
国債費　75, 78
国税収入　46
国民の義務（憲法）　4
国民経済上の原則　126
国民健康保険助成費　82, 83
国民健康保険税　264
国民年金国庫負担金　82, 83
国有財産処分収入　48
国有財産利用収入　48
国有資産等所在市町村交付金　264
国立学校特別会計へ繰入　89
国立学校法人法　89
ゴルフ場利用税　256
混雑現象　8

【さ行】
砂糖消費税　140, 143, 146
債務確定主義　161
債務償還　78
再分配政策手段　52
歳出　74
歳出化経費　91, 92
歳出予算　22
歳入　46, 49
　　——予算　22, 46

災害等復旧等事業費　87
在外財産の相続税額控除　193
財産税　146
財政の3機能　13
財政の機能　27
財政関税　68
財政政策上の原則　126
財政法第4条　49
財務省原案（予算）　24
財務省証券割引料　78
先入先出法　215
雑所得　52, 164
雑損控除　166
雑損失の繰越控除　165
三位一体改革　89, 115, 267
山林所得　51, 162
産業特別会計繰入　75, 80
産業廃棄物税　3
暫定予算　35, 38
仕向地主義　235
仕入に係る消費税額の控除　238
仕入税額控除　63, 238, 240
　　——方式　63
使途別分類　77
市場の失敗　4, 5
市町村たばこ税　262
市町村民税　148, 258, 259
支出税　128
支払計画書　26
死亡退職金　178
私的供給財　6, 7
私的限界費用　11, 12
私的財　6
資源の最適配分　11, 46
資源配分機能　13, 14
資産営業　142
資産再評価　149
事業会計　23, 36, 37
事業者免税点制度　63, 64
事業所税　263
事業所得　51, 160
事業税　250, 254
事業専従者　170
事故補償費返還金　48
事前性の原則　34
児童手当国庫負担金　83
児童保護費　82
治山事業　85

275

治山治水対策事業費　85
自治事務　115
自然公園等事業　86
自然成立　26
自然独占　12
自動車取得税　257
自動車重量税　70
自動車税　257, 269
失業対策費　80, 84
失業費の給付日数　84
質的担税力　158
実績予算　38
社会的限界費用　11, 12
シャウプ勧告　104, 148
社会的余剰　5
社会福祉施設整備費　82
社会福祉費　80, 82
社会保険国庫負担金　82
社会保険費　80, 82, 83
社会保険料控除　167
社会保障　2
　──関係費　16, 75, 80
　──負担　2, 120, 121
シーリング　24
主要経費別歳出予算　74
主要経費別分類　74, 77
狩猟税　258
酒税　67, 79
酒造免許税　141
受遺者　180
需要曲線　4, 5
収入税　128
修正予算　38
衆議院の優越　26
住宅
　──資金の贈与　195
　──借入金等特別控除　173
　──対策　86
　──都市環境整備事業費　86
　──扶助　81
住民自治　103
従価従量選択税方式　68
従価従量併用税方式　68
従価税方式　68
従量税方式　67
準公共財　8
純資産増加説　156
純粋公共財　8

純損失の繰越控除　165
使用貸借　195
障害者控除　192
所管別分類　76
所得　156
　──の区分　158
　──の再分配　46, 52
　──の種類　158
　──格差の是正　17
　──割　251, 252, 255
　──金額　212, 213, 221
　──控除　166
　──再配分機能　13, 16
　──再分配　120
　──水準の向上　19
所得税　17, 51, 52, 54, 79, 141, 142, 145, 146, 147, 152
　──の意義　156
　──の確定申告書　175
　──の速算表　172
　──の納税義務者　156
　──の非課税所得　157
　──の免税所得　157
　──計算の仕組み　174
　──制度の問題点　52
　──率　171
所得補足の困難性　54
諸収入　48
償却限度額　215, 216
償却資産　215
小規模企業共済等掛金控除　167
小規模宅地の控除　189
消極財産　178
消費
　──の非競合性　6, 7
　──の非排除性　6, 7
消費者余剰　5
消費税　46, 62, 63, 64, 79, 150, 151, 152
　──の課税対象取引　232
　──の課税標準　237
　──の仕組み　62, 230, 231
　──の申告書（簡易課税）　243
　──の税率　238
　──の中間申告と納付　242
　──の届出書　244
　──の非課税取引　234
　──の納付税額の計算　238

索引

――の免税事業者　236
――の問題点　64
――額の計算　238
――納税義務の成立時期　237
――法の概要　230
障害者控除　169, 192
情報開示の機能　28
情報通信格差是正事業　86
譲渡所得　51, 162
食料安定供給関係費　75, 96
伸張性　248, 268, 269, 271
森林水産基盤整備事業費　87
申告調整　219, 221
申告納税　52
　　――制度　54, 148
　　――方式　51
神戸勧告　104
シャウプ勧告　147, 148, 149, 214
身体障害者保護費　82
人格のない社団等　57
人件・糧食費　91
人税　130
垂直的公平　226
水平的公平　226
水利地益税　258, 264
スピルオーバー　9
制限税率　248, 250
制限納税義務者　157
政策評価　41
政府開発援助（ODA）　93, 94
政府関係機関予算　37
政府原案（予算）　24
政府資産整理収入　48
政府出資回集金収入　48
政府部門　2
整理会計　23, 36, 37
生活扶助費　81
生活保護費　17, 80
生産者余剰　5
生命保険金　178
生命保険契約　178
生命保険契約に関する権利　178
生命保険料控除　167
請求書等保存方式　63
税額控除　172
税金　2
税制改革関連法案　62
税制改正　52

税務会計　212
税務行政上の原則　127
税率構造　52
石油ガス税　69, 85
石油石炭税　70
積極財産　178
説明責任　28
戦後補償特別税　146
前転　131, 132
前年度剰余金　49
租税　22, 28, 46, 51, 120
　　――の意義　120
　　――の負担　120
　　――回避　225
　　――原則の意味　124
　　――原則論　124
　　――構成　46
　　――公平主義　212, 226
　　――収入　49, 51
　　――特別措置　54
　　――負担の根拠　122
　　――負担率　2, 120, 121
相次相続控除　192
相続
　　――の資格を失う　182
　　――の放棄　182
相続税　59, 134
　　――の延納　194
　　――の計算　185
　　――の申告　193
　　――の総額　186
　　――の税率　186
　　――の2割加算　188
　　――の物納　194
相続時精算課税　188, 201
相続時精算課税適用者　188
総合課税　158
　　――の譲渡所得　163
総合所得主義　145
総合累進課税　147
総所得金額　165
　　――の計算　165
葬式費用　178
贈与税　59
　　――の延納　202
　　――の加算　189
　　――の計算　196
　　――の申告　202

277

底地を子供が買う　199
造石税　141
その他事項経費　75,97
損益通算　165
損害保険料控除　168
損金算入　213,218,219
損金の額　215,216
損金不算入　213,218,219

【た行】
太政官札　138
滞納税額　151,152
胎児　182
退職所得　51,161
　　——控除額　161
退職年金の継続受給権　178
代襲相続人　188
宅地開発税　264
たばこ税　67,79
たばこ特別税　71
単一性の原則　32,35
単純累進課税　142
単年度性の原則　33
炭素税　3,15
短期譲渡所得　163
団体自治　103
地域間格差の是正　19
地域公共財　9
地域独占　12
地価税　61
地球温暖化問題　11
地球環境問題　11
地券　139
地上権　178
地租　140
　　——改正　139
地方
　　——債　115,266
　　——財政計画　109,111
　　——自治　102
　　——消費税　238,255,256
　　——譲与税　111,265
　　——税　107
　　——税原則　248
　　——道路税　69
　　——特例交付金　77,79
　　——分権　102
　　——分権委員会　115

　　——分権一括法　115
地方交付税　111,149,264,265
　　——交付金　75,77,79
中小企業関係費　96
中小企業対策費　75,96
帳簿価額　213,216
帳簿方式　63,239
徴税費最小の原則　125
徴兵制度　138
調整費等　87
超過累進税率　52,59,143
長期譲渡所得　163
直系尊属　180
直系卑属　180
直接税　50,51,129,145
追加予算　38
定率繰入　78
手数料　22
転嫁　131,133
　　——の仕組み　132
　　——を左右する条件　133
電源開発促進税　71
10・5・3（トウゴウサン）　54
都市環境整備事業　86
都市計画税　263
都市公園事業　86
当期利益　212,213,219
統一性　31
統合方式　210,226
統制機能　27,29
同族会社　223,224
　　——の留保金課税　223,224
道府県税　146,148,149,249,250,251
道府県たばこ税　256
道路整備事業費　85
特定支出金　161
特定財源税　69
特定非営利活動　218
特定目的会社　211
特別とん税　70
特別会計　23,35,36
　　——整理収入　48
　　——税収　48
特別受益　184
特別障害者　195
　　——に対する贈与　195
特例国債　46,49
独占価格　13

索 引

独占利潤　13
独立行政法人日本スポーツ振興センター納付金　48
独立行政法人日本学校学生支援機構　90
ドッジ・ライン　147
とん税　70

【な行】
内縁の妻　180
内国税　129, 131
内国法人　56, 157, 210, 214
内部化　12
ナショナル・ミニマム　105, 106
2重課税の排除　208, 225
日清戦争　144
日中戦争　145
日本銀行納付金　48
日本中央競馬納付金　48
日露戦争　144
入湯税　259, 263
2割加算　188
任意税率　248, 250
ネットワーク産業　13
ネットワーク施設　13
年金の受給権　178
年度性　33
納税義務者　142
納税者番号制度　54, 55
納付金　48
能力説　123
農業生産基盤整備事業　87
農業等保全管理事業　87
農業農村対策事業　87
農村整備事業　87

【は行】
廃藩置県　138
排除費用　8
排転　133
配偶者　180
　　——の税額軽減　190
　　——控除　170, 189, 197
　　——特別控除　170
配当割　251, 253
配当控除　173
配当所得　51, 159
発行差額繰入　78
発生主義会計　42

版籍奉還　138
非課税財産　179
非課税取引　234
非居住者　157
必要経費　160
110万円ずつの贈与　200
標準税率　244, 245, 246
ビール税法　141
不換紙幣　138
不交付団体　79
不動産取得税　256
不動産所得　51, 160
付加価値税　64, 65, 148
富裕税　147, 149
扶養控除　171
　　——の創設　143
普通交付税　264, 265
普通法人　56
物税　130
物品税　150, 151
物品特別税　146
プラスの外部性　14, 15
フリーライダー　17
分離課税　158
　　——の譲渡所得　163
文官等恩給費　91
文教及び科学振興費　75, 88
文教施設費　90
平均課税　171
平行交付金制度　148, 149
別段の定め　214, 215
別表一（一）　221, 222
別表四　212, 213, 219, 220, 221
変動所得　172
便宜の原則　125
保健衛生諸費　83
保健衛生対策費　80, 83
保険会計　23, 36, 37
保護関税　67
補完性の原理　100
補正予算　35, 38, 74
戊辰戦争　138
包括的所得概念　156
法人
　　——擬制説　206, 207
　　——事業税　254
　　——市町村民税　260
　　——実在説　206, 207

279

――所得課税の課税実効税率　58
法人税　56, 79, 145, 149, 148, 151
　　――と所得税の統合　207, 208, 209, 225
　　――の課税の根拠　206
　　――割　253, 260
　　――株主帰属方式　210, 226
　　――法第132条第1項　223, 224
　　――法第22条第2項　212
法人道府県民税　253, 254
法定外普通税　257, 263
法定受託事務　115
法定相続人　180, 183, 186
傍系血属　180
防衛関係費　75, 91

【ま行】
マイナスの外部性　15
未成年者控除　191
みなし仕入率　63, 66, 240
みなし譲渡　233
みなし相続財産　178
みなし贈与財産　200
民生費　108
無償資金協力　94
無制限納税義務者　157
明瞭性の原則　30
免税取引　235
目的拘束禁止　32
目的税　32, 130
目的別分類　74

【や行】
役員賞与　218
役員退職所得　218

役員報酬　218
遺言　180
ユニバーサル・サービス　13
輸入取引　233
優遇関税率　68
有形減価償却資産　216
有償資金協力　94
融資会計　23, 36, 37
養子　184　186
予算　22
　　――の機能　27
　　――の原則　30
　　――の執行　26
　　――委員会　25
　　――過程　24
　　――先議権　25
　　――提出権　24
　　――編成　22
予備費　75, 97

【ら行】
利益説　122
利子割　253, 254
利子及び割引料　78
利子所得　51, 159
流通税　128
両院協議会　26
量的担税力　158
臨時財政対策債　115
臨時所得　172
臨時費　144
累進税制　17
老人医療・介護保険給付諸費　83
老人福祉費　82

政府の役割と租税

2005年4月10日　第一版第一刷発行

編著者　速水　　昇
発行者　田中千津子

発行所　株式会社　学文社

©2005 HAYAMI Noboru
Printed in Japan

東京都目黒区下目黒3-6-1
電話(3715)1501代・振替00130-9-98842

（落丁・乱丁の場合は本社でお取替します）　・検印省略
（定価はカバーに表示してあります）　印刷／新灯印刷株式会社
ISBN4-7620-1425-7